U0896150

2017

中国房地产统计年鉴

CHINA REAL ESTATE STATISTICS YEARBOOK

国家统计局
固定资产投资统计司 编

中国统计出版社
China Statistics Press

图书在版编目（CIP）数据

中国房地产统计年鉴 = China Real Estate Statistics Yearbook. 2017 / 国家统计局固定资产投资统计司编. -- 北京 : 中国统计出版社, 2017.11
ISBN 978-7-5037-8409-5

Ⅰ. ①中… Ⅱ. ①国… Ⅲ. ①房地产业－统计资料－中国－2017－年鉴 Ⅳ. ①F299.233.5-54

中国版本图书馆 CIP 数据核字(2017)第 270381 号

中国房地产统计年鉴—2017

作　　者/国家统计局固定资产投资统计司
责任编辑/郭　栋
装帧设计/李雪燕
出版发行/中国统计出版社
通信地址/北京市丰台区西三环南路甲 6 号　邮政编码/100073
电　　话/邮购（010）63376909　书店（010）68783171
网　　址/http://www.zgtjcbs.com/
印　　刷/河北鑫兆源印刷有限公司
经　　销/新华书店
开　　本/880mm×1230mm　1/16
字　　数/500 千字
印　　张/15.5
版　　别/2017 年 11 月第 1 版
版　　次/2017 年 11 月第 1 次印刷
定　　价/380.00 元

如有印装差错，由本社发行部调换。

编辑委员会

说 明

《中国房地产统计年鉴——2017》是一部反映中国房地产市场运行状况的统计资料，收集了全国房地产开发企业开发经营统计数据，是全面客观研究和深入量化分析房地产市场的权威工具。

《中国房地产统计年鉴——2017》资料来源于 2016 年全国房地产开发统计报表基层数据。本年鉴分为综合篇和城市篇两大部分。

综合篇主要内容包括：各地区房地产开发企业个数及从业人员情况；各地区房地产开发投资完成情况及到位资金情况；各地区房屋开竣工面积、商品房销售及土地购置情况；各地区房地产开发企业经营收入及资产负债情况等。

为重点反映全国大、中城市房地产开发企业的运行状况，本年鉴单独发布了 35 个重点城市（直辖市、省会城市及计划单列市）的房地产开发统计资料。城市篇的主要内容包括：重点城市房地产开发企业完成投资情况；重点城市商品房销售情况、成套房屋建设情况、商品房待售情况以及房地产企业主要财务指标完成情况等内容。

本年鉴数据使用注意事项：

1. 本年鉴资料来源于房地产开发企业联网直报的基层报表数据库，不包括香港、澳门特别行政区和台湾省数据。

2. 本年鉴资料凡小数点后各项相加不等于总计者，均由于数据四舍五入的缘故。

3. 本年鉴各表中的“空格”表示该项统计数据不足本表最小单位数、数据不详或无该项数据。

4. 本年鉴资料由国家统计局固定资产投资统计司编制并负责解释。

咨询电话：010-68782436，010-68783355

邮箱：tzfcc@gj.stats.cn

由于编辑时间比较仓促，本年鉴难免存在一些不妥之处，欢迎广大读者批评指正。

目　录

第一部分　综合篇

第二部分　城市篇

附　　录

第一部分　综合篇

第一章　房地产开发企业基本概况

1-1　房地产开发企业主要指标完成情况

指　　标	绝对量		增　速	
	2015	2016	2015	2016
一、企业个数(个)	**93426**	**94948**	**-0.8**	**1.6**
内资	88773	90408	-0.5	1.8
#国有	1329	1093	-10.0	-17.8
集体	409	364	-10.5	-11.0
港、澳、台投资	3235	3232	-5.2	-0.1
外商投资	1418	1308	-9.4	-7.8
二、本年完成投资(亿元)	**95978.85**	**102580.61**	**1.0**	**6.9**
1.按构成分				
建筑安装工程	71195.57	76302.19	0.9	7.2
设备工器具购置	1211.52	1461.55	-7.3	20.6
其他费用	23571.75	24816.87	1.7	5.3
#土地购置费	17675.44	18778.68	1.2	6.2
2.按工程用途分				
住宅	64595.24	68703.87	0.4	6.4
办公楼	6209.74	6532.60	10.1	5.2
商业营业用房	14607.49	15837.53	1.8	8.4
其他	10566.37	11506.61	-1.2	8.9
三、本年新增固定资产(亿元)	**40937.81**	**41079.58**	**-0.8**	**0.3**
四、本年土地购置面积(万平方米)	**22810.79**	**22025.25**	**-31.7**	**-3.4**
五、房屋建筑面积(万平方米)				
施工面积	735693.37	758974.80	1.3	3.2
#住宅	511569.52	521310.22	-0.7	1.9
竣工面积	100039.10	106127.71	-6.9	6.1
#住宅	73777.36	77185.19	-8.8	4.6
六、商品房销售				
商品房销售面积(万平方米)	128494.97	157348.53	6.5	22.5
#住宅	112412.29	137539.93	6.9	22.4
#别墅、高档公寓	3487.40	4470.00	14.4	28.2
商品房平均销售价格(元/平方米)	6793	7476	7.4	10.1
#住宅	6473	7203	9.1	11.3
#别墅、高档公寓	15157	15911	16.9	5.0
七、利润总额(亿元)	**6473.12**	**8971.41**	**0.4**	**38.6**

注：商品房平均销售价格由报告期内新建商品房销售额除以销售面积计算而成。不同时期的商品房平均销售价格可能会受商品房区域、房屋类型等各种因素的影响(以下相关各表同)。

1–2 各地区按登记注册类型分的房地产开发企业个数

单位：个

地区	总计	内资					
			国有	集体	股份合作	国有联营	集体联营
全国总计	**94948**	**90408**	**1093**	**364**	**46**	**6**	**1**
北京	2654	2431	53	17	1		
天津	1291	1190	49	5		2	
河北	3279	3228	7				
山西	2485	2465	63	7			
内蒙古	1989	1984	6				
辽宁	3257	2935	14	3	2		
吉林	1791	1768	6	1			
黑龙江	1956	1931	31	1	1		
上海	2682	2286	39	13	1	1	1
江苏	6626	6053	50	29	1		
浙江	6274	5935	40	9	4	2	
安徽	3768	3688	36	5	1		
福建	3177	2817	62	15			
江西	2297	2214	36	2	1		
山东	6928	6705	89	55	7		
河南	6687	6598	58	4	1		
湖北	4200	4095	63	12			
湖南	3769	3677	55	5	1		
广东	7658	6792	92	136	6		
广西	2474	2381	35	10	4		
海南	1189	1126	19	2	1		
重庆	2467	2332	14	2	1		
四川	4061	3934	32	6	7		
贵州	2638	2597	26	2	1		
云南	2618	2581	28	4	2		
西藏	49	49	1				
陕西	2177	2135	50	9	2		
甘肃	1664	1649	29	9			
青海	353	352			1	1	
宁夏	563	558	1				
新疆	1927	1922	9	1			

1-2　续表 1　　　　单位：个

地　区	内　资						
	国有与集体联营	其他联营	国有独资公司	其他有限责任公司	股份有限公司	私营独资	私营合伙
全国总计	**3**	**2**	**1945**	**43349**	**3087**	**47**	**9**
北　京			60	1764	46		
天　津			78	678	44	1	1
河　北			21	1647	123		
山　西			38	468	23		
内蒙古			23	905	77	1	
辽　宁			49	1293	94	3	
吉　林			27	911	91	4	
黑龙江			26	968	115	1	
上　海			152	1116	44	2	
江　苏			153	2164	205	2	1
浙　江	1		144	2575	84	2	
安　徽			85	1686	116	2	
福　建	1		117	1443	57		
江　西			44	1078	109	1	1
山　东			140	3299	345	2	1
河　南			46	4237	311	5	1
湖　北			69	1853	195	3	1
湖　南			79	1641	183	2	
广　东		1	90	3782	155	7	
广　西			52	905	81		
海　南	1		30	776	54	4	
重　庆			90	906	52		
四　川			74	1943	173		1
贵　州			58	1241	60		2
云　南			47	1106	95	3	
西　藏		1	3	19	2		
陕　西			73	1131	75	1	
甘　肃			22	809	44	1	
青　海			13	113	12		
宁　夏			14	128	5		
新　疆			28	764	17		

1-2 续表 2

单位：个

地　区	内资			港澳台商投　资			
	私营有限责任公司	私营股份有限公司	其他内资企　业		合资经营	合作经营	独　资
全国总计	**38251**	**2175**	**30**	**3232**	**1123**	**258**	**1761**
北　京	478	12		129	43	46	40
天　津	318	13	1	58	27	1	26
河　北	1345	85		32	12		19
山　西	1813	53		13	8		3
内蒙古	932	38	2	3	3		
辽　宁	1417	60		223	91	5	120
吉　林	682	46		18	7		8
黑龙江	723	65		15	7	1	7
上　海	880	37		279	104	9	161
江　苏	3268	179	1	395	132	11	242
浙　江	3021	53		232	95	3	129
安　徽	1632	123	2	54	24	1	27
福　建	1072	50		273	85	9	173
江　西	866	76		67	29		37
山　东	2595	169	3	159	71	11	74
河　南	1766	166	3	62	21	4	33
湖　北	1796	102	1	82	34	3	41
湖　南	1555	153	3	69	26	3	36
广　东	2430	90	3	677	155	139	372
广　西	1218	76		58	29	3	26
海　南	217	16	6	49	14		30
重　庆	1201	66		102	29	3	67
四　川	1603	95		76	25	2	44
贵　州	1125	82		32	19	1	11
云　南	1206	86	4	29	16	1	11
西　藏	21	2					
陕　西	726	67	1	28	4	2	20
甘　肃	690	45		11	9		2
青　海	200	12					
宁　夏	390	20		3	1		1
新　疆	1065	38		4	3		1

1-2　续表 3　　单位：个

地　　区	港澳台商投资		外商投资					
	股份有限	其　他		合资经营	合作经营	独　资	股份有限	其　他
全国总计	**61**	**29**	**1308**	**506**	**113**	**612**	**44**	**33**
北　　京			94	40	31	21	2	
天　　津	4		43	18	2	17	3	3
河　　北		1	19	7	1	8	2	1
山　　西	1	1	7	3		3	1	
内 蒙 古			2	1		1		
辽　　宁	7		99	55	3	38	3	
吉　　林	1	2	5	5				
黑 龙 江			10	4	1	5		
上　　海	5		117	36	6	70	5	
江　　苏	8	2	178	73	8	94	1	2
浙　　江	4	1	107	51	2	48	3	3
安　　徽	2		26	8	1	14	1	2
福　　建	5	1	87	19	1	58	5	4
江　　西		1	16	8		8		
山　　东	1	2	64	30	10	23		1
河　　南	1	3	27	9	2	13	1	2
湖　　北	3	1	23	15		6	1	1
湖　　南	1	3	23	12	1	7	2	1
广　　东	10	1	189	45	33	95	8	8
广　　西			35	15		17	1	2
海　　南	3	2	14	3	2	8		1
重　　庆	1	2	33	13	3	14	2	1
四　　川	4	1	51	20	2	28	1	
贵　　州		1	9	4	3	2		
云　　南		1	8	3	1	2	1	1
西　　藏								
陕　　西		2	14	5		8	1	
甘　　肃			4	2		2		
青　　海			1	1				
宁　　夏		1	2	1		1		
新　　疆			1			1		

1–3 各地区按资质等级分的房地产开发企业个数

单位：个

地区	总计	一级	二级	三级	四级	暂定	其他
全国总计	**94948**	**1269**	**9655**	**19815**	**18183**	**39189**	**6837**
北京	2654	105	160	201	1182	547	459
天津	1291	21	93	118	768	228	63
河北	3279	58	300	583	1210	1062	66
山西	2485	18	183	306	1227	688	63
内蒙古	1989	28	160	322	1113	295	71
辽宁	3257	38	189	760	53	1890	327
吉林	1791	12	209	345	383	803	39
黑龙江	1956	15	294	1055	170	364	58
上海	2682	49	239	284	4	1735	371
江苏	6626	100	1822	738	37	3292	637
浙江	6274	123	492	1393	695	2627	944
安徽	3768	35	302	874	315	2073	169
福建	3177	33	161	763	616	1375	229
江西	2297	13	156	518	337	1166	107
山东	6928	117	484	993	1450	3384	500
河南	6687	82	674	1019	770	3413	729
湖北	4200	63	446	744	1048	1796	103
湖南	3769	31	287	1534	839	1001	77
广东	7658	72	267	1381	1899	3298	741
广西	2474	22	149	462	310	1396	135
海南	1189	6	27	89	156	792	119
重庆	2467	56	732	628	42	943	66
四川	4061	51	615	2379	124	727	165
贵州	2638	7	194	491	547	1270	129
云南	2618	29	236	268	988	942	155
西藏	49		6	16	9	17	1
陕西	2177	31	313	517	776	334	206
甘肃	1664	11	133	493	508	499	20
青海	353	5	96	97	74	66	15
宁夏	563	11	112	134	125	174	7
新疆	1927	27	124	310	408	992	66

1–4　各地区按隶属关系分的房地产开发企业个数

单位：个

地　区	合　计	中央属	地方属				
				省　属	地市属	县　属	其　他
全国总计	**94948**	**761**	**94187**	**1638**	**8200**	**9171**	**75178**
北　京	2654	101	2553	197	264		2092
天　津	1291	39	1252	120	284	83	765
河　北	3279	14	3265	15	256	358	2636
山　西	2485	20	2465	43	118	101	2203
内 蒙 古	1989	11	1978	9	148	262	1559
辽　宁	3257	23	3234	16	260	267	2691
吉　林	1791	3	1788	5	166	207	1410
黑 龙 江	1956	10	1946	73	264	341	1268
上　海	2682	53	2629	149	338	45	2097
江　苏	6626	34	6592	35	243	322	5992
浙　江	6274	13	6261	55	203	242	5761
安　徽	3768	23	3745	80	372	307	2986
福　建	3177	9	3168	37	258	361	2512
江　西	2297	15	2282	37	150	301	1794
山　东	6928	41	6887	95	540	930	5322
河　南	6687	16	6671	48	806	975	4842
湖　北	4200	39	4161	42	485	352	3282
湖　南	3769	20	3749	59	377	355	2958
广　东	7658	50	7608	52	840	711	6005
广　西	2474	10	2464	25	219	214	2006
海　南	1189	11	1178	88	154	230	706
重　庆	2467	40	2427	83	289	121	1934
四　川	4061	39	4022	33	252	535	3202
贵　州	2638	23	2615	41	91	250	2233
云　南	2618	12	2606	70	145	404	1987
西　藏	49		49	3	8	6	32
陕　西	2177	25	2152	54	323	260	1515
甘　肃	1664	9	1655	36	180	213	1226
青　海	353	3	350	10	40	31	269
宁　夏	563	4	559	14	26	15	504
新　疆	1927	51	1876	14	101	372	1389

1–5 各地区按登记注册类型分的房地产开发企业从业人数

单位：人

地　　区	总　计	内　资					
			国　有	集　体	股份合作	国有联营	集体联营
全国总计	**2752298**	**2576545**	**47085**	**9916**	**955**	**449**	**14**
北　　京	86737	75942	2361	331	52		
天　　津	35227	31329	1917	75		45	
河　　北	111710	108422	341				
山　　西	56305	55578	2309	311			
内 蒙 古	42219	42078	190				
辽　　宁	68085	58315	252	89	52		
吉　　林	46504	45185	4038	10			
黑 龙 江	39013	38450	726	151	4		
上　　海	63568	47974	824	288	13	29	14
江　　苏	173430	154812	1570	796	19		
浙　　江	115720	107255	1636	99	61	357	
安　　徽	105257	101760	976	57			
福　　建	93115	82371	2309	297			
江　　西	72677	70402	1061	14	18		
山　　东	220624	212095	4223	3260	200		
河　　南	206853	203632	2109	74	30		
湖　　北	130863	126736	2923	301			
湖　　南	120590	116915	2112	53	21		
广　　东	233716	199002	2386	2969	109		
广　　西	80703	75506	1163	168	61		
海　　南	46996	41231	1281	27	8		
重　　庆	99265	92145	701	26	19		
四　　川	138485	131751	1133	109	182		
贵　　州	82812	81326	625	11	18		
云　　南	80120	77889	855	48	22		
西　　藏	2093	2093	127				
陕　　西	84311	81897	5255	224	31		
甘　　肃	44756	44313	1242	124			
青　　海	10899	10872			35	18	
宁　　夏	17166	17017	46				
新　　疆	42479	42252	394	4			

1-5　续表 1

单位：人

地　区	内　资						
	国有与集体联　营	其他联营	国有独资公　司	其他有限责任公司	股份有限公　司	私营独资	私营合伙
全国总计	**43**	**53**	**83480**	**1279950**	**108978**	**1720**	**154**
北　京			3597	57632	3210		
天　津			2734	16831	1770	60	12
河　北			783	54411	4362		
山　西			1174	12827	557		
内蒙古			745	20231	1575	41	
辽　宁			1507	28941	2512	79	
吉　林			649	22595	1978	114	
黑龙江			2135	19519	2596	4	
上　海			3157	21838	2353	110	
江　苏			5353	59864	5771	25	18
浙　江	33		3799	48259	2408		
安　徽			3463	48639	3923	29	
福　建	7		6484	43304	1640		
江　西			1751	33632	4859	8	20
山　东			5750	104288	11170	356	41
河　南			1401	134576	11110	205	23
湖　北			2804	59754	8788	160	23
湖　南			3344	55005	5211	49	
广　东		3	4000	107759	9084	125	
广　西			1952	31743	2386		
海　南	3		1564	27606	2141	261	
重　庆			5189	35552	3006		
四　川			4176	66868	6209		6
贵　州			1634	42061	2398		11
云　南			2203	35270	2924	88	
西　藏		50	59	923	49		
陕　西			8564	41599	2485		
甘　肃			603	23763	843	6	
青　海			895	3515	255		
宁　夏			861	3822	281		
新　疆			1150	17323	1124		

1-5 续表 2

单位：人

地　区	内资			港澳台商投资			
	私营有限责任公司	私营股份有限公司	其他内资企业		合资经营	合作经营	独资
全国总计	**977506**	**65165**	**1077**	**118495**	**40416**	**8793**	**66203**
北　京	8574	185		6338	1449	2405	2484
天　津	7602	275	8	2550	962	128	1266
河　北	41498	7027		1423	647		767
山　西	37438	962		390	294		66
内蒙古	18690	537	69	24	24		
辽　宁	23625	1258		6139	2114	80	3782
吉　林	14877	924		1070	456		573
黑龙江	12283	1032		426	197	54	175
上　海	18617	731		10984	5363	610	4804
江　苏	77259	4119	18	12294	3535	217	8092
浙　江	49804	799		5991	2017	66	3815
安　徽	41467	3187	19	2610	684	33	1778
福　建	26926	1404		8671	3403	124	5080
江　西	26805	2234		1814	770		1023
山　东	76754	5619	434	6163	2605	140	3349
河　南	48537	5401	166	2117	602	211	1214
湖　北	49544	2431	8	2922	1136	89	1622
湖　南	46214	4831	75	2602	983	67	1327
广　东	69071	3466	30	21383	5362	4013	11859
广　西	36076	1957		3948	1190	34	2724
海　南	7576	641	123	3627	1257		1632
重　庆	45006	2646		5501	1808	92	3508
四　川	49359	3709		4233	1786	74	2229
贵　州	32381	2187		1217	561	38	608
云　南	33649	2725	105	1745	534	11	1189
西　藏	825	60					
陕　西	21535	2182	22	1631	114	307	1132
甘　肃	16887	845		346	264		82
青　海	5809	345					
宁　夏	11335	672		121	98		9
新　疆	21483	774		215	201		14

1-5 续表 3

单位：人

地 区	港澳台商投资		外商投资					
	股份有限	其 他		合资经营	合作经营	独 资	股份有限	其 他
全国总计	**2304**	**779**	**57258**	**17379**	**4744**	**30671**	**1879**	**2585**
北 京			4457	1617	1250	1241	349	
天 津	194		1348	329	81	729	76	133
河 北		9	1865	182	8	1586	74	15
山 西	20	10	337	73		151	113	
内蒙古			117	87		30		
辽 宁	163		3631	1514	403	1671	43	
吉 林	15	26	249	249				
黑龙江			137	44	11	82		
上 海	207		4610	1333	280	2811	186	
江 苏	360	90	6324	2009	206	4026	41	42
浙 江	70	23	2474	801	28	1577	49	19
安 徽	115		887	183	10	609	40	45
福 建	61	3	2073	357	1	1381	195	139
江 西		21	461	313		148		
山 东	18	51	2366	1191	488	671		16
河 南	26	64	1104	446	41	426	33	158
湖 北	47	28	1205	644		421	45	95
湖 南	26	199	1073	320	15	672	25	41
广 东	120	29	13331	2561	1262	9101	168	239
广 西			1249	449		450	177	173
海 南	686	52	2138	184	210	327		1417
重 庆	41	52	1619	582	160	760	78	39
四 川	135	9	2501	1125	106	1188	82	
贵 州		10	269	80	184	5		
云 南		11	486	366		102	4	14
西 藏								
陕 西		78	783	245		437	101	
甘 肃			97	65		32		
青 海			27	27				
宁 夏		14	28	3		25		
新 疆			12			12		

1—6 各地区按资质等级分的房地产开发企业从业人数

单位：人

地 区	总 计	一 级	二 级	三 级	四 级	暂 定	其 他
全国总计	**2752298**	**134487**	**422998**	**566335**	**426547**	**1045417**	**156514**
北 京	86737	12192	10630	7555	33288	13949	9123
天 津	35227	1971	4002	3633	18004	6008	1609
河 北	111710	12046	16223	18256	31235	31820	2130
山 西	56305	1266	8636	8778	24533	12240	852
内蒙古	42219	2562	4374	6860	21433	5943	1047
辽 宁	68085	2569	7607	17280	738	34631	5260
吉 林	46504	4364	8117	8701	7142	17459	721
黑龙江	39013	1466	8772	19528	2157	5809	1281
上 海	63568	3805	6969	6805	46	37314	8629
江 苏	173430	6590	53151	13520	822	83440	15907
浙 江	115720	6090	13338	25100	8977	48404	13811
安 徽	105257	2066	13675	23379	6048	55919	4170
福 建	93115	4379	9022	26017	13754	35999	3944
江 西	72677	823	6409	16641	8688	37143	2973
山 东	220624	11077	26541	34524	38663	97636	12183
河 南	206853	7189	29689	29055	17195	104549	19176
湖 北	130863	4632	23133	24319	25494	50727	2558
湖 南	120590	3122	16331	50110	20069	28861	2097
广 东	233716	14146	14840	48733	45499	91444	19054
广 西	80703	1731	8504	15639	7151	43536	4142
海 南	46996	314	2054	4769	6678	28952	4229
重 庆	99265	7523	37211	18939	791	32676	2125
四 川	138485	5076	30219	70793	2343	25181	4873
贵 州	82812	657	12239	15876	12525	38773	2742
云 南	80120	4142	11079	7389	24765	29549	3196
西 藏	2093		275	804	234	716	64
陕 西	84311	6909	16781	17914	25897	10906	5904
甘 肃	44756	1477	8353	12255	11551	10863	257
青 海	10899	217	4569	2456	1651	1584	422
宁 夏	17166	1351	4873	3497	2977	4250	218
新 疆	42479	2735	5382	7210	6199	19136	1817

1-7　各地区按隶属关系分的房地产开发企业从业人数

单位：人

地　区	合　计	中央属	地方属				
				省　属	地市属	县　属	其　他
全国总计	**2752298**	**32586**	**2719712**	**64847**	**282744**	**271976**	**2100145**
北　京	86737	3968	82769	11214	11756		59799
天　津	35227	1043	34184	4445	6879	2606	20254
河　北	111710	681	111029	825	8467	11583	90154
山　西	56305	785	55520	1848	3604	2340	47728
内蒙古	42219	576	41643	200	3971	5149	32323
辽　宁	68085	1036	67049	695	5695	5411	55248
吉　林	46504	101	46403	424	7677	4707	33595
黑龙江	39013	917	38096	1474	7347	5900	23375
上　海	63568	1311	62257	4240	7977	1120	48920
江　苏	173430	956	172474	1140	7505	9261	154568
浙　江	115720	265	115455	1170	6030	5257	102998
安　徽	105257	1039	104218	3488	10788	8475	81467
福　建	93115	195	92920	1112	10631	11572	69605
江　西	72677	801	71876	975	5190	9722	55989
山　东	220624	1621	219003	4519	18051	29847	166586
河　南	206853	533	206320	2053	26285	30771	147211
湖　北	130863	2254	128609	1395	17101	13330	96783
湖　南	120590	795	119795	2220	13320	12235	92020
广　东	233716	2168	231548	2101	28434	19524	181489
广　西	80703	520	80183	970	8173	5948	65092
海　南	46996	733	46263	3607	6176	8275	28205
重　庆	99265	1599	97666	3979	13096	5320	75271
四　川	138485	2934	135551	1496	10534	17207	106314
贵　州	82812	1115	81697	891	2706	8372	69728
云　南	80120	694	79426	2885	4388	11770	60383
西　藏	2093		2093	45	497	383	1168
陕　西	84311	1134	83177	2316	20455	12564	47842
甘　肃	44756	290	44466	1742	4745	5445	32534
青　海	10899	71	10828	541	1295	932	8060
宁　夏	17166	578	16588	432	766	396	14994
新　疆	42479	1873	40606	405	3205	6554	30442

第二章

房地产开发投资及企业到位资金情况

2-1　各地区房地产开发企业投资规模与完成情况

单位：万元

地　　区	计划总投资	自开始建设至本年底累计完成投资	
			本年完成投资
全国总计	**5878572355**	**4278543842**	**1025806128**
北　京	250065028	194373755	40005729
天　津	154267751	101035529	23000107
河　北	194758856	137018882	46956333
山　西	88925779	61112272	15973532
内蒙古	85802879	58185761	11334775
辽　宁	216561483	157922755	20948451
吉　林	69170262	47716435	10167618
黑龙江	59834332	41176141	8648391
上　海	256449538	184295997	37090311
江　苏	550120755	391829385	89563676
浙　江	349500408	291075926	74693683
安　徽	280414330	198534622	46035625
福　建	235930084	205909079	45888313
江　西	103607895	69639934	17709442
山　东	381559187	268473871	63233819
河　南	292672784	177809868	61791260
湖　北	222210296	170283961	42963824
湖　南	187975130	132576227	29570441
广　东	576204457	442443901	103077952
广　西	132687855	96982929	23979862
海　南	111282082	78180250	17875968
重　庆	221295218	173541418	37259452
四　川	239517565	180001142	52826449
贵　州	140417227	99678748	21489608
云　南	153106048	107306536	26883380
西　藏	1953075	1518350	485361
陕　西	170242616	105000698	27367546
甘　肃	43420013	29337127	8500344
青　海	16960874	12402755	3969204
宁　夏	39811997	29037815	7281647
新　疆	51846551	34141773	9234025

2-2 各地区按登记注册类型分的房地产开发企业计划总投资

单位：万元

地 区	总 计	内 资					
			国 有	集 体	股份合作	国有联营	集体联营
全国总计	**5878572355**	**5303875818**	**48877682**	**8431887**	**1233991**	**592551**	**6000**
北 京	250065028	235840636	4674428	694865			
天 津	154267751	136490419	1560646	118000		45000	
河 北	194758856	187825100	127330				
山 西	88925779	86421708	1148266	57940			
内 蒙 古	85802879	85676466	519672				
辽 宁	216561483	167204399	553235	116490	8426		
吉 林	69170262	65148508					
黑 龙 江	59834332	58248070	382380				
上 海	256449538	207199611	853386	616817	202916		6000
江 苏	550120755	473532463	5726589	568835	24000		
浙 江	349500408	314500194	1053029	137471	104165	547551	
安 徽	280414330	266931530	2580630	41593			
福 建	235930084	211568509	4922429	180112			
江 西	103607895	97831854	823109		67947		
山 东	381559187	359256219	4391042	1337829	330655		
河 南	292672784	286326338	3205483	62774	35700		
湖 北	222210296	204378728	1466724	338891			
湖 南	187975130	176032220	1141427	7568	20000		
广 东	576204457	470231650	1484456	3596957	118862		
广 西	132687855	121249732	957364	41620	8500		
海 南	111282082	95692663	991507	25000	30000		
重 庆	221295218	180560311	2017760				
四 川	239517565	215685332	948039	88592	239520		
贵 州	140417227	136376782	794745		26000		
云 南	153106048	149302271	563721				
西 藏	1953075	1953075	41500				
陕 西	170242616	162230558	4046361	363923	17300		
甘 肃	43420013	43179813	1114094	35806			
青 海	16960874	16960874					
宁 夏	39811997	38508199	333891				
新 疆	51846551	51531586	454439	804			

2-2　续表 1　　　　单位：万元

地　区	内　资						
	国有与集体联营	其他联营	国有独资公司	其他有限责任公司	股份有限公司	私营独资	私营合伙
全国总计	**25500**	**91119**	**230396308**	**3111721325**	**202813241**	**3760652**	**97089**
北　京			9559268	202344485	4435389		
天　津			9352698	91674003	10628533	368386	
河　北			2321862	105041965	7928458		
山　西			1683216	30524975	484930		
内蒙古			3621094	39799652	2657863	80000	
辽　宁			4775191	95020855	11202469	128000	
吉　林			1479248	40032835	3813626	751292	
黑龙江			2426197	35132502	2982555		
上　海			14219540	130509381	6941929	262715	
江　苏			30102478	224553477	15532188	55000	19820
浙　江	5500		11578728	171013303	4662048	15000	
安　徽			11822106	153881572	10953835	38000	
福　建			18025622	129999274	3974378		
江　西			2450296	55361312	4781770	9059	18082
山　东			19806482	205041619	18370222	50000	55600
河　南			2351859	201863887	10712067	207300	
湖　北			8813089	116918095	17001397	16746	3587
湖　南			6874278	97248535	5993599	31000	
广　东			10684866	302228841	17551835	110600	
广　西			5328106	59361877	4630974		
海　南	20000		5504908	67155899	5504458	1593748	
重　庆			12392927	90038714	8958946		
四　川			6235612	133815244	8033658		
贵　州			3053379	87651134	2548198		
云　南			5382436	90626190	5744321	43806	
西　藏		91119	30706	815267			
陕　西			10497258	93502311	3786406		
甘　肃			2373485	22329834	750680		
青　海			2040028	6191688	235267		
宁　夏			3881389	9753492	612653		
新　疆			1727956	22289107	1398589		

2-2 续表 2

单位：万元

地　区	内	资		港澳台商投资			
	私营有限责任公司	私营股份有限公司	其他内资企业		合资经营	合作经营	独资
全国总计	**1602525273**	**91628854**	**1674346**	**415080840**	**139939313**	**24695547**	**238191220**
北　京	13944132	188069		8140020	3178142	2072418	2889460
天　津	19693921	3049232		12144114	4646040	86300	6560520
河　北	68553614	3851871		3426865	767253		2659612
山　西	51670307	852074		1661230	1317440		195516
内蒙古	38053846	930339	14000	1746	1746		
辽　宁	52500214	2899519		31082898	13383711	434607	17007152
吉　林	17723438	1348069		3923528	2531022		1200941
黑龙江	16355313	969123		556262	70960	60000	425302
上　海	51756351	1830576		37778654	18540750	350000	18328204
江　苏	187096742	9647656	205678	51298216	15654845	997619	32819894
浙　江	124096556	1286843		27189556	8217896	603560	17804232
安　徽	81758215	5820579	35000	10503062	3879052		6347010
福　建	51849324	2617370		19676962	10617115	75550	8519297
江　西	30224592	4095687		4323656	1213410		3086246
山　东	102385052	7440043	47675	16234625	8077725	444480	7589482
河　南	60732879	7039389	115000	4843226	1246142	203856	2479563
湖　北	57689920	2130279		14044328	3488054	1212000	9126274
湖　南	60129274	4541925	44614	9711628	2797622	175000	6321643
广　东	125816800	8162660	475773	77671297	19921319	16570751	39989515
广　西	48684291	2237000		8798979	2800206		5998773
海　南	13618732	888405	360006	13201472	3423675		6847948
重　庆	64858506	2293458		32286505	8724179	906520	22042434
四　川	63408164	2916503		14603411	2762790		11269660
贵　州	39784612	2518714		3571200	383700	81700	3105800
云　南	42399878	4298919	243000	2424283	743758		1672572
西　藏	960483	14000					
陕　西	47113952	2769447	133600	4596791	293800	421186	3774805
甘　肃	15277825	1298089		181800	131800		50000
青　海	8142111	351780					
宁　夏	21982369	1944405		901561	832561		69000
新　疆	24263860	1396831		302965	292600		10365

2–2　续表 3

单位：万元

地　区	港澳台商投资		外商投资					
	股份有限	其　他		合资经营	合作经营	独　资	股份有限	其　他
全国总计	**9676443**	**2578317**	**159615697**	**52745381**	**15381062**	**81897174**	**5847187**	**3744893**
北　京			6084372	3155868	1494671	1433833		
天　津	851254		5633218	1387463		3099555	492000	654200
河　北			3506891	216132		3217577	57000	16182
山　西	141000	7274	842841	59879		742962	40000	
内蒙古			124667	72187		52480		
辽　宁	257428		18274186	8107316	1939938	7597700	629232	
吉　林	150000	41565	98226	98226				
黑龙江			1030000			1030000		
上　海	559700		11471273	3267271	1796532	5961655	445815	
江　苏	1574143	251715	25290076	9678911	1385680	14025485		200000
浙　江	415211	148657	7810658	2149055	100800	5370003	142800	48000
安　徽	277000		2979738	401507	255674	1667488	650000	5069
福　建	455000	10000	4684613	264942		3310006	694665	415000
江　西		24000	1452385	1149021		303364		
山　东	74959	47979	6068343	2574411	1255046	2192886		46000
河　南	238000	675665	1503220	646197	70500	747223		39300
湖　北	200000	18000	3787240	1403087		1655200	306045	422908
湖　南	59778	357585	2231282	1287738	25000	858344		60200
广　东	1020800	168912	28301510	8498054	2533772	15080520	919630	1269534
广　西			2639144	1288081		703131	130000	517932
海　南	2794560	135289	2387947	367104	461927	1508348		50568
重　庆	80649	532723	8448402	2364228	2294517	3279657	510000	
四　川	526961	44000	9228822	2959992	960000	5308830		
贵　州			469245	62240	407005			
云　南		7953	1379494	279500	400000	59994	640000	
西　藏								
陕　西		107000	3415267	823555		2401712	190000	
甘　肃			58400	58400				
青　海								
宁　夏			402237	125016		277221		
新　疆			12000			12000		

2–3 各地区按资质等级分的房地产开发企业计划总投资

单位：万元

地区	总计	一级	二级	三级	四级	暂定	其他
全国总计	**5878572355**	**276568722**	**954540661**	**966367745**	**678810820**	**2616854245**	**385430162**
北京	250065028	23448823	25253174	20701776	86314074	83839862	10507319
天津	154267751	7041124	17559041	8128671	79909775	37032415	4596725
河北	194758856	14500504	27217829	27893281	48339373	73352049	3455820
山西	88925779	1641759	14171949	12052096	33655045	25638071	1766859
内蒙古	85802879	6001241	12673019	10949629	39476343	14157121	2545526
辽宁	216561483	6898339	18842558	40072605	1347167	130515766	18885048
吉林	69170262	2334289	16379727	11002933	7120347	31720171	612795
黑龙江	59834332	2763834	16018935	24250693	1010386	14006411	1784073
上海	256449538	5533185	19299103	13518506		197750836	20347908
江苏	550120755	24925192	181136066	22530193	429329	265838470	55261505
浙江	349500408	10738373	30616155	61636979	16156677	176853991	53498233
安徽	280414330	5934574	35803409	61533924	7360066	154527180	15255177
福建	235930084	10534217	26614371	61457875	25956311	100766457	10600853
江西	103607895	2343308	10334688	19585363	9826928	56685374	4832234
山东	381559187	21785404	38574172	53210697	39068320	201889777	27030817
河南	292672784	11397766	47450931	31874724	15449428	166237045	20262890
湖北	222210296	14669045	41552189	23907295	20006842	116196994	5877931
湖南	187975130	9574779	32439076	70509173	25239664	47909490	2302948
广东	576204457	30698040	37554303	123087024	95767711	232244815	56852564
广西	132687855	5986956	21419613	18892699	5927813	73993112	6467662
海南	111282082	761712	7987323	13975242	8814253	68828481	10915071
重庆	221295218	18405298	88284825	18060322	774458	92767443	3002872
四川	239517565	13044671	44850232	120932085	1645641	45454691	13590245
贵州	140417227	431484	42752587	22525678	12887668	56935266	4884544
云南	153106048	5664440	28857279	11071836	34901756	63535017	9075720
西藏	1953075		228001	948095	300500	396479	80000
陕西	170242616	8773144	35776336	30599878	39148539	37268230	18676489
甘肃	43420013	1595323	8192285	14063017	5814807	13573447	181134
青海	16960874	972800	7432865	3867803	2324298	2088929	274179
宁夏	39811997	5350425	13644978	6023683	6965240	7499069	328602
新疆	51846551	2818673	5623642	7503970	6872061	27351786	1676419

2-4　各地区按登记注册类型分的房地产开发企业完成投资

单位：万元

地　区	总　计	内　资					
			国　有	集　体	股份合作	国有联营	集体联营
全国总计	**1025806128**	**948483731**	**9072799**	**1522259**	**259767**	**33011**	**15**
北　京	40005729	38877032	699262	59527			
天　津	23000107	20353657	118045	5339		3858	
河　北	46956333	45879269	179				
山　西	15973532	15615453	326484	5055			
内蒙古	11334775	11329446	27500				
辽　宁	20948451	17451191	48019	13839			
吉　林	10167618	9882627					
黑龙江	8648391	8536094	127059				
上　海	37090311	30454463	157535	79213	33000		15
江　苏	89563676	78908063	1438855	146026			
浙　江	74693683	67476524	134955	23295	3231	29153	
安　徽	46035625	44367226	415562	23377			
福　建	45888313	41604098	1170581	49630			
江　西	17709442	17165326	152846		20441		
山　东	63233819	59278965	721355	196663	40252		
河　南	61791260	60944033	585851	1359	15135		
湖　北	42963824	41086824	199778	129353			
湖　南	29570441	28373607	207126	1642			
广　东	103077952	88757360	255203	638460	95230		
广　西	23979862	21711290	113875	18500	8500		
海　南	17875968	15953355	169214		17673		
重　庆	37259452	31579090	349486				
四　川	52826449	50252623	381645	10546	24145		
贵　州	21489608	20725894	42789		150		
云　南	26883380	26358018	139924				
西　藏	485361	485361	2290				
陕　西	27367546	26347539	700351	115331	2010		
甘　肃	8500344	8463860	219805	4300			
青　海	3969204	3969204					
宁　夏	7281647	7143337	54022				
新　疆	9234025	9152902	113203	804			

2-4 续表 1

单位：万元

地 区	内资						
	国有与集体联营	其他联营	国有独资公司	其他有限责任公司	股份有限公司	私营独资	私营合伙
全国总计	**15**	**33380**	**41300011**	**554730843**	**30837859**	**1159490**	**18664**
北 京			1546724	33221707	797964		
天 津			1274118	14553069	516331	241499	
河 北			578287	25779556	1690925		
山 西			349111	5307716	145681		
内 蒙 古			430514	5513485	124166	1380	
辽 宁			643223	9612478	574351	19600	
吉 林			399114	5600882	672586	126694	
黑 龙 江			465234	4788596	432667		
上 海			2412627	18751224	1156788	43250	
江 苏			5067075	37297503	2347492	5793	150
浙 江	15		2460668	35718803	953032	5	
安 徽			1917751	25490582	1243974	7600	
福 建			3889849	25017877	513425		
江 西			640399	9767828	653313	9059	5060
山 东			3329684	35185377	2154204	43575	11654
河 南			706813	44023667	2077957	42130	
湖 北			1774896	24346604	2921487	280	1800
湖 南			1237007	14323395	1200548	4106	
广 东			1264656	56221280	2332379	74000	
广 西			1101837	11260357	600051		
海 南			783116	11104744	1049431	518093	
重 庆			2108421	15958281	1886739		
四 川			1427871	30444827	1912676		
贵 州			567695	12385408	371905		
云 南			882278	15620521	1354556	22426	
西 藏		33380	11200	233198			
陕 西			1952343	15867260	520878		
甘 肃			447481	4403715	133405		
青 海			605331	1579932	34985		
宁 夏			578480	1628486	180857		
新 疆			446208	3722485	283106		

2-4　续表 2　　单位：万元

地　区	内　资			港澳台商投　资			
	私营有限责任公司	私营股份有限公司	其他内资企　业		合资经营	合作经营	独　资
全国总计	**295332127**	**13827550**	**355941**	**57906602**	**19749115**	**2457457**	**33880551**
北　京	2534389	17459		680042	342159	89340	248543
天　津	3568356	73042		1990079	710726	79005	1109248
河　北	17219406	610916		902243	256383		645860
山　西	9308677	172729		306364	266569		3680
内蒙古	5052056	178400	1945	1746	1746		
辽　宁	6327847	211834		2144990	1021406		1121080
吉　林	2899248	184103		280519	144910		127209
黑龙江	2555814	166724		105845	1800	36828	67217
上　海	7749315	71496		5358155	3062196	4317	2256748
江　苏	31166805	1404034	34330	7519248	2303442	79834	4749765
浙　江	27915639	237728		5785521	1901871	391753	3411048
安　徽	14398626	844263	25491	1250287	493564		704099
福　建	10316761	645975		3474212	1937922	14222	1431010
江　西	5115758	800622		504159	149491		349568
山　东	16874805	718233	3163	2978007	1525321	21011	1414501
河　南	12421061	1043255	26805	626481	176727	4860	409853
湖　北	11393268	319358		1414171	265903	93237	1051731
湖　南	10702334	694220	3229	1009404	187344	26868	701316
广　东	26781670	1028309	66173	10180916	2065971	1309500	6397740
广　西	8118925	489245		1565325	411123		1154202
海　南	2031818	223299	55967	1640376	347022		947815
重　庆	10999988	276175		4560569	1101968	230758	3173660
四　川	15273727	777186		1667711	565061		1054250
贵　州	6934526	423421		712052	131803	42805	537444
云　南	7507154	701747	129412	419112	96267		322635
西　藏	205293						
陕　西	6707042	472898	9426	585427	49669	33119	477439
甘　肃	3123115	132039		28978	28978		
青　海	1725136	23820					
宁　夏	4121006	580486		133540	120650		12890
新　疆	4282562	304534		81123	81123		

2-4 续表 3

单位：万元

地 区	港澳台商投资		外商投资					
	股份有限	其 他		合资经营	合作经营	独 资	股份有限	其 他
全国总计	**1518508**	**300971**	**19415795**	**7017077**	**1749997**	**8979271**	**828895**	**840555**
北 京			448655	221041	142084	85530		
天 津	91100		656371	103248		391539	29548	132036
河 北			174821	89566		78301	4239	2715
山 西	32220	3895	51715			43728	7987	
内 蒙 古			3583	3583				
辽 宁	2504		1352270	484515	375905	412420	79430	
吉 林		8400	4472	4472				
黑 龙 江			6452			6452		
上 海	34894		1277693	311675	186291	750767	28960	
江 苏	312653	73554	3136365	1269768	129904	1726893		9800
浙 江	66680	14169	1431638	446252	10229	865100	85897	24160
安 徽	52624		418112	111098	28814	215780	58420	4000
福 建	91058		810003	29636		580553	99166	100648
江 西		5100	39957	15865		24092		
山 东		17174	976847	438976	213631	321740		2500
河 南	16177	18864	220746	116367		89728		14651
湖 北		3300	462829	197685		153644	27000	84500
湖 南	33872	60004	187430	103525		45480		38425
广 东	386240	21465	4139676	1510523	313545	1879569	124678	311361
广 西			703247	412664		176222	23602	90759
海 南	326677	18862	282237	32679	62681	161877		25000
重 庆	34000	20183	1119793	367484	187400	421498	143411	
四 川	37809	10591	906115	502622	53651	349842		
贵 州			51662	5800	45862			
云 南		210	106250	10781		20996	74473	
西 藏								
陕 西		25200	434580	214976		177520	42084	
甘 肃			7506	7506				
青 海								
宁 夏			4770	4770				
新 疆								

2–5　各地区按资质等级分的房地产开发企业完成投资

单位：万元

地　区	总　计	一　级	二　级	三　级	四　级	暂　定	其　他
全国总计	**1025806128**	**37943536**	**136745551**	**150188203**	**107262116**	**507838753**	**85827969**
北　京	40005729	2393784	2540741	1638900	8927120	22192240	2312944
天　津	23000107	995094	1567164	993191	12262541	6360464	821653
河　北	46956333	2290215	5993110	6611163	11005216	20191704	864925
山　西	15973532	299873	1823642	1901037	6116894	5463151	368935
内蒙古	11334775	687923	911815	1411535	5618091	2249895	455516
辽　宁	20948451	581368	1616572	3220293	196050	12571103	2763065
吉　林	10167618	495966	1626770	1639027	1317838	4940967	147050
黑龙江	8648391	237458	1669746	3560205	177632	2463318	540032
上　海	37090311	841860	2496234	1290312		29543996	2917909
江　苏	89563676	2986960	24767299	2706896	65887	46285323	12751311
浙　江	74693683	1727368	4403314	12847380	2836840	38191377	14687404
安　徽	46035625	810254	4124983	8665393	887039	28453472	3094484
福　建	45888313	1547238	4719803	9085141	3136540	24630948	2768643
江　西	17709442	228178	1635796	2788968	1644267	10547114	865119
山　东	63233819	3420697	5808434	6889242	4992829	36247259	5875358
河　南	61791260	1773353	7660158	5674282	3038777	38646329	4998361
湖　北	42963824	1905794	6951112	4302982	3456669	25215324	1131943
湖　南	29570441	1147079	4126213	9727507	5252197	8847340	470105
广　东	103077952	3353980	4209244	15608879	15472572	50819731	13613546
广　西	23979862	781294	3210984	2568683	804296	15466002	1148603
海　南	17875968	181873	1504383	1844436	1037266	11726149	1581861
重　庆	37259452	2744684	13432983	3023946	151307	17211771	694761
四　川	52826449	1963827	8827629	26888342	412068	10940109	3794474
贵　州	21489608	72310	5235998	3256264	1630974	10200458	1093604
云　南	26883380	1438853	4136511	1686928	6162188	11690098	1768802
西　藏	485361		57426	195835	82489	107251	42360
陕　西	27367546	1292339	5337283	3933719	6696696	6496727	3610782
甘　肃	8500344	254304	1442491	2557856	1280692	2900058	64943
青　海	3969204	92808	1579936	1083181	486394	594604	132281
宁　夏	7281647	941110	2347893	1171293	1122724	1601203	97424
新　疆	9234025	455692	979884	1415387	990023	5043268	349771

2–6 各地区按隶属关系分的房地产开发企业完成投资

单位：万元

地区	合计	中央属	地方属				
				省属	地市属	县属	其他
全国总计	**1025806128**	**23388010**	**1002418118**	**32472404**	**114793468**	**84902224**	**770250022**
北京	40005729	2746368	37259361	5852925	6205735		25200701
天津	23000107	872612	22127495	2332981	4140138	2255594	13398782
河北	46956333	541703	46414630	469329	3878410	4625042	37441849
山西	15973532	426808	15546724	494584	2093139	665106	12293895
内蒙古	11334775	151705	11183070	10350	1097352	902347	9173021
辽宁	20948451	390740	20557711	32607	2115818	1305928	17103358
吉林	10167618	6797	10160821	92629	765848	719433	8582911
黑龙江	8648391	163743	8484648	531441	1364892	889866	5698449
上海	37090311	1345557	35744754	2238336	4109190	1078678	28318550
江苏	89563676	1831928	87731748	787850	4594040	6535467	75814391
浙江	74693683	617708	74075975	726595	2209436	2652196	68487748
安徽	46035625	469901	45565724	1748680	5930580	3845430	34041034
福建	45888313	259349	45628964	810478	7847953	5140883	31829650
江西	17709442	285198	17424244	285223	1926351	2746044	12466626
山东	63233819	1527899	61705920	2258947	6332953	8860880	44253140
河南	61791260	389082	61402178	1195717	9624071	7488868	43093522
湖北	42963824	1346627	41617197	447006	6145201	2561648	32463342
湖南	29570441	371569	29198872	722816	3016185	2251831	23208040
广东	103077952	2204149	100873803	692206	12945297	6655068	80581232
广西	23979862	288785	23691077	588939	2974888	1299152	18828098
海南	17875968	547800	17328168	1553248	3306803	2400616	10067501
重庆	37259452	2295117	34964335	3648502	4956080	1440398	24919355
四川	52826449	1673785	51152664	523682	3984037	6289206	40355739
贵州	21489608	996080	20493528	142202	757567	2114937	17478822
云南	26883380	433838	26449542	2221559	2650529	4706289	16871165
西藏	485361		485361	270	149856	19179	316056
陕西	27367546	531117	26836429	715061	6569601	2543880	17007887
甘肃	8500344	143201	8357143	406730	1064113	962203	5924097
青海	3969204	50276	3918928	481325	701604	236259	2499740
宁夏	7281647	61488	7220159	368612	447886	513023	5890638
新疆	9234025	417080	8816945	91574	887915	1196773	6640683

2-7　各地区按构成分的房地产开发企业完成投资

单位：万元

地　区	本年完成投　资	建筑工程	安装工程	设备工器具购　置	其他费用	#土地购置费
全国总计	**1025806128**	**667933931**	**95087975**	**14615526**	**248168696**	**187786795**
北　京	40005729	12990200	332665	208036	26474828	19218934
天　津	23000107	12830179	1269234	131294	8769400	5797533
河　北	46956333	35261575	5197399	1103510	5393849	3378395
山　西	15973532	10516027	2419144	221372	2816989	1695670
内蒙古	11334775	9120009	943344	148090	1123332	778933
辽　宁	20948451	15044629	2155286	411201	3337335	2580991
吉　林	10167618	7256507	1039162	101198	1770751	1395225
黑龙江	8648391	6790449	758542	98393	1001007	832675
上　海	37090311	20122381	2086534	219386	14662010	12082833
江　苏	89563676	58983921	7057906	1416846	22105003	18350279
浙　江	74693683	35723995	5934113	866893	32168682	26343725
安　徽	46035625	31560079	5909836	893088	7672622	6220761
福　建	45888313	29130406	3626761	338115	12793031	11073218
江　西	17709442	12288376	2426421	292854	2701791	2007356
山　东	63233819	43053444	8072115	679795	11428465	9376609
河　南	61791260	49013673	726678	1707207	10343702	6815137
湖　北	42963824	29124114	4655665	754478	8429567	5701192
湖　南	29570441	20693526	3734895	487263	4654757	3129683
广　东	103077952	63039678	10217484	991203	28829587	22439812
广　西	23979862	16143645	2533017	267215	5035985	3987502
海　南	17875968	11721417	1914785	136880	4102886	2714974
重　庆	37259452	23568826	4810171	396505	8483950	5624775
四　川	52826449	35931742	5544404	1082787	10267516	8322719
贵　州	21489608	17095529	1693814	252510	2447755	820301
云　南	26883380	19264871	2663120	420755	4534634	3011145
西　藏	485361	383107	64438	14712	23104	19813
陕　西	27367546	20129159	3532458	439736	3266193	1779642
甘　肃	8500344	6165713	1198151	153811	982669	564940
青　海	3969204	2732513	505278	87310	644103	498285
宁　夏	7281647	5344124	941295	79342	916886	626129
新　疆	9234025	6910117	1123860	213741	986307	597609

2–8 各地区按用途分的房地产开发企业完成投资

单位：万元

地区	本年完成投资	住宅	#别墅、高档公寓	办公楼	商业营业用房	其他
全国总计	**1025806128**	**687038743**	**34787431**	**65325959**	**158375283**	**115066143**
北京	40005729	19258648	1877091	6990757	4841151	8915173
天津	23000107	15982672	927545	1246437	2524386	3246612
河北	46956333	34754830	527126	2192564	6515654	3493285
山西	15973532	11410813	94015	751536	2172920	1638263
内蒙古	11334775	7937031	282725	313486	1889040	1195218
辽宁	20948451	15054217	396493	652536	3587950	1653748
吉林	10167618	7106948	164308	417397	1893840	749433
黑龙江	8648391	5979597	173486	243593	1714812	710389
上海	37090311	19654280	4164967	6959544	5194103	5282384
江苏	89563676	66288705	4851666	3631653	12461294	7182024
浙江	74693683	48066393	2735774	4809823	9849063	11968404
安徽	46035625	30693640	957399	2029072	9706098	3606815
福建	45888313	29992893	1205645	3390103	5909535	6595782
江西	17709442	12475828	522598	738706	3158058	1336850
山东	63233819	46902164	1364548	3462964	8278233	4590458
河南	61791260	45580670	418037	2308571	7898425	6003594
湖北	42963824	30123477	788828	2238991	5476917	5124439
湖南	29570441	18712970	559825	1596461	5985965	3275045
广东	103077952	69776579	4611156	8520641	13902848	10877884
广西	23979862	17252858	368849	935287	3202090	2589627
海南	17875968	13177292	1841636	527000	1811761	2359915
重庆	37259452	23199701	1788286	1660434	7043652	5355665
四川	52826449	31856366	1143242	2785059	11660332	6524692
贵州	21489608	12436021	365823	1518053	5625321	1910213
云南	26883380	16353764	1485211	1597973	4973597	3958046
西藏	485361	391421	19833	17272	53703	22965
陕西	27367546	19161261	581723	1906231	4159472	2140582
甘肃	8500344	5637505	30809	463722	1734842	664275
青海	3969204	2277750	27665	325052	960228	406174
宁夏	7281647	4354115	130958	518691	1524529	884312
新疆	9234025	5188334	380164	576350	2665464	803877

2–9　各地区按控股情况分的房地产开发企业完成投资

单位：万元

地　区	总　计	国有控股	集体控股	私人控股	港澳台控股	外商控股	其他
全国总计	**1025806128**	**169947912**	**20628845**	**611379649**	**53961810**	**18352451**	**151535461**
北　京	40005729	17788632	2256230	14871543	602911	417267	4069146
天　津	23000107	7837498	731092	8183524	1680538	696446	3871009
河　北	46956333	2544703	201073	36024654	684760	166265	7334878
山　西	15973532	3414394	117615	11394462	202902	73655	770504
内蒙古	11334775	1058734	177219	8969235		32718	1096869
辽　宁	20948451	2486373	497702	11717549	2037413	781669	3427745
吉　林	10167618	1225679	25459	8047208	298263	4553	566456
黑龙江	8648391	1570513	74348	5324087	119522	16569	1543352
上　海	37090311	13241185	1222379	12058918	4239803	1196101	5131925
江　苏	89563676	15386121	1695772	48908021	7283558	3197138	13093066
浙　江	74693683	8491116	1117322	48647207	5545868	1388249	9503921
安　徽	46035625	6559779	562422	29838639	1003698	523143	7547944
福　建	45888313	9410803	199275	24600165	3100451	975915	7601704
江　西	17709442	2330743	196778	12321387	489427	51045	2320062
山　东	63233819	9785278	1978699	36189859	2452846	483814	12343323
河　南	61791260	6631678	725802	43340091	559660	173591	10360438
湖　北	42963824	6403797	1575177	25099340	1524076	614092	7747342
湖　南	29570441	4074384	534066	20104437	908082	152410	3797062
广　东	103077952	10705603	2489106	53872870	10238037	4276096	21496240
广　西	23979862	3287108	44053	14894233	1551426	697293	3505749
海　南	17875968	2802631	1075330	9539761	1517228	299011	2642007
重　庆	37259452	8302597	338009	19586047	4527287	828550	3676962
四　川	52826449	5556829	573884	36375550	1368264	793855	8158067
贵　州	21489608	2693592	610091	15782859	718413	19320	1665333
云　南	26883380	5456610	467231	16039811	581550	104800	4233378
西　藏	485361	88655	33380	304452			58874
陕　西	27367546	6030610	600345	17887186	557354	384116	1907935
甘　肃	8500344	1379025	196892	6442324	34933		447170
青　海	3969204	953270	225159	2423151			367624
宁　夏	7281647	1041940	12687	6074308	133540	4770	14402
新　疆	9234025	1408032	74248	6516771			1234974

2-10 各地区按投资规模分房地产开发企业完成投资

单位：万元

地区	500万元以下	500-1000万元	1000-3000万元	3000-5000万元	5000万-1亿元	1-5亿元	5-10亿元	10亿元及以上
全国总计	**10466**	**85746**	**1485083**	**3547742**	**17325383**	**203693927**	**213813694**	**585844087**
北京		686	660	6997	40051	1062691	3149189	35745455
天津			1498	10571	31365	2502768	4721332	15732573
河北		631	53528	158443	973980	15523056	11818086	18428609
山西		4041	58555	118161	588660	4846557	3531781	6825777
内蒙古	304	2770	73199	172509	463307	2598882	2484986	5538818
辽宁	200	950	39674	91868	407494	5252968	5064642	10090655
吉林	468	2866	33561	63804	392369	3119915	2068389	4486246
黑龙江		3110	52984	156825	365665	2263746	1672536	4133525
上海		6	5044	7148	35047	1710568	4648211	30684287
江苏	408		28904	110720	791158	12485888	21196836	54949762
浙江	30	1015	48632	134117	697820	10817774	16322834	46671461
安徽	656	4075	52281	118299	461680	9231297	11773166	24394171
福建		1467	22736	54685	348587	5908881	8408805	31143152
江西		668	49878	65965	438459	5616612	4240503	7297357
山东	995	1966	105463	234787	1589457	16096419	14474750	30729982
河南		2693	33234	112088	912453	15230504	16535406	28964882
湖北	484	3601	76687	207172	748236	8379335	7547563	26000746
湖南	1662	4083	130204	319299	1578151	8605007	5879120	13052915
广东	1416	11797	126782	249226	1156918	15644252	17876301	68011260
广西	21	3295	59111	150697	745302	6557401	4500013	11964022
海南		400	6331	26067	158844	2722426	3235782	11726118
重庆	457	1658	28867	93181	502688	5541693	6075294	25015614
四川	875	5831	47285	130959	856435	13589393	17007667	21188004
贵州		2698	22719	67635	340350	6410787	3833990	10811429
云南		4192	42628	141469	627205	5547124	4474157	16046605
西藏			200		21379	210055	204527	49200
陕西	418	1789	31233	84330	371403	5089728	4827651	16960994
甘肃	60	3971	78505	143249	651803	3277546	1769626	2575584
青海		730	11078	36774	104055	1116213	749087	1951267
宁夏		597	18388	45922	183711	2804649	1725412	2502968
新疆	2012	14160	145234	234775	741351	3929792	1996052	2170649

2-11　各地区按登记注册类型分的房地产开发企业住宅完成投资

单位：万元

地　区	总　计	内　资					
			国　有	集　体	股份合作	国有联营	集体联营
全国总计	**687038743**	**639479473**	**6371149**	**1130083**	**205972**	**27089**	**10**
北　京	19258648	18835566	301741	44870			
天　津	15982672	14196806	103729	4864		1852	
河　北	34754830	33983563	179				
山　西	11410813	11306607	246128	4875			
内蒙古	7937031	7932148	19632				
辽　宁	15054217	12525282	42025	12280			
吉　林	7106948	6945566					
黑龙江	5979597	5903336	94740				
上　海	19654280	17000917	82386	28273	30000		10
江　苏	66288705	58477465	1130613	126126			
浙　江	48066393	44208930	102286	20156	1813	25237	
安　徽	30693640	29424101	349364	2655			
福　建	29992893	27206705	924055	40261			
江　西	12475828	12126506	140673		14825		
山　东	46902164	44075132	349812	150291	32586		
河　南	45580670	45058845	538595	1309	13485		
湖　北	30123477	28916291	145968	95241			
湖　南	18712970	18091657	180991	1215			
广　东	69776579	60831631	191601	483395	68274		
广　西	17252858	15469253	104713	18500	6400		
海　南	13177292	11628279	41470		17673		
重　庆	23199701	20500194	113120				
四　川	31856366	30531318	208350	9448	19057		
贵　州	12436021	12057729	31715		103		
云　南	16353764	16135536	119916				
西　藏	391421	391421					
陕　西	19161261	18450096	547109	82753	1756		
甘　肃	5637505	5610200	132249	3571			
青　海	2277750	2277750					
宁　夏	4354115	4246937	46805				
新　疆	5188334	5133706	81184				

2-11 续表 1

单位：万元

地区	内资						
	国有与集体联营	其他联营	国有独资公司	其他有限责任公司	股份有限公司	私营独资	私营合伙
全国总计		**29880**	**27787508**	**371228419**	**21416538**	**1038926**	**17214**
北京			727744	15795368	530275		
天津			644062	10451669	228699	241499	
河北			536387	18991155	1383869		
山西			231030	4190705	117562		
内蒙古			327078	3839736	78050	1380	
辽宁			507376	6943174	454347	4600	
吉林			315458	3758347	483031	94760	
黑龙江			300152	3325385	258639		
上海			1518044	10667173	330767	41000	
江苏			3576828	27753707	1983888	5693	
浙江			1578883	23076887	626133		
安徽			1452779	16650594	735173		
福建			2419129	16190331	308884		
江西			542636	6725310	452481	7000	4360
山东			2553307	25918257	1600430	34575	11654
河南			554133	32866691	1453845	40950	
湖北			1327738	16557096	2033372	180	1200
湖南			882959	9105383	826774	3228	
广东			621357	38695358	1707159	64183	
广西			855391	8011313	482943		
海南			529496	7989240	799755	494224	
重庆			1281399	10780869	1320004		
四川			868862	18272897	1248480		
贵州			298925	7170644	183684		
云南			654728	9465106	951434	5654	
西藏		29880	11000	184127			
陕西			1391392	11001913	464226		
甘肃			286444	2971061	88254		
青海			309412	993661	21158		
宁夏			375953	891415	99888		
新疆			307426	1993847	163334		

2-11　续表 2　　　　单位：万元

地　区	内　资			港澳台商投　资			
	私营有限责任公司	私营股份有限公司	其他内资企　业		合资经营	合作经营	独　资
全国总计	**200517417**	**9457202**	**252066**	**35406786**	**12316578**	**1472719**	**20397072**
北　京	1423206	12362		288289	122621	72538	93130
天　津	2465074	55358		1282136	365298	79005	760083
河　北	12625798	446175		684067	238717		445350
山　西	6365557	150750		76439	44480		2810
内蒙古	3547460	118332	480	1300	1300		
辽　宁	4398660	162820		1685089	872447		810251
吉　林	2173143	120827		157910	108517		40993
黑龙江	1786780	137640		69809		29940	39869
上　海	4248487	54777		2105126	1397267	1656	701031
江　苏	22816775	1054455	29380	5339693	1469800	74868	3475097
浙　江	18669098	108437		3217707	1300907	159775	1708884
安　徽	9690329	517716	25491	914004	372531		514363
福　建	6789015	535030		2227616	1301400	4180	833680
江　西	3627428	611793		313676	120381		193295
山　东	12928318	492839	3063	2167548	1172093	10	982369
河　南	8764225	805393	20219	361231	150337	4860	187470
湖　北	8552085	203411		844868	234034	91710	516124
湖　南	6591512	496366	3229	450782	104733	21880	256297
广　东	18338282	651022	11000	6260284	1233710	816738	4104032
广　西	5707547	282446		1266528	326828		939700
海　南	1536192	178486	41743	1430329	309673		790852
重　庆	6820231	184571		2331193	445672	70317	1800067
四　川	9358903	545321		872270	302788		534129
贵　州	4125270	247388		349238	94085	12320	242833
云　南	4389995	439090	109613	147721	38859		108652
西　藏	166414						
陕　西	4527879	425220	7848	383419	9586	32922	315711
甘　肃	2088084	40537		21168	21168		
青　海	941949	11570					
宁　夏	2561829	271047		102718	102718		
新　疆	2491892	96023		54628	54628		

2-11 续表 3

单位：万元

地区	港澳台商投资		外商投资					
	股份有限	其他		合资经营	合作经营	独资	股份有限	其他
全国总计	**1002906**	**217511**	**12152484**	**3988429**	**915360**	**5977061**	**602742**	**668892**
北京			134793	32987	101806			
天津	77750		503730	39227		319548	27274	117681
河北			87200	44831		36491	3163	2715
山西	25754	3395	27767			20978	6789	
内蒙古			3583	3583				
辽宁	2391		843846	409352	90029	277045	67420	
吉林		8400	3472	3472				
黑龙江			6452			6452		
上海	5172		548237	57350	69918	403342	17627	
江苏	260342	59586	2471547	982898	118161	1362488		8000
浙江	33972	14169	639756	147316		438444	34863	19133
安徽	27110		355535	79191	28814	194856	51650	1024
福建	88356		558572	15125		433718	44883	64846
江西			35646	13926		21720		
山东		13076	659484	274164	148621	234499		2200
河南		18564	160594	91447		55516		13631
湖北		3000	362318	136573		115245	27000	83500
湖南	23496	44376	170531	94949		41277		34305
广东	105804		2684664	684357	212197	1425765	101440	260905
广西			517077	321883		159242		35952
海南	321769	8035	118684	24385	20059	49240		25000
重庆		15137	368314	109325	84921	30657	143411	
四川	30990	4363	452778	245999	14130	192649		
贵州			29054	2350	26704			
云南		210	70507	9331		7165	54011	
西藏								
陕西		25200	327746	153811		150724	23211	
甘肃			6137	6137				
青海								
宁夏			4460	4460				
新疆								

2-12　各地区按资质等级分的房地产开发企业住宅完成投资

单位：万元

地　区	总　计	一　级	二　级	三　级	四　级	暂　定	其　他
全国总计	**687038743**	**25860769**	**96406060**	**102078344**	**72493573**	**336118974**	**54081023**
北　京	19258648	1301636	1345309	731129	4306738	11169197	404639
天　津	15982672	635879	1103874	802796	8325656	4592637	521830
河　北	34754830	1647378	4488463	5372423	8376512	14179208	690846
山　西	11410813	223510	1362582	1385879	4051809	4166951	220082
内蒙古	7937031	472501	585135	925542	4040515	1584248	329090
辽　宁	15054217	488971	1035093	2356445	167355	9250339	1756014
吉　林	7106948	375909	1202257	1115361	910028	3390845	112548
黑龙江	5979597	192541	1201012	2468167	120723	1630250	366904
上　海	19654280	341757	1709804	700816		15451611	1450292
江　苏	66288705	2425739	18874952	1971654	57406	34460021	8498933
浙　江	48066393	1315147	3032195	8837388	1848009	23928169	9105485
安　徽	30693640	512888	2994075	5447896	690031	19086481	1962269
福　建	29992893	993293	3380566	5908246	1793368	15957613	1959807
江　西	12475828	170923	1331370	2063130	1293966	6962528	653911
山　东	46902164	2565697	4594293	5501123	3868908	26320344	4051799
河　南	45580670	1246610	5992917	4253796	2397518	28430156	3259673
湖　北	30123477	1492352	4854546	3053242	2543652	17361540	818145
湖　南	18712970	729008	2766147	6599314	3091178	5200307	327016
广　东	69776579	2397640	3026658	11177294	11138660	33239952	8796375
广　西	17252858	602079	2496164	2022509	613893	10641868	876345
海　南	13177292	6248	913272	1549634	868249	8661150	1178739
重　庆	23199701	1567346	8788238	1694606	88936	10529811	530764
四　川	31856366	1331960	5903010	16034036	194344	6465586	1927430
贵　州	12436021	25545	2955144	2213806	1000089	5864121	377316
云　南	16353764	863287	2541630	816134	3623285	7465723	1043705
西　藏	391421		54766	167646	60685	65964	42360
陕　西	19161261	1030113	3842351	2849856	4383623	4478645	2576673
甘　肃	5637505	141405	996445	1836065	926844	1724604	12142
青　海	2277750	52429	872547	690880	351384	255041	55469
宁　夏	4354115	442395	1530298	709107	715433	904919	51963
新　疆	5188334	268583	630947	822424	644776	2699145	122459

2-13 各地区按资质等级分的房地产开发企业90平方米及以下住宅完成投资

单位：万元

地区	总计	一级	二级	三级	四级	暂定	其他
全国总计	**247721811**	**9526149**	**35255302**	**36060307**	**25097064**	**121988531**	**19794458**
北京	9131709	676170	765312	303918	1868965	5281364	235980
天津	7307325	544447	503729	321477	3682140	2046527	209005
河北	14611643	828480	1786751	2499493	3247217	5949970	299732
山西	3360824	56276	367420	436490	1091094	1375373	34171
内蒙古	3001931	58289	204665	388056	1444477	783111	123333
辽宁	9735944	327464	560008	1608320	97533	5925052	1217567
吉林	3821672	236812	564479	705188	651490	1609100	54603
黑龙江	3534724	78681	676064	1456847	100763	933000	289369
上海	7753341	195127	482650	332100		6338209	405255
江苏	20735983	753779	6183391	530280	7213	10491974	2769346
浙江	10972502	282940	678975	1635954	461291	6136590	1776752
安徽	11373850	239301	1561082	2197624	225183	6384949	765711
福建	9811533	248900	1964633	1883399	576037	4762578	375986
江西	2856804	37522	330334	466589	299903	1582736	139720
山东	12868560	507011	1185709	1261266	962759	7570188	1381627
河南	15306152	348337	1895287	1373187	727268	10073604	888469
湖北	9738490	484891	1488700	1020342	545762	6008103	190692
湖南	4014950	120805	683643	1593416	513886	1083227	19973
广东	27517243	735263	856259	3287489	4154974	13571622	4911636
广西	5500905	239169	693319	581495	169264	3468018	349640
海南	7492395	4678	377911	727673	583269	5180194	618670
重庆	12896729	917446	4454542	984380	37320	6229516	273525
四川	15034823	709960	2763022	7795532	96687	2915111	754511
贵州	3223494	10845	864479	487659	245646	1520895	93970
云南	4728374	233982	752795	194867	1067640	2058303	420787
西藏	78890		3066	36574	14608	15927	8715
陕西	6125239	446423	1429251	782554	1307108	1050157	1109746
甘肃	1794449	39654	309367	636001	299511	504966	4950
青海	676049	6812	276979	135712	164702	71414	20430
宁夏	1066185	95329	361974	132312	213983	256593	5994
新疆	1649099	61356	229506	264113	239371	810160	44593

2-14　各地区按资质等级分的房地产开发企业144平方米以上住宅完成投资

单位：万元

地　区	总　计	一　级	二　级	三　级	四　级	暂　定	其　他
全国总计	**125403962**	**5154322**	**16877264**	**17110239**	**13467016**	**62837668**	**9957453**
北　京	6722823	451883	332539	163620	1689953	3951368	133460
天　津	3203029	9273	190163	282231	1738813	866340	116209
河　北	4329719	162771	456366	570886	1165083	1939083	35530
山　西	1686018	53937	228372	151721	763752	452567	35669
内蒙古	1254216	129707	118612	175741	497647	288918	43591
辽　宁	1842290	46223	170159	227033	43828	1209126	145921
吉　林	957425	28230	238763	70320	45832	535524	38756
黑龙江	736893	44327	167119	340481	1817	181008	2141
上　海	4968821	23750	674827	192171		3560901	517172
江　苏	14656810	620558	4016052	558356	28506	7688518	1744820
浙　江	12334927	391798	808495	2289770	463492	5798378	2582994
安　徽	3628902	49803	213635	636560	25408	2214693	488803
福　建	5146981	97086	484453	1232616	467471	2576704	288651
江　西	1649935	26702	156622	272809	89571	992020	112211
山　东	8728785	542378	1002291	980808	569240	5101812	532256
河　南	6907550	172498	927162	571058	331500	4432249	473083
湖　北	3120088	59303	398673	181368	198384	2073194	209166
湖　南	3306038	173679	382779	1019996	568658	1096410	64516
广　东	16944516	1282336	981045	3542430	2514538	7530055	1094112
广　西	2303165	74580	477938	224508	90660	1310041	125438
海　南	2157891		361616	203720	121545	1335748	135262
重　庆	3052115	93144	1502273	151577	19143	1185478	100500
四　川	3252667	147563	487838	1579844	1059	641945	394418
贵　州	1997616	1071	553918	330848	74626	1000111	37042
云　南	4554630	218453	744830	213695	873255	2273247	231150
西　藏	79250		22784	30178	9341	11271	5676
陕　西	3675393	56532	449317	434085	809258	1670997	255204
甘　肃	537124	31385	46817	146523	57172	255227	
青　海	261220	7162	75838	117845	39237	13315	7823
宁　夏	527158	86596	134738	54504	98330	151447	1543
新　疆	879967	71594	71230	162937	69897	499973	4336

2-15 各地区按资质等级分的房地产开发企业别墅、高档公寓完成投资

单位：万元

地区	总计	一级	二级	三级	四级	暂定	其他
全国总计	**34787431**	**1576080**	**4266844**	**4786267**	**3762692**	**18037075**	**2358473**
北京	1877091	334300	116547	24685	802336	593218	6005
天津	927545	36265	10381	106413	675632	84834	14020
河北	527126	5500	42401	40572	187485	250568	600
山西	94015	9774	5739	25754	11740	41008	
内蒙古	282725	2330	32591	12907	178572	56325	
辽宁	396493	23574	15965	94498	650	199755	62051
吉林	164308		25006	5802	983	124517	8000
黑龙江	173486	18191	31720	81397		42178	
上海	4164967	18664	268874	174729		3234964	467736
江苏	4851666	217815	951765	275469	6800	2859914	539903
浙江	2735774	92618	222665	682363	179893	1270509	287726
安徽	957399	10119	91647	198338	6271	608875	42149
福建	1205645	17434	132362	154386	86404	764500	50559
江西	522598	10942	19292	62336	29674	381247	19107
山东	1364548	73594	101155	154082	76569	884429	74719
河南	418037	16637	120184	43321	11369	176127	50399
湖北	788828	269	47153	49568	68866	577673	45299
湖南	559825	55328	80664	160300	131034	122099	10400
广东	4611156	320805	152767	873098	788994	2160831	314661
广西	368849	3401	75190	30489	7678	239189	12902
海南	1841636		53643	604154	64403	1089363	30073
重庆	1788286	18416	988342	109764		671764	
四川	1143242	83319	145906	582712	6313	194094	130898
贵州	365823	35	43844	39908	5925	276061	50
云南	1485211	120088	286489	67851	294665	578173	137945
西藏	19833			15310		4523	
陕西	581723		146875	3799	86136	295107	49806
甘肃	30809		612	5780	2867	21550	
青海	27665		1050	21200	4105	45	1265
宁夏	130958	59839	24229	7066	6478	32246	1100
新疆	380164	26823	31786	78216	40850	201389	1100

2-16　各地区按登记注册类型分的房地产开发企业办公楼完成投资

单位：万元

地　区	总　计	内　资					
			国　有	集　体	股份合作	国有联营	集体联营
全国总计	**65325959**	**57177969**	**426964**	**22843**	**2567**	**2696**	
北　京	6990757	6771299	58641	4486			
天　津	1246437	1025160				1196	
河　北	2192564	2169630					
山　西	751536	631330	7988				
内蒙古	313486	313486					
辽　宁	652536	463793					
吉　林	417397	397240					
黑龙江	243593	243593	3969				
上　海	6959544	4707486	12211	1463			
江　苏	3631653	3226044	13870	607			
浙　江	4809823	4036588	8520			1500	
安　徽	2029072	2003760	9764				
福　建	3390103	3065927	66065				
江　西	738706	686903	366				
山　东	3462964	3241513	101381	50	2567		
河　南	2308571	2271524	14688				
湖　北	2238991	2055321	33357	2440			
湖　南	1596461	1491471	900				
广　东	8520641	6649570	1658	13797			
广　西	935287	793761	100				
海　南	527000	526198	11306				
重　庆	1660434	1083333	19273				
四　川	2785059	2546016	24525				
贵　州	1518053	1485193	100				
云　南	1597973	1518371	875				
西　藏	17272	17272					
陕　西	1906231	1879472	25231				
甘　肃	463722	456622	11917				
青　海	325052	325052					
宁　夏	518691	518691					
新　疆	576350	576350	259				

2-16 续表 1 单位：万元

地 区	内资						
	国有与集体联营	其他联营	国有独资公司	其他有限责任公司	股份有限公司	私营独资	私营合伙
全国总计			**3060183**	**36913113**	**1913380**	**7514**	
北 京			126514	6114285	82095		
天 津			69586	800154	45662		
河 北			13955	1381025	42365		
山 西			50761	164173	1000		
内 蒙 古			6347	68429	6381		
辽 宁			37848	189272	1205		
吉 林			2790	280887	61280	1184	
黑 龙 江			141	196957	1775		
上 海			437833	2485603	495568	1380	
江 苏			368002	1598478	64857		
浙 江			95008	2580147	76998	2	
安 徽			23103	1324545	96294		
福 建			370043	1856344	32522		
江 西			23322	480165	31194		
山 东			333234	2009832	49022		
河 南			46597	1518594	58831		
湖 北			88409	1227660	373995		
湖 南			73988	1129341	16121		
广 东			374471	4285194	148352		
广 西			10067	448189	10763		
海 南			9045	409938	17929	2495	
重 庆			134378	527532	3538		
四 川			124989	1508916	70419		
贵 州			31950	1205683	13123		
云 南			1227	1002731	75197	2453	
西 藏				9542			
陕 西			79558	1351881	7427		
甘 肃			36423	180395	22165		
青 海			52371	64375	2603		
宁 夏			15916	176182	2196		
新 疆			22307	336664	2503		

2-16　续表 2　　　　单位：万元

地　区	内　资			港澳台商投　资			
	私营有限责任公司	私营股份有限公司	其他内资企　业		合资经营	合作经营	独　资
全国总计	**14273397**	**514829**	**40483**	**6542232**	**2441430**	**351589**	**3461716**
北　京	385278			82906	47625	4516	30765
天　津	108558	4		176344	95977		79686
河　北	729439	2846		20491			20491
山　西	400668	6740		114206	114206		
内蒙古	228075	3654	600				
辽　宁	221455	14013		88970	12597		76373
吉　林	33841	17258		20157			20157
黑龙江	39946	805					
上　海	1272291	1137		1931012	1109275		799591
江　苏	1137063	43157	10	344896	127045		213000
浙　江	1273678	735		567587	112394	27545	427648
安　徽	520897	29157		24553	7092		17461
福　建	723631	17322		243236	160167	7402	75117
江　西	141453	10403		51389	11406		39983
山　东	736266	9161		183612	85213	391	97152
河　南	619086	13728		37047	8249		28798
湖　北	313472	15988		141327	21625		119702
湖　南	266578	4543		104990	23952		81038
广　东	1654090	132135	39873	1511061	279884	202761	806103
广　西	315406	9236		87638	8274		79364
海　南	75015	470		802			802
重　庆	389022	9590		537355	187293	95424	218638
四　川	798495	18672		132541	22056		110385
贵　州	208500	25837		26651		13550	13101
云　南	393123	42765		79602			79602
西　藏	7730						
陕　西	415013	362		26759			26759
甘　肃	199445	6277		7100	7100		
青　海	198703	7000					
宁　夏	266282	58115					
新　疆	200898	13719					

2-16 续表 3

单位：万元

地区	港澳台商投资		外商投资					
	股份有限	其他		合资经营	合作经营	独资	股份有限	其他
全国总计	**284641**	**2856**	**1605758**	**739375**	**214715**	**535848**	**31604**	**84216**
北京			136552	89705		46847		
天津	681		44933	21484		19777	672	3000
河北			2443	2443				
山西			6000			6000		
内蒙古								
辽宁			99773	279	76745	16758	5991	
吉林								
黑龙江								
上海	22146		321046	155127	23305	142114	500	
江苏	4851		60713	32099		28614		
浙江			205648	102849	1943	99785		1071
安徽			759	605		154		
福建	550		80940	999		39495	22510	17936
江西			414	414				
山东		856	37839	12183	24790	566		300
河南								
湖北			42343	33504		8839		
湖南								
广东	222313		360010	227696	65300	56462		10552
广西			53888	600			1931	51357
海南								
重庆	34000	2000	39746	895	1108	37743		
四川	100		106502	57743	16065	32694		
贵州			6209	750	5459			
云南								
西藏								
陕西								
甘肃								
青海								
宁夏								
新疆								

2-17　各地区按资质等级分的房地产开发企业办公楼完成投资

单位：万元

地　区	总　计	一　级	二　级	三　级	四　级	暂　定	其　他
全国总计	**65325959**	**2117422**	**6798506**	**7200475**	**6506196**	**35452547**	**7250813**
北　京	6990757	151405	337033	209725	1389917	3989643	913034
天　津	1246437	403	164054	2586	487041	525904	66449
河　北	2192564	40493	133574	112437	494975	1389015	22070
山　西	751536	31217	37617	39113	451713	190981	895
内蒙古	313486	14585	23025	26723	112263	133080	3810
辽　宁	652536	18125	120188	26315	43	408637	79228
吉　林	417397	4300	47769	99649	35134	226045	4500
黑龙江	243593		55567	132675	300	50448	4603
上　海	6959544	292182	91093	120339		5681806	774124
江　苏	3631653	113400	753973	52327	6000	1885106	820847
浙　江	4809823	29714	145404	582134	60695	2893396	1098480
安　徽	2029072	124360	177814	468887	14329	1167748	75934
福　建	3390103	52363	240393	617087	423738	1892894	163628
江　西	738706	2800	53974	33893	24273	586152	37614
山　东	3462964	96444	275112	160805	136519	2198327	595757
河　南	2308571	52468	330655	177922	57477	1517315	172734
湖　北	2238991	54021	581861	166347	66233	1370113	416
湖　南	1596461	57392	247794	451966	448307	388002	3000
广　东	8520641	321631	271725	1081132	897899	4520615	1427639
广　西	935287	25834	44584	66819	14597	707466	75987
海　南	527000		220152	20836	8728	257851	19433
重　庆	1660434	143149	621856	31473	6	858795	5155
四　川	2785059	101548	323957	1603419	63321	463320	229494
贵　州	1518053	17431	457372	191580	99191	395135	357344
云　南	1597973	157468	365376	193789	444688	353270	83382
西　藏	17272			1167	13280	2825	
陕　西	1906231	69760	359127	207862	632171	449738	187573
甘　肃	463722	48401	47320	104893	26408	216168	20532
青　海	325052		74802	73046	29770	143227	4207
宁　夏	518691	75846	149123	68508	55660	169554	
新　疆	576350	20682	46212	75021	11520	419971	2944

2-18 各地区按登记注册类型分的房地产开发企业商业营业用房完成投资

单位：万元

地区	总计	内资					
			国有	集体	股份合作	国有联营	集体联营
全国总计	**158375283**	**145598593**	**705181**	**179734**	**14461**	**2170**	**2**
北京	4841151	4542445	2079	7807			
天津	2524386	2069577	9993	475		270	
河北	6515654	6309940					
山西	2172920	2144198	20501	96			
内蒙古	1889040	1889040	2821				
辽宁	3587950	3114806	4419	1340			
吉林	1893840	1824459					
黑龙江	1714812	1685176	16680				
上海	5194103	4210481	6222	14209	1500		2
江苏	12461294	10828676	129786	10127			
浙江	9849063	8462150	4375	1243	815	1900	
安徽	9706098	9440663	28698	20490			
福建	5909535	5319490	53350	1347			
江西	3158058	3061094	7519		5616		
山东	8278233	7709536	66390	33749	1943		
河南	7898425	7723340	15321	30	1650		
湖北	5476917	5262375	11804	5857			
湖南	5985965	5606617	10123	427			
广东	13902848	11855471	32282	48324			
广西	3202090	3024358	7954		2100		
海南	1811761	1681691	31531				
重庆	7043652	5794177	8885				
四川	11660332	10985573	66936	902	538		
贵州	5625321	5371769	5008		45		
云南	4973597	4803365	7392				
西藏	53703	53703					
陕西	4159472	3960555	75620	32278	254		
甘肃	1734842	1733541	61892	229			
青海	960228	960228					
宁夏	1524529	1514869	2009				
新疆	2665464	2655230	15591	804			

2-18 续表 1

单位：万元

地　区	内资						
	国有与集体联营	其他联营	国有独资公司	其他有限责任公司	股份有限公司	私营独资	私营合伙
全国总计		**3500**	**4245688**	**81517024**	**4574013**	**76675**	**1130**
北　京			300184	3829583	71774		
天　津			118120	1212723	122664		
河　北			23273	3468400	98180		
山　西			21863	480641	8016		
内蒙古			65631	910117	34130		
辽　宁			53781	1655001	91318	1500	
吉　林			47472	1116092	77605	29120	
黑龙江			96994	939799	153165		
上　海			132853	2626166	194259	870	
江　苏			547448	4939803	232865	100	130
浙　江			306425	4027799	71181	2	
安　徽			168135	5414027	309133		
福　建			197276	3565328	62697		
江　西			25461	1758062	103836	2059	400
山　东			158641	4673918	389926	9000	
河　南			33478	5319066	408079	680	
湖　北			111190	2971782	370646	100	600
湖　南			157978	2529305	248626		
广　东			215264	7057137	210076	1017	
广　西			63085	1535989	73205		
海　南			75523	1232633	96892	20305	
重　庆			303985	2815539	324069		
四　川			246569	6758632	383660		
贵　州			138241	3010207	136819		
云　南			80988	2667509	134210	11922	
西　藏		3500		25036			
陕　西			179124	2321997	31373		
甘　肃			63058	843473	18322		
青　海			183548	342616	8876		
宁　夏			82295	371363	25094		
新　疆			47805	1097281	83317		

2-18 续表 2 单位：万元

地　　区	内资			港澳台商投资			
	私营有限责任公司	私营股份有限公司	其他内资企业		合资经营	合作经营	独资
全国总计	**51613112**	**2627960**	**37943**	**9718717**	**2797134**	**379119**	**6360865**
北　京	329299	1719		197545	139289	9299	48957
天　津	587652	17680		379700	147918		227842
河　北	2636409	83678		141619	5183		136436
山　西	1602447	10634		18706	18028		278
内蒙古	835513	40258	570				
辽　宁	1281901	25546		267322	88221		179028
吉　林	524725	29445		68381	29065		39316
黑龙江	459895	18643		29636		2288	27348
上　海	1226628	7772		793650	296164	2653	487267
江　苏	4710216	258091	110	1359760	482757	4871	819142
浙　江	3947545	100865		1090975	267918	89355	716411
安　徽	3268159	232021		212497	71041		121414
福　建	1405624	33868		487048	181105	2620	303173
江　西	1020143	137998		94236	10767		78369
山　东	2197753	178116	100	366988	153167	20467	191195
河　南	1796389	146378	2269	159653	17541		141812
湖　北	1710468	79928		190248	4349		185649
湖　南	2509754	150404		371644	45778	1995	320925
广　东	4176248	104123	11000	1336610	355202	182917	738355
广　西	1239601	102424		140214	29519		110695
海　南	194458	22281	8068	60544			56144
重　庆	2291659	50040		995807	214142	51910	729255
四　川	3370726	157610		435252	156436		275460
贵　州	1970479	110970		246254	272	10723	235259
云　南	1798616	87413	15315	139160	29919		109241
西　藏	25167						
陕　西	1282188	37210	511	115069	33154	21	81894
甘　肃	668465	78102		405	405		
青　海	421438	3750					
宁　夏	898826	135282		9560	9560		
新　疆	1224721	185711		10234	10234		

2–18　续表 3　　　　单位：万元

地　　区	港澳台商投资		外商投资					
	股份有限	其　他		合资经营	合作经营	独　资	股份有限	其　他
全国总计	**133801**	**47798**	**3057973**	**1360030**	**310407**	**1201310**	**128221**	**58005**
北　京			101161	56377	23180	21604		
天　津	3940		75109	32607		37319	1300	3883
河　北			64095	24450		39055	590	
山　西		400	10016			8818	1198	
内蒙古								
辽　宁	73		205822	62291	51331	87453	4747	
吉　林			1000	1000				
黑龙江								
上　海	7566		189972	73826	41762	64451	9933	
江　苏	39022	13968	272858	75366	7235	189257		1000
浙　江	17291		295938	152346	4705	127023	11864	
安　徽	20042		52938	27566		18972	4900	1500
福　建	150		102997	10757		48915	28394	14931
江　西		5100	2728	588		2140		
山　东		2159	201709	104623	24807	72279		
河　南		300	15432	6020		8612		800
湖　北		250	24294	5324		17970		1000
湖　南	2546	400	7704	2792		1212		3700
广　东	38671	21465	710767	471440	18658	173512	16466	30691
广　西			37518	14698		649	21671	500
海　南	4400		69526	8294	42622	18610		
重　庆		500	253668	45943	68973	138752		
四　川	100	3256	239507	120461	20936	98110		
贵　州			7298	1100	6198			
云　南			31072			13307	17765	
西　藏								
陕　西			83848	61165		13290	9393	
甘　肃			896	896				
青　海								
宁　夏			100	100				
新　疆								

2–19 各地区按资质等级分的房地产开发企业商业营业用房完成投资

单位：万元

地　区	总　计	一　级	二　级	三　级	四　级	暂　定	其　他
全国总计	**158375283**	**4007639**	**19207409**	**24485486**	**15860134**	**79522106**	**15292509**
北　京	4841151	141466	124006	302280	1013997	2746746	512656
天　津	2524386	54152	171972	112982	1630041	442970	112269
河　北	6515654	413847	750310	698468	1343933	3191130	117966
山　西	2172920	27273	259761	271533	890380	694471	29502
内蒙古	1889040	122776	226409	318637	903097	226110	92011
辽　宁	3587950	38011	222459	529566	24424	2050575	722915
吉　林	1893840	43700	233076	317314	300809	978594	20347
黑龙江	1714812	28856	196996	725049	42262	605265	116384
上　海	5194103	68504	215880	152100		4330734	426885
江　苏	12461294	213303	3203042	508460	2428	6181123	2352938
浙　江	9849063	77196	493515	1277942	531910	5173399	2295101
安　徽	9706098	62046	656845	1936673	142902	5975342	932290
福　建	5909535	94500	310989	1239168	444736	3627730	192412
江　西	3158058	18002	188996	406874	275412	2156918	111856
山　东	8278233	377173	549656	788288	640772	5135790	786554
河　南	7898425	169084	633363	835209	437021	4667240	1156508
湖　北	5476917	186165	944281	653374	604865	2855905	232327
湖　南	5985965	269877	719889	1667406	1046632	2170171	111990
广　东	13902848	295305	390820	1693748	1856623	7935115	1731237
广　西	3202090	100236	280241	224437	103921	2340945	152310
海　南	1811761	16326	274021	85709	40988	1234068	160649
重　庆	7043652	376861	2420235	759813	28650	3382944	75149
四　川	11660332	245781	1410333	6018767	73312	2774113	1138026
贵　州	5625321	17869	1458787	596688	363761	2880812	307404
云　南	4973597	80922	674069	457213	1319711	2000797	440885
西　藏	53703		100	20393	7067	26143	
陕　西	4159472	121513	845114	626792	1010721	945244	610088
甘　肃	1734842	49812	260283	398307	233959	761826	30655
青　海	960228	12776	437464	209505	77799	154479	68205
宁　夏	1524529	182049	444688	288704	225355	342094	41639
新　疆	2665464	102258	209809	364087	242646	1533313	213351

2–20 各地区按资质等级分的房地产开发企业本年新增固定资产

单位：万元

地区	总计	一级	二级	三级	四级	暂定	其他
全国总计	**410795804**	**24101699**	**71932031**	**77661925**	**51786584**	**165037285**	**20276280**
北京	15312569	2752816	1486494	847411	4789495	4684366	751987
天津	12866043	332850	1386253	649672	7371248	2498104	627916
河北	17450005	1783135	2788763	3181332	4617091	4951656	128028
山西	8097180	311643	1406165	1674803	3149614	1488411	66544
内蒙古	5249181	244204	392532	728982	3402599	426419	54445
辽宁	10472044	290040	1356326	2386183	80138	6055747	303610
吉林	4288724		755950	952811	587422	1954236	38305
黑龙江	7075620	445495	1999202	2708878	153498	1650988	117559
上海	15587224	2900	1643275	486706		12077144	1377199
江苏	45811258	2504426	14754950	1824009	119171	22703218	3905484
浙江	40391632	1933728	4503799	8907098	2401482	19282076	3363449
安徽	19454667	430223	2392379	5138002	420129	10253015	820919
福建	13837481	851004	1440838	5162511	1508166	4695518	179444
江西	5519484	118180	456840	1401469	720664	2331243	491088
山东	24247478	2062461	3266898	3299822	2630662	11363953	1623682
河南	17808151	695624	2866389	2090500	1467412	9526167	1162059
湖北	12568107	510287	2188267	1696129	1546838	6140166	486420
湖南	13626018	729819	2180337	5907726	2480666	2196310	131160
广东	32132616	2293059	2365298	7370387	6739815	12110970	1253087
广西	5492416	191977	912154	874301	414592	2778087	321305
海南	7781255	75700	254871	1465682	747601	4538444	698957
重庆	17039315	1298849	7146513	1649222	101577	6801926	41228
四川	24077349	1484957	4286034	11446198	199418	5582760	1077982
贵州	6060934	17000	2640775	905045	855914	1511387	130813
云南	7299761	409265	1109583	752489	1855308	2975697	197419
西藏	203908		7000	81135	66423	9350	40000
陕西	7968054	537822	2504353	1809147	1591498	838803	686431
甘肃	2902015	238534	712373	696300	603272	631986	19550
青海	1275948	49415	715355	338029	90110	80185	2854
宁夏	4020616	1363039	1421656	490752	362108	383061	
新疆	4878751	143247	590409	739194	712653	2515892	177356

2–21 各地区房地产开发企业实际到位资金情况

单位：万元

地区	本年实际到位资金合计	上年末结余资金	本年实际到位资金小计	国内贷款	#银行贷款
全国总计	**1832031650**	**389891143**	**1442140507**	**215123980**	**181582358**
北京	116894087	36381147	80512940	21484793	15829916
天津	56780512	12808338	43972174	10669921	8302267
河北	59782665	8759018	51023647	4560990	4320873
山西	20308236	4428055	15880181	983256	791044
内蒙古	13463598	1724791	11738807	747999	674500
辽宁	43529969	12721859	30808110	4513913	3262239
吉林	14708188	2158241	12549947	1414485	1076807
黑龙江	13307892	2691520	10616372	905389	829666
上海	82550357	18462536	64087821	14461847	12935091
江苏	201529468	46518676	155010792	22991787	20196767
浙江	140686327	32090581	108595746	15413742	11816387
安徽	78144904	16052253	62092651	6576204	5360092
福建	76979988	16302229	60677759	8087629	6879358
江西	33607115	8427653	25179462	2917282	2604808
山东	104086850	18125671	85961179	10124149	8945106
河南	79246299	13663840	65582459	6985622	6072971
湖北	69643169	12679636	56963533	10316642	9230628
湖南	51799984	10150955	41649029	5233403	4372031
广东	229170246	52509790	176660456	25591349	23181717
广西	38571649	6974482	31597167	4683828	3582748
海南	29220872	5426361	23794511	4033630	3436194
重庆	63546787	13481090	50065697	10129149	8573064
四川	80913876	14557020	66356856	7517382	6595995
贵州	26416615	4623920	21792695	2014644	1765620
云南	31257013	5353348	25903665	4535001	3635682
西藏	640297	102251	538046	10000	10000
陕西	37999415	7281268	30718147	3795569	3285214
甘肃	12060612	1945894	10114718	1790523	1612344
青海	4936243	703772	4232471	715784	661584
宁夏	7819148	1031775	6787373	968024	895546
新疆	12429269	1753173	10676096	950044	846099

2-21　续表 1　　单位：万元

地　区	#非银行金融机构贷款	利用外资	#外商直接投资	自筹资金	#自有资金
全国总计	**33541622**	**1404372**	**1325314**	**491328493**	**204668364**
北　京	5654877	10000	10000	19784979	4883902
天　津	2367654	20547	197	8996287	3105279
河　北	240117	17098	17098	32244899	14898493
山　西	192212			8110570	3611977
内蒙古	73499			8151366	2873572
辽　宁	1251674	27100	27000	13511401	6078282
吉　林	337678	200		5831553	2745989
黑龙江	75723	9000	9000	5521943	1943232
上　海	1526756	23080	23080	14907807	9244842
江　苏	2795020	82908	42908	31722134	12061540
浙　江	3597355	323304	323304	26720455	8279127
安　徽	1216112	136866	136866	19062309	7466013
福　建	1208271	15739	15739	22639893	10601742
江　西	312474	6977	6977	7907118	2736218
山　东	1179043	102172	102172	34516498	15545932
河　南	912651	17620	17620	36718054	17614102
湖　北	1086014	8000		21752175	8028950
湖　南	861372	70		12293241	4887842
广　东	2409632	302322	299784	48439971	20421985
广　西	1101080			11150353	4287326
海　南	597436			10345623	4414799
重　庆	1556085	290621	290621	14883784	5296632
四　川	921387	8800	2300	26799762	13325965
贵　州	249024			8347663	3343169
云　南	899319	1948	648	11577094	4816665
西　藏				368497	143952
陕　西	510355			15506386	5789913
甘　肃	178179			4564978	1935773
青　海	54200			1971709	884266
宁　夏	72478			2600276	1365270
新　疆	103945			4379715	2035615

2-21 续表 2

单位：万元

地　区	其他资金来源	#定金及预收款	#个人按揭贷款	本年各项应付款合计	#工程款
全国总计	**734283662**	**419521405**	**244029369**	**309161952**	**170594255**
北　京	39233168	25154337	10909809	4660771	2816749
天　津	24285419	17863806	2886772	9281704	4238726
河　北	14200660	8201503	4321675	8811854	3761908
山　西	6786355	4248347	1880829	4583458	2002762
内蒙古	2839442	1665642	650124	2948549	1404684
辽　宁	12755696	8673266	3204185	11803232	5922613
吉　林	5303709	2773284	1556979	1926607	1235112
黑龙江	4180040	2400209	1330742	1863717	1160273
上　海	34695087	25638800	6637087	12144083	6224384
江　苏	100213963	54428656	39128967	33571417	19573500
浙　江	66138245	36897007	24544242	15420612	9905903
安　徽	36317272	18694541	14701814	16249473	8982966
福　建	29934498	15100946	11475247	8365008	4457371
江　西	14348085	7036917	5806930	5309478	3294022
山　东	41218360	24869255	11779130	16318015	9133734
河　南	21861163	11061744	8093583	13508820	6148468
湖　北	24886716	13171540	9148601	16931626	11586993
湖　南	24122315	12854667	8759591	10847389	6192183
广　东	102326814	55869057	35693173	37170599	18917765
广　西	15762986	8282830	6326440	7558201	4411797
海　南	9415258	7520828	847406	6358080	3114024
重　庆	24762143	13920807	7784140	13375692	6866924
四　川	32030912	18262759	10968277	13092427	7411574
贵　州	11430388	5611740	4314560	7001770	4291467
云　南	9789622	5099096	3018867	11429784	6188516
西　藏	159549	95359	55368	136481	71908
陕　西	11416192	5870592	4086065	8069158	4532692
甘　肃	3759217	2208476	1226485	3263218	2206513
青　海	1544978	988192	327992	1476280	797297
宁　夏	3219073	1998915	773744	2400798	1539475
新　疆	5346337	3058287	1790545	3283651	2201952

2-22　各地区按登记注册类型分的房地产开发企业本年实际到位资金小计

单位：万元

地　区	总　计	内　资					
			国　有	集　体	股份合作	国有联营	集体联营
全国总计	**1442140507**	**1306581606**	**10780520**	**2194704**	**398897**	**36497**	
北　京	80512940	75868140	754882	170235			
天　津	43972174	39547976	778620	78729		12794	
河　北	51023647	49884201	279				
山　西	15880181	15606459	286812	4608			
内蒙古	11738807	11697914	27500				
辽　宁	30808110	24858828	41949	21989	254		
吉　林	12549947	11900481					
黑龙江	10616372	10483623	125578				
上　海	64087821	49186448	201083	130330	120000		
江　苏	155010792	132238997	1447403	127491	9013		
浙　江	108595746	98985209	168194	17490	2807	23703	
安　徽	62092651	60115621	706068	3251			
福　建	60677759	54035043	1169836	25199			
江　西	25179462	24101713	256823		21936		
山　东	85961179	80413135	671819	245301	137858		
河　南	65582459	64775642	616633	1409	5000		
湖　北	56963533	53981946	415234	143898			
湖　南	41649029	39308829	247250	1935	1000		
广　东	176660456	146911151	290913	1112182	34612		
广　西	31597167	28819668	104456	18668	6900		
海　南	23794511	20537856	216891		5500		
重　庆	50065697	42684630	602942		4073		
四　川	66356856	62553514	314104	8785	43728		
贵　州	21792695	21302533	45220		305		
云　南	25903665	25494018	178723				
西　藏	538046	538046	5000				
陕　西	30718147	29184844	731344	74300	2760		
甘　肃	10114718	10069695	223795	8100			
青　海	4232471	4232471			3151		
宁　夏	6787373	6658117	39000				
新　疆	10676096	10604858	112169	804			

2-22 续表 1

单位：万元

地区	内资						
	国有与集体联营	其他联营	国有独资公司	其他有限责任公司	股份有限公司	私营独资	私营合伙
全国总计	**1437**	**33380**	**58176274**	**775642364**	**47914586**	**963248**	**22210**
北京			3076314	65231091	2465650		
天津			2652413	27079481	1466718		
河北			642038	27929346	1978511		
山西			477990	4949579	149837		
内蒙古			647432	5476804	246594	1380	
辽宁			1090434	14122071	884003	18500	
吉林			662266	6724791	1012275	116694	
黑龙江			478370	6496453	408026		
上海			3507055	29680619	1363166	32955	
江苏			7656319	63880431	4642185	10639	7817
浙江	15		2969508	54554752	1398726	2291	
安徽			2713253	34775737	1598964	3200	
福建			4670109	32826293	1182872		
江西			611050	13921292	1044925	8200	5060
山东			5145405	48208853	2837589	46800	7533
河南			635700	46564902	2237920	44680	
湖北			2177456	30442531	5772621	300	1800
湖南			1865975	21734669	1549282	4735	
广东			2484716	91079279	5671246	137476	
广西			1548677	15287902	834151		
海南	1422		1291111	14456966	1131842	527080	
重庆			4209895	20975384	2757169		
四川			1711048	40419036	2596026		
贵州			848253	12425346	385745		
云南			751518	15425789	1051763	8318	
西藏		33380	10736	235023			
陕西			1600878	18184481	548503		
甘肃			557281	5202567	139932		
青海			700858	1469334	42613		
宁夏			402326	1545175	198869		
新疆			379890	4336387	316863		

2-22　续表 2　　　　单位：万元

地　　区	内　　资			港澳台商投　　资			
	私营有限责任公司	私营股份有限公司	其他内资企　　业		合资经营	合作经营	独　资
全国总计	**393176500**	**16888959**	**352030**	**98568849**	**32504138**	**4868565**	**57709841**
北　京	4149309	20659		2164443	1242931	246708	674804
天　津	7401001	78220		3253282	1048673		1904657
河　北	18734450	599577		952538	319516		633022
山　西	9572920	164713		225875	185680		4080
内蒙古	5078070	218189	1945	1746	1746		
辽　宁	8301499	378129		3636929	1535635		2082575
吉　林	3224007	160448		644994	430954		205640
黑龙江	2815043	160153		120257	18994	43368	57895
上　海	14066941	84299		11098769	5846999	231433	4849123
江　苏	52336558	2098041	23100	15913989	4282496	314532	10633516
浙　江	39587796	259927		7843585	2583975	507247	4489918
安　徽	19207000	1082657	25491	1650807	820372		785531
福　建	13515341	645393		5631003	3072316	26056	2438092
江　西	7199585	1032842		960362	324697		630265
山　东	21717859	1391722	2396	3806587	1703075	69992	2015626
河　南	13399229	1240346	29823	613382	152242	23244	413042
湖　北	14606590	421516		2372490	440834	313207	1609742
湖　南	12919202	981305	3476	1941540	471682	88644	1340037
广　东	44556374	1478053	66300	20826093	3910593	2623034	13624264
广　西	10498480	520434		1774359	547106		1227253
海　南	2498318	266172	142554	2872254	740028		1209999
重　庆	13773695	361472		5893317	1573894	285490	3962020
四　川	16802064	658723		2438116	773393		1578925
贵　州	7196098	401566		424527	146933	40829	236765
云　南	7326672	698627	52608	296933	104462		192271
西　藏	253907						
陕　西	7516239	522002	4337	994843	27338	54781	892524
甘　肃	3840012	98008		21993	17066		4927
青　海	1995765	20750					
宁　夏	3949311	523436		122598	109708		12890
新　疆	5137165	321580		71238	70800		438

2-22 续表 3

单位：万元

地 区	港澳台商投资		外商投资					
	股份有限	其 他		合资经营	合作经营	独 资	股份有限	其 他
全国总计	**2925477**	**560828**	**36990052**	**13397808**	**3679354**	**16992694**	**1381188**	**1539008**
北 京			2480357	941755	266280	1272322		
天 津	299952		1170916	136668		743735	73084	217429
河 北			186908	92760		72637	20861	650
山 西	32220	3895	47847			43728	4119	
内蒙古			39147	39147				
辽 宁	18719		2312353	918123	274882	977155	142193	
吉 林		8400	4472	4472				
黑龙江			12492			12492		
上 海	171214		3802604	1153558	1061700	1249106	338240	
江 苏	569490	113955	6857806	2491790	522277	3828939	5000	9800
浙 江	195312	67133	1766952	590414	40725	1089596	46217	
安 徽	44904		326223	79865	13263	189045	42050	2000
福 建	94539		1011713	89784		731093	93283	97553
江 西		5400	117387	64535		52852		
山 东	720	17174	1741457	647893	497647	592417		3500
河 南		24854	193435	88226		84289		20920
湖 北		8707	609097	192320		219943	20770	176064
湖 南	9636	31541	398660	252725	30	111405		34500
广 东	538267	129935	8923212	3206572	653705	3950519	368676	743740
广 西			1003140	552285		222725	20278	207852
海 南	851948	70279	384401	125123	80410	153868		25000
重 庆	30234	41679	1487750	597828	189822	616291	83809	
四 川	68322	17476	1365226	857190	18278	489758		
贵 州			65635	5300	60335			
云 南		200	112714	10331		21860	80523	
西 藏								
陕 西		20200	538460	235056		261319	42085	
甘 肃			23030	23030				
青 海								
宁 夏			6658	1058		5600		
新 疆								

2–23　各地区按资质等级分的房地产开发企业本年实际到位资金小计

单位：万元

地　区	总　计	一　级	二　级	三　级	四　级	暂　定	其　他
全国总计	**1442140507**	**65962137**	**200698560**	**212622052**	**157971518**	**691974227**	**112912013**
北　京	80512940	9058773	7127537	4708031	24513005	30993043	4112551
天　津	43972174	1549723	3806330	2614770	20478742	13203665	2318944
河　北	51023647	2788166	7075269	7393201	12304082	20637803	825126
山　西	15880181	370316	2040142	2091680	6453637	4599139	325267
内蒙古	11738807	515684	1098765	1416297	5844229	2433170	430662
辽　宁	30808110	847306	2751801	5512393	520381	17926201	3250028
吉　林	12549947	700709	2136110	2357088	1366587	5880470	108983
黑龙江	10616372	423488	2377589	4239271	183105	2907980	484939
上　海	64087821	1352273	5352636	3220046		48021562	6141304
江　苏	155010792	7045411	44699044	5101830	131842	80949152	17083513
浙　江	108595746	2833949	6132620	17764994	4874243	56366907	20623033
安　徽	62092651	1538416	5578972	10819085	1208314	37341946	5605918
福　建	60677759	2904293	5708561	14007926	4812778	30162000	3082201
江　西	25179462	360952	2259311	4474893	2307940	14539098	1237268
山　东	85961179	6053637	8131549	8997857	6764688	49716102	6297346
河　南	65582459	2216210	9219952	6087660	3171615	39844452	5042570
湖　北	56963533	3041380	11026669	5738954	4149157	31937747	1069626
湖　南	41649029	2041513	6667858	14829564	6652658	10847037	610399
广　东	176660456	6850434	9200472	30331664	29050710	83255812	17971364
广　西	31597167	1115700	3900828	3818664	1124329	20354441	1283205
海　南	23794511	195652	1824359	2747382	2165686	14875432	1986000
重　庆	50065697	4440212	19167039	3787300	175125	21556142	939879
四　川	66356856	2458295	11559496	33477717	419685	13931680	4509983
贵　州	21792695	75208	5159247	3537427	1689118	10502862	828833
云　南	25903665	1125278	4226116	1803454	6437449	10593974	1717394
西　藏	538046		77530	204054	104233	98915	53314
陕　西	30718147	1902241	5341672	4462884	7315102	7311282	4384966
甘　肃	10114718	448391	1682686	3089286	1439054	3409814	45487
青　海	4232471	164968	1810910	1147403	500783	486164	122243
宁　夏	6787373	887169	2335116	1134047	832246	1507404	91391
新　疆	10676096	656390	1222374	1705230	980995	5782831	328276

2–24 各地区按登记注册类型分的房地产开发企业国内贷款

单位：万元

地区	总计	内资					
			国有	集体	股份合作	国有联营	集体联营
全国总计	**215123980**	**195099597**	**2025476**	**58824**	**29825**	**1000**	
北京	21484793	20307181	217278				
天津	10669921	10400318	72285			1000	
河北	4560990	4412627					
山西	983256	955869					
内蒙古	747999	747999	17200				
辽宁	4513913	4065176	23430	800			
吉林	1414485	1384485					
黑龙江	905389	904389	66271				
上海	14461847	10895060	68425	3000			
江苏	22991787	20238631	340752	20000			
浙江	15413742	14367885	64650		2453		
安徽	6576204	6452463	198956				
福建	8087629	6244886	143474	456			
江西	2917282	2749382	156300				
山东	10124149	9790572	126771	4260	3642		
河南	6985622	6937055	109067		1000		
湖北	10316642	9918884	115868				
湖南	5233403	4830433	17124				
广东	25591349	21658316	5800	29508	14300		
广西	4683828	4325258	15860		2000		
海南	4033630	3613583			5500		
重庆	10129149	8348788	70401				
四川	7517382	7146456	11400				
贵州	2014644	1964727	9559		180		
云南	4535001	4480722	14750				
西藏	10000	10000					
陕西	3795569	3594877	32252		750		
甘肃	1790523	1790523	65011	800			
青海	715784	715784					
宁夏	968024	968024	30000				
新疆	950044	879244	32592				

2–24　续表 1

单位：万元

地　区	内资						
	国有与集体联　营	其他联营	国有独资公　司	其他有限责任公司	股份有限公　司	私营独资	私营合伙
全国总计			**14564589**	**121536479**	**8970725**	**251943**	**6060**
北　京			947121	16629876	1289903		
天　津			869388	6635279	614800		
河　北			131744	2498934	181613		
山　西				456773	16400		
内蒙古			101859	439292	37370		
辽　宁			521607	2594061	59386		
吉　林			7874	782133	260936	10000	
黑龙江			9750	615379	19110		
上　海			1184821	6792077	258296		
江　苏			2243534	10723840	976091		
浙　江			1042433	8109158	263181		
安　徽			199248	3901816	198069		
福　建			481609	3661352	295900		
江　西			29172	1723035	68367		5060
山　东			1181616	6276197	139273		
河　南			161818	4799724	240984		
湖　北			826481	5953122	1548187		1000
湖　南			496397	2636677	47909		
广　东			246911	13126122	428864	35331	
广　西			570267	2843923	62544		
海　南			352303	2335975	223668	206052	
重　庆			1052243	4129804	1129315		
四　川			651386	4546639	273052		
贵　州			35386	1420787	11010		
云　南			167940	3772188	134300	560	
西　藏							
陕　西			385873	2444936	80520		
甘　肃			90077	933429	5550		
青　海			319921	238040	6404		
宁　夏			188326	134078	56900		
新　疆			67484	381833	42823		

2-24 续表 2

单位：万元

地区	内资			港澳台商投资			
	私营有限责任公司	私营股份有限公司	其他内资企业		合资经营	合作经营	独资
全国总计	**45790665**	**1826843**	**37168**	**15054584**	**5855882**	**517443**	**8328164**
北京	1223003			797797	275056	137960	384781
天津	2207566			117247	18447		98800
河北	1529406	70930		143363	10087		133276
山西	445217	37479		13107	3000		
内蒙古	149059	3219					
辽宁	846892	19000		239921	38500		201421
吉林	318542	5000		30000			30000
黑龙江	159605	34274		1000		1000	
上海	2584441	4000		2670683	1964997		705686
江苏	5703082	231332		2105719	668003		1388286
浙江	4879315	6695		966654	362091	117700	464363
安徽	1842638	109736	2000	113390	31890		81500
福建	1636159	25936		1715743	889217	4840	821686
江西	536514	230934		162900	4500		158400
山东	1818775	240038		185673	109123		76550
河南	1557362	67100		21681	1401		20280
湖北	1452936	21290		293658		44000	249658
湖南	1504000	128326		364970	39800	35930	289240
广东	7709827	52853	8800	2447044	525013	176013	1644018
广西	767888	62776		174970	61300		113670
海南	433712	38005	18368	403640	10000		236582
重庆	1923657	43368		1421284	616069		793215
四川	1613151	50828		318952	56560		262392
贵州	444838	42967		49917	49917		
云南	350984	32000	8000	53779	25219		28560
西藏	10000						
陕西	618296	32250		170692	24892		145800
甘肃	682335	13321					
青海	150219	1200					
宁夏	337018	221702					
新疆	354228	284		70800	70800		

2-24 续表 3

单位：万元

地 区	港澳台商投资		外商投资					
	股份有限	其 他		合资经营	合作经营	独 资	股份有限	其 他
全国总计	**333095**	**20000**	**4969799**	**1792493**	**497637**	**2213421**	**174430**	**291818**
北 京			379815	279815		100000		
天 津			152356	50356		12000		90000
河 北			5000	5000				
山 西	10107		14280			14280		
内蒙古								
辽 宁			208816	67229		141587		
吉 林								
黑龙江								
上 海			896104	233868	228930	295306	138000	
江 苏	49430		647437	257300		390137		
浙 江	22500		79203	21550		57303	350	
安 徽			10351	3551		6800		
福 建			127000	31000		64920	31080	
江 西			5000	5000				
山 东			147904	31360	79900	36644		
河 南			26886	11400		2686		12800
湖 北			104100	20600		83500		
湖 南			38000	33500				4500
广 东	102000		1485989	536964	188807	610700		149518
广 西			183600	117000		26600	5000	35000
海 南	149058	8000	16407			16407		
重 庆		12000	359077	45900		313177		
四 川			51974	10600		41374		
贵 州								
云 南			500	500				
西 藏								
陕 西			30000	30000				
甘 肃								
青 海								
宁 夏								
新 疆								

2–25 各地区按资质等级分的房地产开发企业国内贷款

单位：万元

地　区	总　计	一　级	二　级	三　级	四　级	暂　定	其　他
全国总计	**215123980**	**13587253**	**30146762**	**25148556**	**22089907**	**102933720**	**21217782**
北　京	21484793	2107142	1443766	1237098	6807487	9020904	868396
天　津	10669921	969175	1462147	283062	3306920	3568521	1080096
河　北	4560990	416419	588472	1251154	750547	1525698	28700
山　西	983256		111190	84413	332547	455106	
内蒙古	747999	56700	153946	103560	283514	131524	18755
辽　宁	4513913	293858	131393	600599	361524	2444372	682167
吉　林	1414485	88500	175014	140423	77235	899813	33500
黑龙江	905389	6719	145004	438360	2300	215693	97313
上　海	14461847	229570	730029	484270		11564845	1453133
江　苏	22991787	911490	6131429	525889		12259946	3163033
浙　江	15413742	499993	551379	2298903	281707	7247710	4534050
安　徽	6576204	220415	681077	887155	27521	3609412	1150624
福　建	8087629	1080399	719295	1577349	444903	3805208	460475
江　西	2917282	40490	440046	428187	277035	1672004	59520
山　东	10124149	1497925	763396	819919	571347	5693130	778432
河　南	6985622	300014	965389	539967	324052	4314760	541440
湖　北	10316642	1417020	2273899	599391	329603	5638706	58023
湖　南	5233403	243168	803970	1785994	836207	1499344	64720
广　东	25591349	384401	1531352	4077444	4051917	11370955	4175280
广　西	4683828	138724	964211	567342	96660	2775980	140911
海　南	4033630	12000	171841	609773	257556	2665249	317211
重　庆	10129149	1046683	3666036	584774		4792736	38920
四　川	7517382	349934	1681596	3634502	101150	1180601	569599
贵　州	2014644	25000	947464	226152	95588	692284	28156
云　南	4535001	211300	780636	131024	962215	2230723	219103
西　藏	10000					5000	5000
陕　西	3795569	385927	758059	634617	958180	464891	593895
甘　肃	1790523	217287	314410	369101	246064	639661	4000
青　海	715784	18500	508019	76521	39800	45644	27300
宁　夏	968024	197300	399670	42743	196166	132145	
新　疆	950044	221200	152627	108870	70162	371155	26030

2-26　各地区按登记注册类型分的房地产开发企业利用外资

单位：万元

地　　区	总　计	内　资	国　有	集　体	股份合作	国有联营	集体联营
全国总计	**1404372**	**59658**					
北　　京	10000						
天　　津	20547	7300					
河　　北	17098						
山　　西							
内 蒙 古							
辽　　宁	27100						
吉　　林	200	200					
黑 龙 江	9000						
上　　海	23080						
江　　苏	82908	40000					
浙　　江	323304	3750					
安　　徽	136866						
福　　建	15739						
江　　西	6977						
山　　东	102172						
河　　南	17620						
湖　　北	8000	1000					
湖　　南	70	70					
广　　东	302322	2538					
广　　西							
海　　南							
重　　庆	290621						
四　　川	8800	3500					
贵　　州							
云　　南	1948	1300					
西　　藏							
陕　　西							
甘　　肃							
青　　海							
宁　　夏							
新　　疆							

2-26 续表 1

单位：万元

地　　区	内　　资						
	国有与集体联营	其他联营	国有独资公司	其他有限责任公司	股份有限公司	私营独资	私营合伙
全国总计				**6388**		**1300**	
北　　京							
天　　津							
河　　北							
山　　西							
内 蒙 古							
辽　　宁							
吉　　林				200			
黑 龙 江							
上　　海							
江　　苏							
浙　　江				3750			
安　　徽							
福　　建							
江　　西							
山　　东							
河　　南							
湖　　北							
湖　　南							
广　　东				2438			
广　　西							
海　　南							
重　　庆							
四　　川							
贵　　州							
云　　南						1300	
西　　藏							
陕　　西							
甘　　肃							
青　　海							
宁　　夏							
新　　疆							

2–26 续表 2

单位：万元

地区	内资			港澳台商投资			
	私营有限责任公司	私营股份有限公司	其他内资企业		合资经营	合作经营	独资
全国总计	**51970**			**1195221**	**184732**	**378099**	**632390**
北京				10000			10000
天津	7300						
河北				17098			17098
山西							
内蒙古							
辽宁				27100			27100
吉林							
黑龙江				9000			9000
上海				19080			19080
江苏	40000			20748			20748
浙江				311569	184732	40000	86837
安徽				136866			136866
福建				15739			15739
江西				6977			6977
山东				100000			100000
河南				5090			5090
湖北	1000			2000		2000	
湖南	70						
广东	100			293333		190478	102855
广西							
海南							
重庆				220621		145621	75000
四川	3500						
贵州							
云南							
西藏							
陕西							
甘肃							
青海							
宁夏							
新疆							

2-26 续表 3

单位：万元

地　　区	港澳台商投资		外商投资					
	股份有限	其　他		合资经营	合作经营	独　资	股份有限	其　他
全国总计			**149493**	**90417**		**59076**		
北　　京								
天　　津			13247	13050		197		
河　　北								
山　　西								
内 蒙 古								
辽　　宁								
吉　　林								
黑 龙 江								
上　　海			4000			4000		
江　　苏			22160	4460		17700		
浙　　江			7985	3907		4078		
安　　徽								
福　　建								
江　　西								
山　　东			2172			2172		
河　　南			12530			12530		
湖　　北			5000	5000				
湖　　南								
广　　东			6451			6451		
广　　西								
海　　南								
重　　庆			70000	61000		9000		
四　　川			5300	3000		2300		
贵　　州								
云　　南			648			648		
西　　藏								
陕　　西								
甘　　肃								
青　　海								
宁　　夏								
新　　疆								

2-27　各地区按资质等级分的房地产开发企业利用外资

单位：万元

地　区	总　计	一　级	二　级	三　级	四　级	暂　定	其　他
全国总计	**1404372**		**86530**	**68545**	**44733**	**869403**	**335161**
北　京	10000				10000		
天　津	20547				20547		
河　北	17098					17098	
山　西							
内蒙古							
辽　宁	27100					27100	
吉　林	200					200	
黑龙江	9000					9000	
上　海	23080					23080	
江　苏	82908					40271	42637
浙　江	323304			48581		80188	194535
安　徽	136866					136866	
福　建	15739			9594		6145	
江　西	6977						6977
山　东	102172					102172	
河　南	17620		12530			5090	
湖　北	8000		5000	2000		1000	
湖　南	70			70			
广　东	302322				14186	198124	90012
广　西							
海　南							
重　庆	290621		69000	6000		215621	
四　川	8800			2300		5500	1000
贵　州							
云　南	1948					1948	
西　藏							
陕　西							
甘　肃							
青　海							
宁　夏							
新　疆							

2–28 各地区按资质等级分的房地产开发企业自筹资金

单位：万元

地区	总计	一级	二级	三级	四级	暂定	其他
全国总计	**491328493**	**15150142**	**52242812**	**69229941**	**55200453**	**252871552**	**46633593**
北京	19784979	1884978	1460399	999198	4966325	8578418	1895661
天津	8996287	254376	347867	421073	5016661	2616370	339940
河北	32244899	1166667	3698416	3676286	7388205	15721414	593911
山西	8110570	78760	712261	1048386	3046431	2933176	291556
内蒙古	8151366	106703	530733	1035617	4373973	1713719	390621
辽宁	13511401	166754	867014	2129428	147138	8472404	1728663
吉林	5831553	38622	756927	1427135	936957	2633543	38369
黑龙江	5521943	297129	1020785	2084641	159599	1655551	304238
上海	14907807	512804	885442	737147		11639213	1133201
江苏	31722134	1100110	8998691	1158455	95764	15576992	4792122
浙江	26720455	563610	1093455	4036181	1615927	13197671	6213611
安徽	19062309	166397	1188074	3199366	403824	12529769	1574879
福建	22639893	559192	1378567	3657122	1125627	14386451	1532934
江西	7907118	94452	496337	1031468	354320	5362411	568130
山东	34516498	1130912	2211991	3150649	2483544	22066859	3472543
河南	36718054	490209	2985406	3426361	2138574	23681967	3995537
湖北	21752175	400576	3337594	1915437	2158348	13368288	571932
湖南	12293241	149685	1446433	3652909	2687136	4166055	191023
广东	48439971	3168300	1238181	5057327	5701743	25515476	7758944
广西	11150353	285691	655101	961531	367300	8282800	597930
海南	10345623	118350	1365072	1026017	787017	5917520	1131647
重庆	14883784	512702	5344168	1221422	148133	7150732	506627
四川	26799762	430884	3401276	14296185	182423	6117746	2371248
贵州	8347663	8420	715638	1220473	627125	5482715	293292
云南	11577094	266087	1547294	707112	2819478	5009300	1227823
西藏	368497		25580	158858	77531	88028	18500
陕西	15506386	761534	2425585	2240872	3478469	3763554	2836372
甘肃	4564978	62430	383565	1686551	775627	1617408	39397
青海	1971709	48225	628134	540040	314718	360655	79937
宁夏	2600276	192186	700481	647094	341910	679325	39280
新疆	4379715	133397	396345	679600	480626	2586022	103725

2-29 各地区按资质等级分的房地产开发企业定金及预收款

单位：万元

地 区	总 计	一 级	二 级	三 级	四 级	暂 定	其 他
全国总计	**419521405**	**21366608**	**64910175**	**66303857**	**47083035**	**193329998**	**26527732**
北 京	25154337	3391312	1788692	1490685	8025805	9528605	929238
天 津	17863806	283507	1787413	1393607	8503764	5157870	737645
河 北	8201503	727909	1705543	1416703	2465432	1778779	107137
山 西	4248347	229110	750214	524860	1964171	753760	26232
内蒙古	1665642	213517	239695	159673	776382	259069	17306
辽 宁	8673266	257898	1242210	1938828	7559	4557834	668937
吉 林	2773284	279003	413634	535316	222450	1300172	22709
黑龙江	2400209	76902	684806	997537	13880	564175	62909
上 海	25638800	489595	2215698	1690613		18333209	2909685
江 苏	54428656	2897521	15746900	1729440	19244	29232367	4803184
浙 江	36897007	929361	2222039	6318806	1771486	19979501	5675814
安 徽	18694541	557877	1755903	3521937	418108	10933287	1507429
福 建	15100946	481656	2224449	3814374	1739925	6350380	490162
江 西	7036917	115323	716213	1456799	814301	3623147	311134
山 东	24869255	2070926	3336312	3040133	2131060	12989889	1300935
河 南	11061744	599383	2512076	1191174	449832	5991030	318249
湖 北	13171540	667677	2501993	1644992	819223	7210854	326801
湖 南	12854667	835758	2651659	5089975	1581181	2531814	164280
广 东	55869057	1775155	3279102	11937057	10052020	25506105	3319618
广 西	8282830	354975	1115888	1157386	285653	5116850	252078
海 南	7520828	65302	237197	953211	936637	4906413	422068
重 庆	13920807	1382113	5973217	1173001	19667	5167867	204942
四 川	18262759	1046579	3427879	8856303	60855	3951288	919855
贵 州	5611740	20413	1865300	915789	514278	2014319	281641
云 南	5099096	545425	1010959	568074	1324521	1499765	150352
西 藏	95359		33631	23374	16572	5887	15895
陕 西	5870592	424483	1166285	910613	1461676	1456120	451415
甘 肃	2208476	101262	656983	694949	200172	554020	1090
青 海	988192	36279	509889	305985	82871	38652	14516
宁 夏	1998915	319008	754443	294237	193332	408468	29427
新 疆	3058287	191379	383953	558426	210978	1628502	85049

2–30 各地区按资质等级分的房地产开发企业个人按揭贷款

单位：万元

地区	总计	一级	二级	三级	四级	暂定	其他
全国总计	**244029369**	**11720894**	**40853851**	**40080200**	**26051723**	**110979291**	**14343410**
北京	10909809	1587512	1176430	754091	3648041	3338980	404755
天津	2886772	34103	62894	209863	1593531	828322	158059
河北	4321675	366178	741345	752363	1291820	1105191	64778
山西	1880829	62446	378396	256222	855881	322405	5479
内蒙古	650124	138291	83150	95110	267529	65571	473
辽宁	3204185	94559	454131	699650	4160	1810016	141669
吉林	1556979	96906	365305	110077	78015	895612	11064
黑龙江	1330742	42734	386861	565745	325	326183	8894
上海	6637087	120303	1196355	171264		4586494	562671
江苏	39128967	1975590	11353539	1358652	12326	20835184	3593676
浙江	24544242	665415	1673880	4381845	1065022	13673199	3084881
安徽	14701814	585478	1351109	2681591	304313	8557955	1221368
福建	11475247	342676	940249	3820306	1161137	4823294	387585
江西	5806930	82627	424723	1327768	788770	2948813	234229
山东	11779130	871350	1261588	1484967	1265205	6390233	505787
河南	8093583	523586	2086702	776379	186978	4416865	103073
湖北	9148601	328301	1978678	1153976	681699	4940185	65762
湖南	8759591	716976	1522958	3440914	1217070	1678534	183139
广东	35693173	1265269	2960118	6394286	8226979	14747668	2098853
广西	6326440	105247	1060197	982269	305383	3627589	245755
海南	847406		34705	30119	93413	629374	59795
重庆	7784140	508788	3519275	685876	5475	2952401	112325
四川	10968277	522660	2397034	5272406	31507	2183847	560823
贵州	4314560	21375	1175023	975600	340143	1698073	104346
云南	3018867	59607	616577	341682	1060357	862001	78643
西藏	55368		15019	16300	10130		13919
陕西	4086065	323716	623512	568905	1124175	1242560	203197
甘肃	1226485	67412	304140	290392	157105	406436	1000
青海	327992	61961	134727	55242	46543	29029	490
宁夏	773744	39464	313019	127043	76178	197531	20509
新疆	1790545	110364	262212	299297	152513	859746	106413

2-31　各地区按资质等级分的房地产开发企业各项应付款合计

单位：万元

地　区	总　计	一　级	二　级	三　级	四　级	暂　定	其　他
全国总计	**309161952**	**9399049**	**45836251**	**47924029**	**34834062**	**147461532**	**23707029**
北　京	4660771	153486	404297	179887	1358742	1749945	814414
天　津	9281704	361844	446199	1305381	4745922	1407830	1014528
河　北	8811854	358202	1374745	1237172	2425779	3366603	49353
山　西	4583458	38133	449742	362823	1484096	2188011	60653
内蒙古	2948549	68521	338477	407328	1631395	440982	61846
辽　宁	11803232	342517	934313	1907244	116838	6854443	1647877
吉　林	1926607	49988	429265	353733	221505	854202	17914
黑龙江	1863717	54202	504548	723146	23554	396982	161285
上　海	12144083	297026	709876	458734		9388878	1289569
江　苏	33571417	812512	11025693	1466424	19744	16200169	4046875
浙　江	15420612	182166	1163106	2593499	1198949	8086317	2196575
安　徽	16249473	131953	1458182	3162611	386935	9981732	1128060
福　建	8365008	60604	688807	2236593	641699	3962090	775215
江　西	5309478	38650	488459	891954	380395	3117923	392097
山　东	16318015	619429	1343014	2324147	1729149	9265174	1037102
河　南	13508820	215009	2722686	1496932	693333	7605563	775297
湖　北	16931626	411159	2423857	962094	1216163	11750816	167537
湖　南	10847389	259487	1556142	4042871	1529223	3300715	158951
广　东	37170599	808760	1275013	5666515	7099737	18249222	4071352
广　西	7558201	271010	1059494	809167	291943	4694596	431991
海　南	6358080	81040	297996	1435574	493748	3616819	432903
重　庆	13375692	1484757	5411486	1228608	11811	5109689	129341
四　川	13092427	408277	2168485	6866068	140737	2932708	576152
贵　州	7001770	10560	1334841	1011272	681009	3559857	404231
云　南	11429784	1222295	2325930	698326	2451003	3927765	804465
西　藏	136481		34695	52583	3844	35359	10000
陕　西	8069158	277689	1751134	1416877	2267238	1507636	848584
甘　肃	3263218	31616	406127	1187531	439238	1176410	22296
青　海	1476280	68249	535041	451041	98196	279241	44512
宁　夏	2400798	162880	452390	495636	629551	633167	27174
新　疆	3283651	117028	322211	492258	422586	1820688	108880

第三章

房屋开竣工面积、商品房销售及土地情况

3-1 各地区按用途分的房地产开发企业房屋施工面积

单位：平方米

地区	房屋施工面积	住宅	#别墅、高档公寓	办公楼	商业营业用房	其他
全国总计	**7589748030**	**5213102166**	**208600131**	**350293658**	**1045718648**	**980633558**
北京	129760030	58576083	4730511	24472563	13548163	33163221
天津	93497556	63117038	3000137	7233214	11622799	11524505
河北	304767767	234071911	4172215	8586887	32388414	29720555
山西	170692512	122223158	1375477	6074722	21501258	20893374
内蒙古	169062835	111414067	2848354	5657627	32958766	19032375
辽宁	263641071	191046434	5530647	5955142	44453205	22186290
吉林	117973267	83059870	3483500	4737581	18405300	11770516
黑龙江	108657453	77460456	1648120	2367085	17129958	11699954
上海	151112403	80739437	16329259	21805017	19908106	28659843
江苏	587617302	430029339	26775347	22819029	73927502	60841432
浙江	416097772	247093686	17322851	30169072	52641619	86193395
安徽	356454421	241151280	4849305	12050305	66968892	36283944
福建	310641415	194365396	7337522	22628733	37649703	55997583
江西	164272471	120004653	3832319	5743010	23685284	14839524
山东	599570661	441581122	10682064	24347936	72397369	61244234
河南	473595536	355790150	3998050	16989877	56306363	44509146
湖北	298798806	218030093	5217566	10483861	38731511	31553341
湖南	301393782	216171732	5726344	8585713	41041883	35594454
广东	642338044	441709981	30415153	32064250	70060044	98503769
广西	211346488	153392886	3049425	7436795	24548026	25968781
海南	89367824	66859627	7965541	2036901	9684305	10786991
重庆	273633940	179326859	7170510	10201987	41936478	42168616
四川	415321383	264254536	9135701	15846627	62239064	72981156
贵州	203522388	128471402	3122602	8127910	37552723	29370353
云南	205931915	133246378	9770778	7630056	33201236	31854245
西藏	3487684	2325927	125952	158533	593852	409372
陕西	222975328	161642757	2919772	11710523	30103791	19518257
甘肃	89332387	61916538	587747	2769526	14764731	9881592
青海	28477081	17534360	155611	1641203	5656278	3645240
宁夏	71100634	45552846	1522833	3685922	13140216	8721650
新疆	115305874	70942164	3798918	6276051	26971809	11115850

3–2 各地区按资质等级分的房地产开发企业房屋施工面积

单位：平方米

地区	总计	一级	二级	三级	四级	暂定	其他
全国总计	**7589748030**	**317419948**	**1257337115**	**1436112570**	**964972347**	**3190988916**	**422917134**
北京	129760030	11273373	11232740	8658484	47613026	43870215	7112192
天津	93497556	3336702	8773627	4856350	54426461	18702554	3401862
河北	304767767	20059534	47439904	53169274	86574132	93016361	4508562
山西	170692512	3874695	24816330	28484089	71407125	39218397	2891876
内蒙古	169062835	10727322	24864657	22234426	82551456	23047724	5637250
辽宁	263641071	7606257	26889102	51308622	1833458	156087212	19916420
吉林	117973267	4067611	28308907	20268792	15471587	49024585	831785
黑龙江	108657453	5162536	24262454	48621016	3694661	22874741	4042045
上海	151112403	4759931	14195556	9175879		113072851	9908186
江苏	587617302	22428405	192450482	26951028	689477	285829078	59268832
浙江	416097772	12132736	41305288	81422216	21918368	204708007	54611157
安徽	356454421	6977174	42855206	76641197	10448594	202756162	16776088
福建	310641415	10846099	39096357	85172498	32448357	131131871	11946233
江西	164272471	2115383	14064130	35621923	16846443	88575992	7048600
山东	599570661	34004087	66560241	86481635	77108010	297835773	37580915
河南	473595536	18772051	81679673	58659103	33806009	250301471	30377229
湖北	298798806	14622322	48196641	42378913	41427501	144283741	7889688
湖南	301393782	10748152	50874685	123237309	46445724	65514588	4573324
广东	642338044	22603906	38660079	121597135	119135957	292399170	47941797
广西	211346488	7383558	32251833	35459828	13270824	112765284	10215161
海南	89367824	200994	6991089	10157066	7248861	56495032	8274782
重庆	273633940	25764397	103578898	27372512	1214093	112009981	3694059
四川	415321383	20575991	85286834	209377218	3895467	78265345	17920528
贵州	203522388	825949	46553374	38758347	23600032	87061644	6723042
云南	205931915	9203420	36883857	19953261	54561515	74522791	10807071
西藏	3487684		421814	1743169	498101	792598	32002
陕西	222975328	9476961	53369984	44688465	50887029	41623665	22929224
甘肃	89332387	3487715	17551883	27532545	14110253	26160687	489304
青海	28477081	1167223	11238265	6182712	5091216	4200786	596879
宁夏	71100634	7246524	24744254	11778051	10720531	15787086	824188
新疆	115305874	5968940	11938971	18169507	16028079	59053524	4146853

3-3　各地区按资质等级分的房地产开发企业住宅施工面积

单位：平方米

地　区	总　计	一　级	二　级	三　级	四　级	暂　定	其　他
全国总计	**5213102166**	**223496779**	**894159001**	**1012532160**	**674416019**	**2136776850**	**271721357**
北　京	58576083	6446086	5785196	4231856	23142882	16786980	2183083
天　津	63117038	2753768	5983527	3840166	36361101	11591384	2587092
河　北	234071911	15890850	36684512	42442622	68478072	66884608	3691247
山　西	122223158	3005388	17582629	21398685	48869876	28953221	2413359
内蒙古	111414067	6210039	15805432	14711785	55790811	15865296	3030704
辽　宁	191046434	5489930	19997803	40059169	1412282	110763742	13323508
吉　林	83059870	3011965	19626053	14640164	11182220	33973312	626156
黑龙江	77460456	4198409	17282754	34036244	2882014	15842867	3218168
上　海	80739437	2089498	8624145	4857871		59837294	5330629
江　苏	430029339	17557648	142057035	21246041	609391	207741337	40817887
浙　江	247093686	8247436	27836006	52077131	14578544	116086699	28267870
安　徽	241151280	3800056	31738441	48867365	8054065	137987764	10703589
福　建	194365396	6895972	27575541	54077955	19064615	79436981	7314332
江　西	120004653	1681332	11176437	27558243	13046589	61468673	5073379
山　东	441581122	25923401	51155934	66274274	59902840	212077624	26247049
河　南	355790150	13503393	62616206	45643065	25984192	187440447	20602847
湖　北	218030093	10941921	34716693	32766391	31051479	103939588	4614021
湖　南	216171732	7784953	36124064	92533650	31835401	44400182	3493482
广　东	441709981	15833919	27991841	87008474	84752099	195317934	30805714
广　西	153392886	5630805	24255698	27399435	10397463	78009754	7699731
海　南	66859627	114234	3773044	8711801	6173499	41735679	6351370
重　庆	179326859	18301337	69464914	17889759	863443	70074968	2732438
四　川	264254536	12839490	57285541	133605247	2919532	47462557	10142169
贵　州	128471402	406500	29558903	26069485	15730114	52909542	3796858
云　南	133246378	6639118	24812977	12465274	34015542	49016385	6297082
西　藏	2325927		257767	1286688	311403	438067	32002
陕　西	161642757	6377574	39770844	33471288	35843840	28970041	17209170
甘　肃	61916538	2364695	12377709	19499475	10281726	17131746	261187
青　海	17534360	916220	7130104	3569843	3561437	2033946	322810
宁　夏	45552846	4294023	16896085	8086407	7037353	8721162	517816
新　疆	70942164	4346819	8215166	12206307	10282194	33877070	2014608

3-4 各地区按用途分的房地产开发企业房屋新开工面积

单位：平方米

地区	房屋新开工面积	住宅	#别墅、高档公寓	办公楼	商业营业用房	其他
全国总计	**1669281283**	**1159105956**	**36621366**	**64152857**	**223166348**	**222856122**
北京	27955673	11994306	675090	4644054	2785045	8532268
天津	25114701	19433948	1068277	414772	2287025	2978956
河北	81612975	61902908	748236	3422285	8493259	7794523
山西	38547826	26542830	183615	1577271	4942784	5484941
内蒙古	25637022	17423965	321094	201387	5250007	2761663
辽宁	37336125	28007520	428904	570149	5540884	3217572
吉林	21159859	14935545	247547	872740	3414811	1936763
黑龙江	20063137	15419486	442139	241233	2642834	1759584
上海	28409526	14361280	3227889	3844855	4017812	6185579
江苏	136708342	105343409	5055984	3851006	14224664	13289263
浙江	72820231	45167080	1753093	3700444	8380260	15572447
安徽	85863697	60074019	1344117	2385133	14598132	8806413
福建	48750607	31687742	674915	2728966	4333035	10000864
江西	38750068	28550251	937160	1392165	5763928	3043724
山东	132936928	97471215	2108501	4392602	14373659	16699452
河南	146697224	109540328	1010737	3316147	17918524	15922225
湖北	68501007	49466988	1174055	2307742	8722818	8003459
湖南	74725588	52720825	1139117	2146838	11710215	8147710
广东	148475135	101656375	4227201	7959550	15968740	22890470
广西	49841834	35771333	903567	2395643	5564673	6110185
海南	19761633	13823649	1750250	530799	2386113	3021072
重庆	48751615	29989210	983252	1607904	8999371	8155130
四川	108251569	69417258	2331722	2779983	16495785	19558543
贵州	34675475	21721354	1110379	810571	7321851	4821699
云南	34539784	22013384	1400713	1444024	5297687	5784689
西藏	570058	355251	27182	16559	134577	63671
陕西	44836435	31062191	414478	2250907	6838372	4684965
甘肃	23317104	15872342	183183	404247	4546437	2494078
青海	8700976	5248189	16675	479714	1910114	1062959
宁夏	13913433	8754138	150585	721142	2769227	1668926
新疆	22055696	13377637	581709	742025	5533705	2402329

3-5　各地区按资质等级分的房地产开发企业房屋新开工面积

单位：平方米

地　区	总　计	一　级	二　级	三　级	四　级	暂　定	其　他
全国总计	**1669281283**	**56833429**	**220624563**	**262958785**	**186715414**	**803179049**	**138970043**
北　京	27955673	2397964	2123160	1848909	7024841	12331400	2229399
天　津	25114701	1280786	2853386	1570652	12694541	5668556	1046780
河　北	81612975	5150293	11223948	12834359	20921547	30275265	1207563
山　西	38547826	403383	3326526	4796512	14326408	14224222	1470775
内蒙古	25637022	415016	1837251	3866490	13385852	4102481	2029932
辽　宁	37336125	789222	3601935	5840013	421412	22267882	4415661
吉　林	21159859	527142	3376401	4223551	4447369	8147335	438061
黑龙江	20063137	235774	3839415	8079180	704318	4785287	2419163
上　海	28409526	246919	2155270	1108678		23092235	1806424
江　苏	136708342	4403678	36089649	3707508	110501	72469089	19927917
浙　江	72820231	2179711	3786472	10547902	3212716	36706961	16386469
安　徽	85863697	1864907	6386137	14797714	2290213	53709507	6815219
福　建	48750607	1623295	6188868	7871101	2095846	27534956	3436541
江　西	38750068	520565	2395073	5960617	4199075	22704520	2970218
山　东	132936928	8338258	13231836	16103671	12518044	71538123	11206996
河　南	146697224	2784609	15864921	13505706	10547365	89085255	14909368
湖　北	68501007	2710678	7130148	8294910	7573586	40510507	2281178
湖　南	74725588	2193356	10496957	24716277	13882221	22107533	1329244
广　东	148475135	3155681	5485440	20589325	21110764	80215920	17918005
广　西	49841834	1139847	6279809	5652383	1351801	33324904	2093090
海　南	19761633	142796	2627093	1471979	1577233	12521215	1421317
重　庆	48751615	3959726	16173647	5922825	217444	21492228	985745
四　川	108251569	4927895	22817980	53132853	696146	20466632	6210063
贵　州	34675475		6551692	4605087	3179180	18861442	1478074
云　南	34539784	1886341	2909700	2194798	8375052	16198908	2974985
西　藏	570058		6000	154949	183958	193149	32002
陕　西	44836435	1052288	8399022	5718306	9585104	12648649	7433066
甘　肃	23317104	440471	3074587	6840300	4145999	8702982	112765
青　海	8700976	340870	3848000	1581906	1028343	1596199	305658
宁　夏	13913433	422934	4811060	2891821	2087820	3205656	494142
新　疆	22055696	1299024	1733180	2528503	2820715	12490051	1184223

3–6 各地区按资质等级分的房地产开发企业住宅新开工面积

单位：平方米

地 区	总 计	一 级	二 级	三 级	四 级	暂 定	其 他
全国总计	**1159105956**	**39176007**	**158665343**	**186762993**	**133850493**	**548618927**	**92032193**
北 京	11994306	1205352	1036596	942065	3457859	5068294	284140
天 津	19433948	933062	2325914	1190144	10177609	4209441	597778
河 北	61902908	4151447	8649238	10001002	16441214	21796849	863158
山 西	26542830	184467	2427042	3441362	8956628	10304049	1229282
内蒙古	17423965	321208	1273148	2675503	9857058	2919128	377920
辽 宁	28007520	680729	2818417	4613802	364593	16442162	3087817
吉 林	14935545	398762	2584091	3042586	2627618	5917856	364632
黑龙江	15419486	189560	2998610	6154178	540047	3634083	1903008
上 海	14361280		1084255	479659		12077391	719975
江 苏	105343409	3315597	27609088	3030884	106595	56437882	14843363
浙 江	45167080	1466735	2777045	6693577	2369483	22421151	9439089
安 徽	60074019	1155298	4702056	10763192	1879199	37253268	4321006
福 建	31687742	830101	4648439	5262921	1077118	17383002	2486161
江 西	28550251	429609	1819997	4588287	3553999	16134418	2023941
山 东	97471215	6528708	10347498	12730415	9685969	49877893	8300732
河 南	109540328	1993690	12226061	10526935	7889691	66776191	10127760
湖 北	49466988	2019508	5297766	6052732	5762594	28753329	1581059
湖 南	52720825	1632056	7876594	18803456	9518962	13811413	1078344
广 东	101656375	2151341	3819611	14524749	15540301	53510413	12109960
广 西	35771333	835795	4501703	4484649	976851	23296241	1676094
海 南	13823649	56132	1020947	1230806	1191611	9378120	946033
重 庆	29989210	2327192	10963496	3311320	157426	12520274	709502
四 川	69417258	2825120	14842494	34706758	419699	13000593	3622594
贵 州	21721354		4198360	2810751	2043746	11745296	923201
云 南	22013384	1125562	1760891	1107898	5552398	10460369	2006266
西 藏	355251		6000	150854	109640	56755	32002
陕 西	31062191	909160	5934098	4167327	6506269	8423873	5121464
甘 肃	15872342	260873	2157663	4791888	3002086	5582255	77577
青 海	5248189	275850	2635260	934610	685781	627595	89093
宁 夏	8754138	145638	3131992	1924304	1424921	1840819	286464
新 疆	13377637	827455	1190973	1624379	1973528	6958524	802778

3-7　各地区按用途分的房地产开发企业房屋竣工面积

单位：平方米

地区	房屋竣工面积	住宅	#别墅、高档公寓	办公楼	商业营业用房	其他
全国总计	**1061277077**	**771851855**	**29174191**	**36292716**	**125180751**	**127951755**
北京	23699489	12670649	890337	3437416	1716147	5875277
天津	29142520	21891368	952675	1432229	2935873	2883050
河北	42877829	33526104	587135	1016673	3953192	4381860
山西	26835885	20422192	348217	420398	2984187	3009108
内蒙古	16640162	12032591	655953	237950	2596849	1772772
辽宁	27092940	22100610	235104	267062	3073738	1651530
吉林	13516462	10083717	190795	181931	2132178	1118636
黑龙江	23756095	17570854	205319	408494	3454339	2322408
上海	25506443	15328809	1958168	2793061	2660604	4723969
江苏	100739645	76026913	5076625	2803028	11720325	10189379
浙江	79253964	50919543	2089214	4735929	7804493	15793999
安徽	53829529	40477345	452578	1210424	7195337	4946423
福建	36652544	24204517	1270248	1821510	4573409	6053108
江西	16356119	13162646	324372	379561	1658045	1155867
山东	82534995	63581612	1427436	2930849	8163583	7858951
河南	62994422	50152314	538611	1633795	7480464	3727849
湖北	31274942	23483782	768899	672700	4665221	2453239
湖南	45337360	33585382	628446	1104005	5155397	5492576
广东	65937459	47730391	3394220	2526747	6410743	9269578
广西	17350513	13732735	344175	298623	1891360	1427795
海南	16746090	14445340	1551979	35679	1061077	1203994
重庆	44213017	30839998	1772195	1009667	6344571	6018781
四川	70502423	46773697	658278	1940760	9234286	12553680
贵州	19014458	12832472	242532	1137483	2501717	2542786
云南	21150812	14338565	1392107	230429	3130778	3451040
西藏	315299	252024	27182	60469	2319	487
陕西	24317006	19228400	185881	480138	3079757	1528711
甘肃	9917330	7302520	5228	102136	1621083	891591
青海	3866695	2312127	55103	343881	659408	551279
宁夏	12945495	9312473	133932	286683	1705134	1641205
新疆	16959135	11530165	811247	353006	3615137	1460827

3–8 各地区按资质等级分的房地产开发企业房屋竣工面积

单位：平方米

地　区	总　计	一　级	二　级	三　级	四　级	暂　定	其　他
全国总计	**1061277077**	**59561086**	**198680549**	**218339933**	**143005265**	**392313507**	**49376737**
北　京	23699489	3434949	3270984	1586987	8082783	6092511	1231275
天　津	29142520	819773	3091750	1809775	17521720	4497232	1402270
河　北	42877829	5650369	7078795	8464703	10638576	10632535	412851
山　西	26835885	1461442	4922988	4251423	10710899	5185268	303865
内蒙古	16640162	1039686	1381079	2451950	9968640	1574266	224541
辽　宁	27092940	829658	3804281	6056311	325212	15079778	997700
吉　林	13516462		2264315	2842931	2517388	5804910	86918
黑龙江	23756095	1406444	5546079	10305360	944992	4995425	557795
上　海	25506443	30040	2622719	976938		19364139	2512607
江　苏	100739645	5558280	34886575	4718183	141942	46730741	8703924
浙　江	79253964	3849463	9204087	17917775	5449177	36668627	6164835
安　徽	53829529	1385282	7316250	13702510	1253044	28006591	2165852
福　建	36652544	2456345	4845938	13056385	4124546	11922670	246660
江　西	16356119	252992	1422948	4849774	2196381	7105001	529023
山　东	82534995	7147481	11566657	12247638	10582741	35763697	5226781
河　南	62994422	2119577	9932987	7548344	5934849	32252494	5206171
湖　北	31274942	1073883	4806012	4854361	5215297	14273822	1051567
湖　南	45337360	2078479	7941226	19674799	7702238	7218003	722615
广　东	65937459	3479431	5101331	14781448	15050523	25008672	2516054
广　西	17350513	454187	2510066	3587012	1432136	8245329	1121783
海　南	16746090		465860	2959716	1577552	9853104	1889858
重　庆	44213017	3515239	19059735	4970939	241506	16285906	139692
四　川	70502423	4545887	14757429	34431639	330007	14274687	2162774
贵　州	19014458	5383	9013307	3050629	2741480	3942028	261631
云　南	21150812	1235968	3111966	2517138	5872583	7806488	606669
西　藏	315299		6000	96235	153993	27069	32002
陕　西	24317006	1469289	6798122	6344216	4858180	2757857	2089342
甘　肃	9917330	678984	2242120	2433389	2731185	1753332	78320
青　海	3866695	125400	2072504	1015319	254524	398948	
宁　夏	12945495	2912342	5489348	1888904	1319005	1335896	
新　疆	16959135	544833	2147091	2947202	3132166	7456481	731362

3-9 各地区按资质等级分的房地产开发企业住宅竣工面积

单位：平方米

地　区	总　计	一　级	二　级	三　级	四　级	暂　定	其　他
全国总计	**771851855**	**41888673**	**145453804**	**163744011**	**105514130**	**280833171**	**34418066**
北　京	12670649	2131687	2061470	1020606	4001997	2791525	663364
天　津	21891368	713509	1994677	1359467	13413422	3279676	1130617
河　北	33526104	4136924	5473971	6834784	8508637	8344024	227764
山　西	20422192	1099838	3357822	3308608	8450782	3930654	274488
内蒙古	12032591	827438	992788	1812429	7021421	1203655	174860
辽　宁	22100610	699177	3317564	4747056	293673	12235576	807564
吉　林	10083717		1636013	2158960	2079284	4134074	75386
黑龙江	17570854	1040944	4046637	7892260	747100	3436832	407081
上　海	15328809		1781398	623034		11522597	1401780
江　苏	76026913	4242883	26720476	3888296	141942	34751217	6282099
浙　江	50919543	2530342	6216034	12197936	3616204	22514759	3844268
安　徽	40477345	856254	5508164	10224852	1012611	21197233	1678231
福　建	24204517	1281825	3432302	9639271	2655415	7016666	179038
江　西	13162646	150437	1272415	3993349	1707308	5799491	239646
山　东	63581612	5665687	8992421	10245983	8579148	26463078	3635295
河　南	50152314	1630885	7647607	6354994	4520216	26175166	3823446
湖　北	23483782	876974	3810803	3943315	4227703	10075258	549729
湖　南	33585382	1445536	5654497	14799536	5664748	5518493	502572
广　东	47730391	2152533	3623030	10751552	10925561	18459014	1818701
广　西	13732735	273596	1879136	2894431	1127299	6847041	711232
海　南	14445340		419460	2765293	1432250	8144733	1683604
重　庆	30839998	2562538	13554517	3768740	137548	10714194	102461
四　川	46773697	2866156	9821869	23229671	209762	9284822	1361417
贵　州	12832472	5383	5933850	2198988	1798508	2721534	174209
云　南	14338565	988456	2177682	1735237	4063256	4885413	488521
西　藏	252024		6000	91890	95063	27069	32002
陕　西	19228400	1022508	5163772	5342899	3859849	2047567	1791805
甘　肃	7302520	444325	1570716	2038646	2138588	1041544	68701
青　海	2312127	96100	1520679	352592	150776	191980	
宁　夏	9312473	1776141	4323750	1373720	810416	1028446	
新　疆	11530165	370597	1542284	2155616	2123643	5049840	288185

3–10 各地区按资质等级分的房地产开发企业90平方米及以下住宅竣工面积

单位：平方米

地　区	总　计	一　级	二　级	三　级	四　级	暂　定	其　他
全国总计	**233389463**	**12317249**	**42320910**	**48112649**	**31189216**	**88550183**	**10899256**
北　京	7086287	1157579	1428610	486599	1867525	1806679	339295
天　津	8878882	440937	343509	293550	6560228	751318	489340
河　北	12535824	1833169	1851634	2367105	2780165	3594850	108901
山　西	4066375	262887	446296	362194	1805470	1133106	56422
内蒙古	3406596	10000	429717	861897	1825998	236361	42623
辽　宁	12468299	376426	1249800	2519385	293673	7490984	538031
吉　林	5473158		845243	1113676	1117018	2360298	36923
黑龙江	10231870	140939	2390321	4492518	628127	2234297	345668
上　海	6874343		670221	233637		5401022	569463
江　苏	14793882	1009180	4940580	578222	29262	6889819	1346819
浙　江	12945615	498277	1391108	3141257	704656	6437822	772495
安　徽	9818892	84027	1655386	2543025	150284	4526709	859461
福　建	5335544	358759	1065906	2108638	561246	1202229	38766
江　西	2174658	19891	237388	499539	339086	1030247	48507
山　东	14241534	1086702	1931384	2165841	1748092	6162385	1147130
河　南	12502071	429266	2009751	1283590	688562	7054963	1035939
湖　北	4671773	183427	1102367	860393	718828	1615243	191515
湖　南	4806069	199987	1063382	2104529	718670	627011	92490
广　东	12030837	603102	572198	2315159	2567849	5701103	271426
广　西	3547746	75678	483219	502383	387126	1829598	269742
海　南	9613673		167949	2014185	916573	5460428	1054538
重　庆	16353933	1271606	7284160	1693177	63512	6002544	38934
四　川	20128906	1623057	3888343	9314695	86955	4641915	573941
贵　州	2590271	5383	974281	399540	523431	652322	35314
云　南	3183841	439898	563099	194102	1092070	821618	73054
西　藏	31446		6000		19087		6359
陕　西	5799398	50238	1235279	2224142	1130400	696221	463118
甘　肃	2054788	6821	375198	693725	746801	200643	31600
青　海	733649		616975	77376	2662	36636	
宁　夏	1995155	133029	713417	231862	382107	534740	
新　疆	3014148	16984	388189	436708	733753	1417072	21442

3-11　各地区按资质等级分的房地产开发企业别墅、高档公寓竣工面积

单位：平方米

地　区	总　计	一　级	二　级	三　级	四　级	暂　定	其　他
全国总计	**29174191**	**1200954**	**4488928**	**5555446**	**3786343**	**13105826**	**1036694**
北　京	890337	158742	46494		436603	248498	
天　津	952675			29140	846094	77441	
河　北	587135	192252	1659	80994	214238	97992	
山　西	348217		51966	235311	54940	6000	
内蒙古	655953		87230	43662	154837	370224	
辽　宁	235104		7463	100543		120260	6838
吉　林	190795			126553	6740	46852	10650
黑龙江	205319	42304	60375	90337		12303	
上　海	1958168		171508	100501		1475112	211047
江　苏	5076625	79394	1523139	332606		3024871	116615
浙　江	2089214	99670	313601	483279	203160	684472	305032
安　徽	452578		33004	33915	2000	383659	
福　建	1270248	36872	107438	571448	331464	223026	
江　西	324372		31590	134216	31500	127066	
山　东	1427436	51202	182284	260098	128234	768006	37612
河　南	538611		39141	95201	6000	383169	15100
湖　北	768899	45471	41314	15253	102898	563963	
湖　南	628446		8000	341846	62336	216264	
广　东	3394220	218016	71633	749867	695295	1619455	39954
广　西	344175		25983	163943	41596	93708	18945
海　南	1551979		79489	249646		1195588	27256
重　庆	1772195	25874	1216156	116722		413443	
四　川	658278		67062	341541		70369	179306
贵　州	242532		16059	88607	15149	93694	29023
云　南	1392107	165525	1872	421666	399701	372127	31216
西　藏	27182			27182			
陕　西	185881	42000	131181		4600		8100
甘　肃	5228			5228			
青　海	55103			55103			
宁　夏	133932	43632	38477	14252	19081	18490	
新　疆	811247		134810	246786	29877	399774	

3–12 各地区按用途分的房地产开发企业不可销售面积

单位：平方米

地区	不可销售面积	住宅	#别墅、高档公寓	办公楼	商业营业用房	其他
全国总计	**66574005**	**24987792**	**470917**	**3103145**	**9575118**	**28907950**
北京	3413042	531981	23456	244472	513354	2123235
天津	1153319	411247		243740	15979	482353
河北	1743740	476604		176036	331171	759929
山西	3274687	1955545	150568	49327	424305	845510
内蒙古	1731050	1074279	16375	50540	196068	410163
辽宁	1139489	631655	198	5445	114456	387933
吉林	477340	236458	1609	14648	146025	80209
黑龙江	2820601	1816246	3441	72449	426882	505024
上海	2137309	162537	82779	161431	363207	1450134
江苏	7567344	2837935	21138	235037	1347816	3146556
浙江	9743126	2360244	33233	612509	1333845	5436528
安徽	2719180	1051867	20748	28049	463775	1175489
福建	2957395	1309026	12616	139889	240291	1268189
江西	367966	92562		18900	34317	222187
山东	2617848	805863	12451	181423	437794	1192768
河南	2477359	973528		186325	258482	1059024
湖北	1434493	674974	25000	92636	146753	520130
湖南	1437928	265820	660	48555	286714	836839
广东	3150324	688882	34478	222497	229917	2009028
广西	471881	97268	3271	1767	97777	275069
海南	377037	177131		85	23586	176235
重庆	1459174	600025	15197	43682	222914	592553
四川	2574175	602834		98145	422994	1450202
贵州	552755	153825	9944	927	116923	281080
云南	747223	204022	3755	16476	30875	495850
西藏	11797	11797				
陕西	2749994	1759946		70992	640723	278333
甘肃	598320	189328		13164	137592	258236
青海	801763	590165		4550	29869	177179
宁夏	2564047	1836472		15942	152980	558653
新疆	1302299	407726		53507	387734	453332

3-13　各地区按资质等级分的房地产开发企业不可销售面积

单位：平方米

地　区	总　计	一　级	二　级	三　级	四　级	暂　定	其　他
全国总计	**66574005**	**3417897**	**13968889**	**12849894**	**8683871**	**23497989**	**4155465**
北　京	3413042	266468	423650	150687	1377605	772830	421802
天　津	1153319	3259	159271	18768	825908	41903	104210
河　北	1743740	178820	189994	307122	358767	709037	
山　西	3274687	270042	274604	460538	752189	1329561	187753
内蒙古	1731050	248197	49633	328627	1055434	41600	7559
辽　宁	1139489	130608	18039	122799		844806	23237
吉　林	477340		74381	82041	21336	299582	
黑龙江	2820601		1081211	966983	46090	628948	97369
上　海	2137309	8680	232320	45240		1586244	264825
江　苏	7567344	629370	2471019	222208		3322610	922137
浙　江	9743126	440681	1565839	2764548	310696	3839858	821504
安　徽	2719180	2516	345877	961577	115249	1239879	54082
福　建	2957395	207646	749211	971792	472880	550631	5235
江　西	367966		24744	58212	130708	102102	52200
山　东	2617848	64926	525761	355272	91182	1381054	199653
河　南	2477359	15881	653918	425418	97073	1177483	107586
湖　北	1434493		366912	527996	135845	366340	37400
湖　南	1437928	100465	438315	444193	346361	97429	11165
广　东	3150324	117628	328530	618790	864831	1072746	147799
广　西	471881	47342	30081	71706	24355	239599	58798
海　南	377037			33203	76190	195069	72575
重　庆	1459174	33190	734211	140261	6715	544468	329
四　川	2574175	320220	459694	907287	41082	820897	24995
贵　州	552755		205836	36713	80811	215793	13602
云　南	747223	24926	188051	141431	180726	202338	9751
西　藏	11797					11797	
陕　西	2749994	17630	586678	778600	200701	742758	423627
甘　肃	598320	93365	161426	125376	142542	75611	
青　海	801763	13100	727624	838	8352	51849	
宁　夏	2564047	181182	700511	584592	476397	621365	
新　疆	1302299	1755	201548	197076	443846	371802	86272

3-14 各地区按用途分的房地产开发企业住宅竣工套数

单位：套

地区	住宅	#90平方米及以下住宅	#别墅、高档公寓
全国总计	**7455409**	**3254197**	**218297**
北京	135606	96865	2530
天津	219734	118240	5416
河北	319948	157912	3192
山西	178002	50716	654
内蒙古	106592	44150	3301
辽宁	247146	163989	1462
吉林	113320	73834	978
黑龙江	195343	138437	1254
上海	157370	91221	13641
江苏	649768	186237	21610
浙江	434798	164577	6322
安徽	386790	121878	3058
福建	223190	75805	4724
江西	116627	28619	1997
山东	570374	178110	6505
河南	448902	155485	2366
湖北	254145	102886	4606
湖南	288795	66234	3845
广东	414143	159717	18591
广西	121447	47078	905
海南	251915	216607	82274
重庆	343593	221224	11387
四川	566002	331410	3238
贵州	114983	34969	888
云南	121545	42809	5590
西藏	2505	701	131
陕西	176644	75168	1139
甘肃	71194	26898	21
青海	27106	14434	230
宁夏	88380	28853	1304
新疆	109502	39134	5138

3-15　各地区按资质等级分的房地产开发企业住宅竣工套数

单位：套

地　区	总　计	一　级	二　级	三　级	四　级	暂　定	其　他
全国总计	**7455409**	**385956**	**1378354**	**1608558**	**995757**	**2759450**	**327334**
北　京	135606	21799	25727	10370	39943	30634	7133
天　津	219734	7793	18480	11462	143191	26697	12111
河　北	319948	41109	51761	63944	81562	79416	2156
山　西	178002	9018	28466	26612	75312	35954	2640
内蒙古	106592	5138	10060	18733	62251	8707	1703
辽　宁	247146	7305	32318	57474	3357	136258	10434
吉　林	113320		17886	23883	23162	47584	805
黑龙江	195343	7002	47686	87463	9032	38014	6146
上　海	157370		17326	6354		119957	13733
江　苏	649768	38033	228933	32400	1194	293856	55352
浙　江	434798	19704	52353	104399	30169	194725	33448
安　徽	386790	7442	49903	99889	9752	203603	16201
福　建	223190	12520	35295	86136	25175	62365	1699
江　西	116627	1152	11971	34650	15917	50766	2171
山　东	570374	47159	78755	90868	78203	239666	35723
河　南	448902	14782	67754	55358	38829	237890	34289
湖　北	254145	9177	39910	36544	36943	126596	4975
湖　南	288795	12354	50884	127098	49518	44434	4507
广　东	414143	16786	28705	86961	95734	170634	15323
广　西	121447	2177	17364	24875	11564	58725	6742
海　南	251915		4474	35563	18177	174502	19199
重　庆	343593	28357	155012	39725	1514	117786	1199
四　川	566002	37613	103381	307960	2288	102710	12050
贵　州	114983	157	49159	18726	20350	25040	1551
云　南	121545	9060	21691	12058	33955	40632	4149
西　藏	2505		128	703	705	189	780
陕　西	176644	8661	44401	51473	34241	19758	18110
甘　肃	71194	3723	14137	20570	22755	9363	646
青　海	27106	924	18827	4327	1197	1831	
宁　夏	88380	13171	39890	13539	8532	13248	
新　疆	109502	3840	15717	18441	21235	47910	2359

3–16 各地区按资质等级分的房地产开发企业90平方米及以下住宅竣工套数

单位：套

地 区	总 计	一 级	二 级	三 级	四 级	暂 定	其 他
全国总计	**3254197**	**159088**	**565070**	**699997**	**417252**	**1269548**	**143242**
北 京	96865	14225	20763	6146	27248	24069	4414
天 津	118240	5335	4556	3813	90158	8844	5534
河 北	157912	22814	23864	28773	37434	43789	1238
山 西	50716	3053	6163	4330	23075	13447	648
内蒙古	44150	121	6099	10753	23828	2774	575
辽 宁	163989	5411	15358	33353	3357	98626	7884
吉 林	73834		11001	15434	13941	32989	469
黑龙江	138437	1873	34814	59466	7900	28862	5522
上 海	91221		7934	3103		72364	7820
江 苏	186237	12007	61611	7687	336	87975	16621
浙 江	164577	6066	19102	40124	9508	80241	9536
安 徽	121878	990	19871	30848	1874	58558	9737
福 建	75805	6029	15954	28885	8217	16272	448
江 西	28619	224	3137	6806	5043	12824	585
山 东	178110	12752	23771	26883	22401	77295	15008
河 南	155485	5278	24879	16857	7954	88205	12312
湖 北	102886	2454	17141	11346	9116	60680	2149
湖 南	66234	3408	14408	28424	10086	8513	1395
广 东	159717	7250	7949	29926	34129	76633	3830
广 西	47078	1110	6296	6272	5336	24677	3387
海 南	216607		2188	30243	13968	154635	15573
重 庆	221224	17525	101599	22756	823	77813	708
四 川	331410	22443	49050	192259	1181	59460	7017
贵 州	34969	157	12356	5128	7725	8917	686
云 南	42809	5793	8325	2390	13739	11529	1033
西 藏	701		128		423		150
陕 西	75168	594	15173	28387	13499	9272	8243
甘 肃	26898	89	4538	8969	10370	2577	355
青 海	14434		12142	1772	36	484	
宁 夏	28853	1881	9342	3038	5370	9222	
新 疆	39134	206	5558	5826	9177	18002	365

3-17 各地区按资质等级分的房地产开发企业别墅、高档公寓竣工套数

单位：套

地 区	总 计	一 级	二 级	三 级	四 级	暂 定	其 他
全国总计	**218297**	**5777**	**23358**	**24251**	**17402**	**142615**	**4894**
北 京	2530	349	143		1060	978	
天 津	5416			89	4945	382	
河 北	3192	694	5	1055	628	810	
山 西	654		148	270	184	52	
内蒙古	3301		315	419	698	1869	
辽 宁	1462		25	790		625	22
吉 林	978			770	4	183	21
黑龙江	1254	99	218	900		37	
上 海	13641		1272	479		10295	1595
江 苏	21610	200	7087	1103		12869	351
浙 江	6322	409	939	1290	690	2090	904
安 徽	3058		280	188	10	2580	
福 建	4724	70	319	2392	1245	698	
江 西	1997		122	861	109	905	
山 东	6505	239	614	1272	509	3708	163
河 南	2366		305	358	44	1611	48
湖 北	4606	227	229	74	494	3582	
湖 南	3845		50	1215	518	2062	
广 东	18591	1461	123	2821	4613	8881	692
广 西	905		54	275	80	465	31
海 南	82274		425	2368		79329	152
重 庆	11387	162	7550	474		3201	
四 川	3238		308	1710		495	725
贵 州	888		28	311	48	439	62
云 南	5590	988	337	1241	1259	1662	103
西 藏	131			131			
陕 西	1139	115	986		13		25
甘 肃	21			21			
青 海	230			230			
宁 夏	1304	764	357	52	63	68	
新 疆	5138		1119	1092	188	2739	

3–18 各地区按用途分的房地产开发企业房屋竣工价值

单位：万元

地　区	房屋竣工价值	住宅	#别墅、高档公寓	办公楼	商业营业用房	其他
全国总计	**322521317**	**228272161**	**14110890**	**14637590**	**43366270**	**36245296**
北　京	8399677	4493128	481613	1219891	624449	2062209
天　津	10811967	7439207	269517	633883	1513657	1225220
河　北	11393112	8815898	186078	253227	1235377	1088610
山　西	7855668	6057657	191471	134403	971565	692043
内蒙古	4153751	2823067	166921	54052	829348	447284
辽　宁	7881953	6359054	116467	125012	1033109	364778
吉　林	3137907	2277038	46169	46735	540254	273880
黑龙江	5997454	4261885	99936	224411	939908	571250
上　海	14723334	8392784	1760530	2312056	1807775	2210719
江　苏	36782414	28146565	3231244	902539	4837823	2895487
浙　江	30796117	20402447	1115294	2057835	3447302	4888533
安　徽	15443662	11208276	137673	432238	2544077	1259071
福　建	10095950	6456735	432953	626805	1513084	1499326
江　西	4139178	3265148	113209	128336	470631	275063
山　东	18737044	14233895	370681	799457	1924003	1779689
河　南	12604121	9833844	131881	400168	1571742	798367
湖　北	9406609	7072247	401488	329640	1365745	638977
湖　南	11894158	8481412	232232	546058	1606536	1260152
广　东	24934025	17763322	1548453	1259882	2853797	3057024
广　西	4337348	3350444	62322	97516	581646	307742
海　南	6695237	5737060	733158	28862	437613	491702
重　庆	14117655	9760273	1126560	402964	2427057	1527361
四　川	20024977	12901934	273004	692893	3278835	3151315
贵　州	4694664	2766925	70979	401819	826272	699648
云　南	5869511	3542936	393082	60669	1117412	1148494
西　藏	102372	83781	10490	18141	345	105
陕　西	6486099	4914987	83649	159805	1011865	399442
甘　肃	2542487	1851733	2115	28724	415490	246540
青　海	1113944	700152	44633	65879	208981	138932
宁　夏	3449417	2282834	43222	98044	561548	506991
新　疆	3899505	2595493	233866	95646	869024	339342

3-19 各地区按资质等级分的房地产开发企业房屋竣工价值

单位：万元

地 区	总 计	一 级	二 级	三 级	四 级	暂 定	其 他
全国总计	**322521317**	**19269244**	**60117872**	**61663743**	**41205643**	**123997787**	**16267028**
北 京	8399677	1174662	1145661	501870	2759392	2103090	715002
天 津	10811967	292146	1130973	591576	6555221	1915418	326633
河 北	11393112	1511040	1908234	2248577	2942266	2678203	104792
山 西	7855668	310082	1386847	1640480	2981038	1477185	60036
内蒙古	4153751	218368	350590	464882	2670036	399240	50635
辽 宁	7881953	274875	1283807	1760721	74202	4245913	242435
吉 林	3137907		538339	679883	465446	1430760	23479
黑龙江	5997454	385812	1686736	2317157	141347	1352639	113763
上 海	14723334	2900	1420466	463675		11480387	1355906
江 苏	36782414	2386031	12551983	1350488	110966	17543299	2839647
浙 江	30796117	1357774	3534831	6325153	2086323	14654798	2837238
安 徽	15443662	399509	2072655	3905726	291425	8055511	718836
福 建	10095950	705641	1176998	3753096	1055911	3331641	72663
江 西	4139178	48603	348066	1149603	645445	1752215	195246
山 东	18737044	1658575	2723131	2656830	2138277	8276248	1283983
河 南	12604121	538934	2183025	1482457	1029576	6507897	862232
湖 北	9406609	425357	1730052	1270873	1131383	4397227	451717
湖 南	11894158	677528	2070329	5097526	2149588	1787457	111730
广 东	24934025	2046139	2001743	5941776	5578901	8380359	985107
广 西	4337348	109614	679724	699974	387341	2164764	295931
海 南	6695237		251177	1372987	559303	3820677	691093
重 庆	14117655	1157604	6156478	1287312	96527	5384673	35061
四 川	20024977	1343479	3437996	9813777	187185	4319224	923316
贵 州	4694664	1375	2479796	654764	693325	819332	46072
云 南	5869511	366770	764484	635053	1544034	2402740	156430
西 藏	102372		5000	12640	66423	9349	8960
陕 西	6486099	474428	1914680	1524520	1304170	681125	587176
甘 肃	2542487	237938	679777	657638	550500	397346	19288
青 海	1113944	49415	626003	300803	70610	67113	
宁 夏	3449417	980564	1362870	427439	318638	359906	
新 疆	3899505	134081	515421	674487	620844	1802051	152621

3-20 各地区按资质等级分的房地产开发企业住宅竣工价值

单位：万元

地　区	总　计	一　级	二　级	三　级	四　级	暂　定	其　他
全国总计	**228272161**	**13165543**	**43571987**	**45251076**	**29032076**	**86160840**	**11090639**
北　京	4493128	709853	700898	305880	1402796	976242	397459
天　津	7439207	248689	709417	414339	4592001	1218344	256417
河　北	8815898	1136039	1454972	1737258	2330282	2101316	56031
山　西	6057657	246091	904040	1453916	2292859	1106003	54748
内蒙古	2823067	180814	257506	320395	1760123	273446	30783
辽　宁	6359054	222958	1110626	1398282	71157	3374733	181298
吉　林	2277038		390313	499857	385010	981366	20492
黑龙江	4261885	302816	1111766	1764989	101685	900572	80057
上　海	8392784		876831	194546		6579663	741744
江　苏	28146565	1956274	9734076	1115545	110966	13201988	2027716
浙　江	20402447	927168	2360051	4257599	1446587	9480922	1930120
安　徽	11208276	245551	1571276	2817653	240558	5815623	517615
福　建	6456735	310082	861300	2757402	683334	1791579	53038
江　西	3265148	31633	314674	925778	498268	1432049	62746
山　东	14233895	1316433	2066061	2210641	1722221	6043320	875219
河　南	9833844	408843	1683227	1198322	714979	5223262	605211
湖　北	7072247	362456	1370046	980123	886461	3269836	203325
湖　南	8481412	442203	1446281	3675872	1537303	1311708	68045
广　东	17763322	1013180	1504865	4316007	3935612	6278862	714796
广　西	3350444	72404	487556	552356	303326	1755194	179608
海　南	5737060		228087	1305362	524192	3052205	627214
重　庆	9760273	839985	4533645	964787	73850	3321524	26482
四　川	12901934	762024	2292714	6453385	51361	2694036	648414
贵　州	2766925	1375	1390358	447624	349276	547587	30705
云　南	3542936	288353	516859	450580	928655	1234193	124296
西　藏	83781		5000	11990	48482	9349	8960
陕　西	4914987	365240	1358067	1257837	943677	489030	501136
甘　肃	1851733	154656	474904	554004	440369	210531	17269
青　海	700152	38410	456650	130794	38435	35863	
宁　夏	2282834	490983	1042172	301044	197822	250813	
新　疆	2595493	91030	357749	476909	420429	1199681	49695

3-21　各地区房地产开发企业建造的房屋面积和造价

地　区	房屋施工面积（平方米）	房屋竣工面积（平方米）	房屋建筑面积竣工率（%）	房屋竣工价值（万元）	房屋竣工造价（元/平方米）
全国总计	**7589748030**	**1061277077**	**14.0**	**322521317**	**3039**
北　京	129760030	23699489	18.3	8399677	3544
天　津	93497556	29142520	31.2	10811967	3710
河　北	304767767	42877829	14.1	11393112	2657
山　西	170692512	26835885	15.7	7855668	2927
内蒙古	169062835	16640162	9.8	4153751	2496
辽　宁	263641071	27092940	10.3	7881953	2909
吉　林	117973267	13516462	11.5	3137907	2322
黑龙江	108657453	23756095	21.9	5997454	2525
上　海	151112403	25506443	16.9	14723334	5772
江　苏	587617302	100739645	17.1	36782414	3651
浙　江	416097772	79253964	19.0	30796117	3886
安　徽	356454421	53829529	15.1	15443662	2869
福　建	310641415	36652544	11.8	10095950	2755
江　西	164272471	16356119	10.0	4139178	2531
山　东	599570661	82534995	13.8	18737044	2270
河　南	473595536	62994422	13.3	12604121	2001
湖　北	298798806	31274942	10.5	9406609	3008
湖　南	301393782	45337360	15.0	11894158	2623
广　东	642338044	65937459	10.3	24934025	3781
广　西	211346488	17350513	8.2	4337348	2500
海　南	89367824	16746090	18.7	6695237	3998
重　庆	273633940	44213017	16.2	14117655	3193
四　川	415321383	70502423	17.0	20024977	2840
贵　州	203522388	19014458	9.3	4694664	2469
云　南	205931915	21150812	10.3	5869511	2775
西　藏	3487684	315299	9.0	102372	3247
陕　西	222975328	24317006	10.9	6486099	2667
甘　肃	89332387	9917330	11.1	2542487	2564
青　海	28477081	3866695	13.6	1113944	2881
宁　夏	71100634	12945495	18.2	3449417	2665
新　疆	115305874	16959135	14.7	3899505	2299

3-22 各地区房地产开发企业建造的住宅面积和造价

地　区	住宅施工面积(平方米)	住宅竣工面积(平方米)	住宅建筑面积竣工率(%)	住宅竣工价值(万元)	住宅竣工造价(元/平方米)
全国总计	**5213102166**	**771851855**	**14.8**	**228272161**	**2957**
北　京	58576083	12670649	21.6	4493128	3546
天　津	63117038	21891368	34.7	7439207	3398
河　北	234071911	33526104	14.3	8815898	2630
山　西	122223158	20422192	16.7	6057657	2966
内蒙古	111414067	12032591	10.8	2823067	2346
辽　宁	191046434	22100610	11.6	6359054	2877
吉　林	83059870	10083717	12.1	2277038	2258
黑龙江	77460456	17570854	22.7	4261885	2426
上　海	80739437	15328809	19.0	8392784	5475
江　苏	430029339	76026913	17.7	28146565	3702
浙　江	247093686	50919543	20.6	20402447	4007
安　徽	241151280	40477345	16.8	11208276	2769
福　建	194365396	24204517	12.5	6456735	2668
江　西	120004653	13162646	11.0	3265148	2481
山　东	441581122	63581612	14.4	14233895	2239
河　南	355790150	50152314	14.1	9833844	1961
湖　北	218030093	23483782	10.8	7072247	3012
湖　南	216171732	33585382	15.5	8481412	2525
广　东	441709981	47730391	10.8	17763322	3722
广　西	153392886	13732735	9.0	3350444	2440
海　南	66859627	14445340	21.6	5737060	3972
重　庆	179326859	30839998	17.2	9760273	3165
四　川	264254536	46773697	17.7	12901934	2758
贵　州	128471402	12832472	10.0	2766925	2156
云　南	133246378	14338565	10.8	3542936	2471
西　藏	2325927	252024	10.8	83781	3324
陕　西	161642757	19228400	11.9	4914987	2556
甘　肃	61916538	7302520	11.8	1851733	2536
青　海	17534360	2312127	13.2	700152	3028
宁　夏	45552846	9312473	20.4	2282834	2451
新　疆	70942164	11530165	16.3	2595493	2251

3–23　各地区按用途分的房地产开发企业房屋出租面积

单位：平方米

地　区	房　屋 出租面积	住宅	#别　墅、 高档公寓	办公楼	商业营 业用房	其　他
全国总计	**32197075**	**2414649**	**789101**	**8763634**	**15934769**	**5084023**
北　京	3802821	178061	119335	1141058	1630907	852795
天　津	79086	42240	3256	3778	1569	31499
河　北	153752	21482		41156	80201	10913
山　西	392750	20120		6306	331699	34625
内蒙古	124865				124865	
辽　宁	472227	18861	16552	10000	443366	
吉　林	367659			22168	343491	2000
黑龙江	35095	21884			12390	821
上　海	13225079	834060	620792	5784442	4152476	2454101
江　苏	1841985	109530	889	370666	1250917	110872
浙　江	1262122	2978	976	268516	894227	96401
安　徽	513391	8272		2264	409820	93035
福　建	1181834	92927		55709	897675	135523
江　西	72287				60514	11773
山　东	637050			86373	501853	48824
河　南	372339	128991		66619	93675	83054
湖　北	539336	37454		592	396891	104399
湖　南	207875	26788		33555	75671	71861
广　东	2683056	186158	26404	593518	1436138	467242
广　西	124836	1063			117002	6771
海　南	155994	897	897		126930	28167
重　庆	453193	7771		70520	237368	137534
四　川	816655	33434		35923	611583	135715
贵　州	146246	77		23880	116501	5788
云　南	528579	386282		18954	92153	31190
西　藏						
陕　西	612837	14652		68057	515128	15000
甘　肃	53156				51956	1200
青　海	64729			30834	14895	19000
宁　夏	533451	23572		12787	483677	13415
新　疆	742790	217095		15959	429231	80505

3–24 各地区按资质等级分的房地产开发企业房屋出租面积

单位：平方米

地 区	总 计	一 级	二 级	三 级	四 级	暂 定	其 他
全国总计	**32197075**	**2871859**	**5661686**	**4229026**	**3840561**	**11737969**	**3855974**
北 京	3802821	431843	376792	305887	1682110	386693	619496
天 津	79086		25693		41635	8502	3256
河 北	153752		44990	31982	42477	34303	
山 西	392750	62505	134157	93571	73694	28823	
内蒙古	124865				124865		
辽 宁	472227			182867		289360	
吉 林	367659		172620	108698	3527	81614	1200
黑龙江	35095		24672	10423			
上 海	13225079	1777150	2254622	952580	6955	6204590	2029182
江 苏	1841985	61880	539374	45962		1059904	134865
浙 江	1262122	66872	121919	119411	75173	683521	195226
安 徽	513391	3699	35284	79555		369043	25810
福 建	1181834		60918	670493	208781	241642	
江 西	72287		18659	19307	5501	28820	
山 东	637050	66000	83507	30449	103448	350168	3478
河 南	372339	13747	157745	59473	2835	65859	72680
湖 北	539336	19000	115844	75580	67684	93508	167720
湖 南	207875	8000	20561	48229	42261	88824	
广 东	2683056	148408	608692	569838	471203	406772	478143
广 西	124836		27760	23245	12058	61773	
海 南	155994			3156	14762	126413	11663
重 庆	453193	13393	124147	134813	11590	156641	12609
四 川	816655	118378	157458	399866		132913	8040
贵 州	146246		12297	56558	25279	52112	
云 南	528579		98078	23232	242963	86852	77454
西 藏							
陕 西	612837		169952	12118	416115		14652
甘 肃	53156			18185	2490	32481	
青 海	64729		1975		2120	60634	
宁 夏	533451		229440	64992	123615	115404	
新 疆	742790	80984	44530	88556	37420	490800	500

3-25　各地区按资质等级分的房地产开发企业住宅出租面积

单位：平方米

地　区	总　计	一　级	二　级	三　级	四　级	暂　定	其　他
全国总计	**2414649**	**564239**	**454950**	**218908**	**406143**	**433310**	**337099**
北　京	178061	27857			18299	64268	67637
天　津	42240		2442		36542		3256
河　北	21482		21482				
山　西	20120			1715	18405		
内蒙古							
辽　宁	18861			16552		2309	
吉　林							
黑龙江	21884		21884				
上　海	834060	460390	74920	40235	5596	137897	115022
江　苏	109530	363	54265	358		54544	
浙　江	2978			1250	1728		
安　徽	8272	3374		1468			3430
福　建	92927			32711	60216		
江　西							
山　东							
河　南	128991		128821			170	
湖　北	37454			31500	5954		
湖　南	26788		511	6729	3748	15800	
广　东	186158	22255		56329	28635	23932	55007
广　西	1063					1063	
海　南	897					897	
重　庆	7771					380	7391
四　川	33434		29358	4076			
贵　州	77			77			
云　南	386282		98078		217500		70704
西　藏							
陕　西	14652						14652
甘　肃							
青　海							
宁　夏	23572		23189		383		
新　疆	217095	50000		25908	9137	132050	

3-26 各地区房地产开发企业90平方米及以下住房开发规模及竣工情况

地　区	施工面积(平方米)	新开工面积(平方米)	竣工面积(平方米)	不可销售面积(平方米)	竣工套数(套)	出租面积(平方米)
全国总计	**1615938994**	**326526065**	**233389463**	**11641804**	**3254197**	**1146681**
北　京	33918047	7079415	7086287	399784	96865	29389
天　津	26452200	6724825	8878882	188364	118240	
河　北	83952624	21284219	12535824	207795	157912	21482
山　西	27238318	5843888	4066375	626873	50716	15857
内蒙古	31851546	5882470	3406596	152015	44150	
辽　宁	101462904	17397225	12468299	587365	163989	4774
吉　林	40011976	9147052	5473158	220635	73834	
黑龙江	43508070	9116348	10231870	1712265	138437	3476
上　海	36400514	6374518	6874343	24036	91221	189481
江　苏	105294274	24248024	14793882	711846	186237	7380
浙　江	58831848	8938062	12945615	650665	164577	1728
安　徽	76119273	14597865	9818892	358212	121878	
福　建	53902489	8775612	5335544	521694	75805	92927
江　西	22125114	4714798	2174658	69496	28619	
山　东	109732905	18368976	14241534	336630	178110	
河　南	97135430	31653458	12502071	353460	155485	55712
湖　北	57218441	11572494	4671773	350816	102886	32102
湖　南	34524402	6701247	4806069	184062	66234	23006
广　东	123057868	24825096	12030837	250155	159717	79080
广　西	41992905	7686528	3547746	9276	47078	
海　南	38734451	6708237	9613673	143006	216607	
重　庆	88616172	15375151	16353933	450811	221224	7771
四　川	114291228	27004253	20128906	391427	331410	3983
贵　州	29785440	3757684	2590271	1782	34969	
云　南	33646852	4828692	3183841	57463	42809	386282
西　藏	284028	32310	31446		701	
陕　西	52285905	8813116	5799398	999397	75168	14652
甘　肃	18558033	3413575	2054788	71179	26898	
青　海	4513632	1015582	733649	482932	14434	
宁　夏	11192337	1481885	1995155	1006800	28853	19641
新　疆	19299768	3163460	3014148	121563	39134	157958

3–27 各地区按用途分的房地产开发企业商品房销售面积

单位：平方米

地 区	商品房销售面积	住 宅	#别 墅、高档公寓	办公楼	商业营业用房	其 他
全国总计	**1573485293**	**1375399314**	**44700032**	**38262155**	**108119558**	**51704266**
北 京	16589346	9813660	1534422	4138566	1258467	1378653
天 津	27110848	25218725	1613493	310601	970317	611205
河 北	66822862	58997222	716021	1265882	4487050	2072708
山 西	20610554	18815060	188823	386227	986882	422385
内蒙古	25278504	20733598	368410	183006	3010953	1350947
辽 宁	37118966	33830783	432583	346423	2166926	774834
吉 林	19192950	16307151	314606	378692	1757264	749843
黑龙江	21172915	17970213	319860	263493	2219650	719559
上 海	27056889	20197967	4454180	3063957	2058703	1736262
江 苏	139620913	126576599	7822421	2656780	8499243	1888291
浙 江	86367871	72341898	3512672	4100684	5296788	4628501
安 徽	84996513	75068714	1165655	1853468	6709558	1364773
福 建	49153468	41344556	1044481	1811590	3054678	2942644
江 西	46918399	41405481	819976	875324	3612888	1024706
山 东	117898770	105985784	2004311	1964103	6356903	3591980
河 南	113062709	101371332	905628	1733535	8166483	1791359
湖 北	74271580	67892091	1436853	1037334	3937381	1404774
湖 南	80853613	71906561	1373568	999576	5550202	2397274
广 东	146116042	130219741	5345654	3991518	6779281	5125502
广 西	42153930	38640100	655611	502665	1703949	1307216
海 南	15085328	14170942	1540397	94701	559919	259766
重 庆	62571463	51054642	1573820	1069934	6221817	4225070
四 川	93004699	78840898	1613423	1505764	7281104	5376933
贵 州	41569295	34269610	688812	860827	5420081	1018777
云 南	36397450	29331003	2003638	1089154	3823896	2153397
西 藏	746077	711616	27598	10667	23332	462
陕 西	32627011	30126149	504564	707220	1323971	469671
甘 肃	16794885	14788103	68330	447541	1339849	219392
青 海	4378513	3730346	4915	191278	349665	107224
宁 夏	9660713	8302206	153056	71500	1048192	238815
新 疆	18282217	15436563	492251	350145	2144166	351343

3–28 各地区按资质等级分的房地产开发企业商品房销售面积

单位：平方米

地　区	总　计	一　级	二　级	三　级	四　级	暂　定	其　他
全国总计	**1573485293**	**61565202**	**252161768**	**302190846**	**198019622**	**679964116**	**79583739**
北　京	16589346	1881304	1766199	1264430	5950174	4909595	817644
天　津	27110848	1076286	2523773	3000091	13979332	5425087	1106279
河　北	66822862	4555050	11669260	12287491	18635799	18844809	830453
山　西	20610554	662889	3354915	3585709	8723707	3962457	320877
内蒙古	25278504	971078	2182608	3873668	13380835	4393341	476974
辽　宁	37118966	781580	4006704	7970816	522438	21337439	2499989
吉　林	19192950	749214	3754049	2998500	3035701	8481631	173855
黑龙江	21172915	909652	4763865	10561778	743497	3893342	300781
上　海	27056889	393259	3103972	1649581	24783	20006960	1878334
江　苏	139620913	5219049	42322312	5809953	198502	73666798	12404299
浙　江	86367871	2732776	7582656	16477669	5610751	44375365	9588654
安　徽	84996513	1735756	9390554	16177636	2737257	50837806	4117504
福　建	49153468	1236052	4128374	14347528	4777993	22603542	2059979
江　西	46918399	661968	3890965	10230401	5396958	24684153	2053954
山　东	117898770	7923670	13806514	16469206	16316495	57286299	6096586
河　南	113062709	3132567	18571550	14835965	7283173	61398981	7840473
湖　北	74271580	3256003	11337051	11087234	9899526	37178955	1512811
湖　南	80853613	2577187	12345075	32258483	13286303	18647600	1738965
广　东	146116042	4463225	8038240	25637333	30167159	68435765	9374320
广　西	42153930	1741459	5948757	6181667	2331451	23895089	2055507
海　南	15085328	57512	581875	1655862	1678369	9782071	1329639
重　庆	62571463	4447829	24574003	8187180	183002	24277580	901869
四　川	93004699	4121427	19949023	46176827	585438	18217508	3954476
贵　州	41569295	83947	7558748	8595364	5437196	18519124	1374916
云　南	36397450	1123835	5901811	4155092	11731828	12470298	1014586
西　藏	746077		132221	284971	201860	56976	70049
陕　西	32627011	1843603	8019229	5292215	8748589	5910561	2812814
甘　肃	16794885	380585	3616081	5504015	2385121	4851095	57988
青　海	4378513	349574	1325907	941644	834899	784373	142116
宁　夏	9660713	1296834	3605468	1735075	962812	1909943	150581
新　疆	18282217	1200032	2410009	2957462	2268674	8919573	526467

3-29　各地区按用途分的房地产开发企业商品房现房销售面积

单位：平方米

地　区	现房销售面　积	住　宅	#别　墅、高档公寓	办公楼	商业营业用房	其　他
全国总计	**393221399**	**319313139**	**12513180**	**11086364**	**39932798**	**22889098**
北　京	6618375	3602572	785828	1565911	610970	838922
天　津	8714943	7800464	550964	114715	448455	351309
河　北	16375793	13326311	70817	634693	1743984	670805
山　西	7969531	7046912	15139	47742	599753	275124
内蒙古	10480837	8432350	248576	68469	1370521	609497
辽　宁	13452409	11914275	127860	193485	971296	373353
吉　林	7983208	6827617	58107	68564	766318	320709
黑龙江	10732343	8616698	136369	103974	1512095	499576
上　海	11627064	8097858	1395860	959600	1078649	1490957
江　苏	33296382	28134330	2335903	957919	3289597	914536
浙　江	23029618	17240970	1216825	1431286	2292259	2065103
安　徽	14591530	12034552	223056	567488	1559025	430465
福　建	7182591	5300184	246131	173298	826040	883069
江　西	10069200	8654424	362340	214168	956338	244270
山　东	26210985	22378102	388502	650200	2217050	965633
河　南	32358271	27178929	131424	409863	3968253	801226
湖　北	16032115	13656660	418744	125697	1745679	504079
湖　南	21062667	17832479	387385	309710	1916287	1004191
广　东	32564872	26845930	1628472	568232	2267182	2883528
广　西	6026084	5357727	51435	91591	391196	185570
海　南	4259766	4035467	329659	10232	131516	82551
重　庆	14767026	9953729	230157	517327	2054877	2241093
四　川	17954812	13013809	278262	386021	2065232	2489750
贵　州	7963655	5919468	97143	267107	1406973	370107
云　南	11442031	8979078	631189	424825	1235197	802931
西　藏	225325	225325	15917			
陕　西	5113413	4668859	13162	30719	287911	125924
甘　肃	5273360	4560519	7545	57229	570832	84780
青　海	1062101	918957		42478	60476	40190
宁　夏	3791275	2924354	21187	35522	702517	128882
新　疆	4989817	3834230	109222	58299	886320	210968

3-30 各地区按资质等级分的房地产开发企业商品房现房销售面积

单位：平方米

地 区	总 计	一 级	二 级	三 级	四 级	暂 定	其 他
全国总计	**393221399**	**15710921**	**74851246**	**84949383**	**61789415**	**139284618**	**16635816**
北 京	6618375	1053766	828865	605895	2868303	1001940	259606
天 津	8714943	798613	1248457	1426662	4033788	1038957	168466
河 北	16375793	543213	3568647	2280425	5609214	4311079	63215
山 西	7969531	379125	1568608	1564874	3326923	995592	134409
内蒙古	10480837	424047	940050	1891391	5694298	1427358	103693
辽 宁	13452409	124053	1570493	3286340	394128	7062574	1014821
吉 林	7983208	78962	1505238	1807268	1816633	2741294	33813
黑龙江	10732343	430935	2834136	5824200	386276	1123714	133082
上 海	11627064	59972	1761233	1176937	24783	7901547	702592
江 苏	33296382	2031694	13118058	2253937	54529	14121877	1716287
浙 江	23029618	1281308	2475215	5676060	2101259	9820838	1674938
安 徽	14591530	119122	2485029	3489844	862724	7221893	412918
福 建	7182591	338181	706637	2868424	1025090	2140851	103408
江 西	10069200	211599	1009999	2756281	1214097	4338330	538894
山 东	26210985	1558191	3703798	4792424	4446944	10403616	1306012
河 南	32358271	662546	4232279	4282407	3031434	17631418	2518187
湖 北	16032115	771183	2587869	2898521	3544944	5927870	301728
湖 南	21062667	318166	3228339	9176761	3182459	4549067	607875
广 东	32564872	1087328	2215834	6847820	8307354	12029920	2076616
广 西	6026084	71697	803115	1327700	475655	2856965	490952
海 南	4259766	3680	210377	472976	564308	2494138	514287
重 庆	14767026	1049184	6576509	2438957	30435	4401734	270207
四 川	17954812	682975	5216240	7890422	164781	3533104	467290
贵 州	7963655	30638	1373757	1681171	1698881	2916756	262452
云 南	11442031	429180	2691724	1198530	3338734	3531013	252850
西 藏	225325		32953	77762	38674	5887	70049
陕 西	5113413	217556	2398263	974787	921274	336721	264812
甘 肃	5273360	39754	1077292	1973886	1135144	989296	57988
青 海	1062101	164551	327198	245448	146852	142829	35223
宁 夏	3791275	585088	1654029	911288	319461	299231	22178
新 疆	4989817	164614	901005	849985	1030036	1987209	56968

3–31　各地区按用途分的房地产开发企业商品房期房销售面积

单位：平方米

地　区	期房销售面积	住　宅	#别　墅、高档公寓	办公楼	商业营业用房	其　他
全国总计	**1180263894**	**1056086175**	**32186852**	**27175791**	**68186760**	**28815168**
北　京	9970971	6211088	748594	2572655	647497	539731
天　津	18395905	17418261	1062529	195886	521862	259896
河　北	50447069	45670911	645204	631189	2743066	1401903
山　西	12641023	11768148	173684	338485	387129	147261
内蒙古	14797667	12301248	119834	114537	1640432	741450
辽　宁	23666557	21916508	304723	152938	1195630	401481
吉　林	11209742	9479534	256499	310128	990946	429134
黑龙江	10440572	9353515	183491	159519	707555	219983
上　海	15429825	12100109	3058320	2104357	980054	245305
江　苏	106324531	98442269	5486518	1698861	5209646	973755
浙　江	63338253	55100928	2295847	2669398	3004529	2563398
安　徽	70404983	63034162	942599	1285980	5150533	934308
福　建	41970877	36044372	798350	1638292	2228638	2059575
江　西	36849199	32751057	457636	661156	2656550	780436
山　东	91687785	83607682	1615809	1313903	4139853	2626347
河　南	80704438	74192403	774204	1323672	4198230	990133
湖　北	58239465	54235431	1018109	911637	2191702	900695
湖　南	59790946	54074082	986183	689866	3633915	1393083
广　东	113551170	103373811	3717182	3423286	4512099	2241974
广　西	36127846	33282373	604176	411074	1312753	1121646
海　南	10825562	10135475	1210738	84469	428403	177215
重　庆	47804437	41100913	1343663	552607	4166940	1983977
四　川	75049887	65827089	1335161	1119743	5215872	2887183
贵　州	33605640	28350142	591669	593720	4013108	648670
云　南	24955419	20351925	1372449	664329	2588699	1350466
西　藏	520752	486291	11681	10667	23332	462
陕　西	27513598	25457290	491402	676501	1036060	343747
甘　肃	11521525	10227584	60785	390312	769017	134612
青　海	3316412	2811389	4915	148800	289189	67034
宁　夏	5869438	5377852	131869	35978	345675	109933
新　疆	13292400	11602333	383029	291846	1257846	140375

3–32 各地区按资质等级分的房地产开发企业商品房期房销售面积

单位：平方米

地　区	总　计	一　级	二　级	三　级	四　级	暂　定	其　他
全国总计	**1180263894**	**45854281**	**177310522**	**217241463**	**136230207**	**540679498**	**62947923**
北　京	9970971	827538	937334	658535	3081871	3907655	558038
天　津	18395905	277673	1275316	1573429	9945544	4386130	937813
河　北	50447069	4011837	8100613	10007066	13026585	14533730	767238
山　西	12641023	283764	1786307	2020835	5396784	2966865	186468
内蒙古	14797667	547031	1242558	1982277	7686537	2965983	373281
辽　宁	23666557	657527	2436211	4684476	128310	14274865	1485168
吉　林	11209742	670252	2248811	1191232	1219068	5740337	140042
黑龙江	10440572	478717	1929729	4737578	357221	2769628	167699
上　海	15429825	333287	1342739	472644		12105413	1175742
江　苏	106324531	3187355	29204254	3556016	143973	59544921	10688012
浙　江	63338253	1451468	5107441	10801609	3509492	34554527	7913716
安　徽	70404983	1616634	6905525	12687792	1874533	43615913	3704586
福　建	41970877	897871	3421737	11479104	3752903	20462691	1956571
江　西	36849199	450369	2880966	7474120	4182861	20345823	1515060
山　东	91687785	6365479	10102716	11676782	11869551	46882683	4790574
河　南	80704438	2470021	14339271	10553558	4251739	43767563	5322286
湖　北	58239465	2484820	8749182	8188713	6354582	31251085	1211083
湖　南	59790946	2259021	9116736	23081722	10103844	14098533	1131090
广　东	113551170	3375897	5822406	18789513	21859805	56405845	7297704
广　西	36127846	1669762	5145642	4853967	1855796	21038124	1564555
海　南	10825562	53832	371498	1182886	1114061	7287933	815352
重　庆	47804437	3398645	17997494	5748223	152567	19875846	631662
四　川	75049887	3438452	14732783	38286405	420657	14684404	3487186
贵　州	33605640	53309	6184991	6914193	3738315	15602368	1112464
云　南	24955419	694655	3210087	2956562	8393094	8939285	761736
西　藏	520752		99268	207209	163186	51089	
陕　西	27513598	1626047	5620966	4317428	7827315	5573840	2548002
甘　肃	11521525	340831	2538789	3530129	1249977	3861799	
青　海	3316412	185023	998709	696196	688047	641544	106893
宁　夏	5869438	711746	1951439	823787	643351	1610712	128403
新　疆	13292400	1035418	1509004	2107477	1238638	6932364	469499

3-33 各地区按资质等级分的房地产开发企业商品住宅销售面积

单位：平方米

地 区	总 计	一 级	二 级	三 级	四 级	暂 定	其 他
全国总计	**1375399314**	**53662503**	**223542130**	**263941325**	**172393375**	**592979160**	**68880821**
北 京	9813660	1110496	1457382	753922	3789088	2278095	424677
天 津	25218725	1014074	2339124	2966276	12786827	5094367	1018057
河 北	58997222	3846498	10599170	11094932	16419713	16321331	715578
山 西	18815060	573498	3075939	3325392	7995475	3552973	291783
内蒙古	20733598	935251	1981038	2906039	11042372	3539080	329818
辽 宁	33830783	624635	3710124	7196388	481894	19532899	2284843
吉 林	16307151	666495	3287050	2537494	2671558	6980118	164436
黑龙江	17970213	771097	4253456	8853106	600347	3262960	229247
上 海	20197967	166160	2676933	1029695	1783	15091128	1232268
江 苏	126576599	4920940	38011704	5137168	191947	67019779	11295061
浙 江	72341898	2352504	6548894	14157805	4823309	36501269	7958117
安 徽	75068714	1503829	8537639	13645022	2496823	45434208	3451193
福 建	41344556	904968	3735700	12217839	3352704	19258490	1874855
江 西	41405481	652783	3399976	9226200	4784004	21541878	1800640
山 东	105985784	7128510	12787809	15037691	14397699	51486199	5147876
河 南	101371332	2947487	16997129	13449151	6417108	54803580	6756877
湖 北	67892091	3111086	10251617	9960526	9300232	33878362	1390268
湖 南	71906561	2276765	11328790	28719761	11735772	16277191	1568282
广 东	130219741	4191799	7319882	23142974	26917891	60358306	8288889
广 西	38640100	1597791	5250994	5778940	2124752	22024790	1862833
海 南	14170942	35018	557535	1612928	1607206	9106683	1251572
重 庆	51054642	3354495	20178287	6169411	155880	20438011	758558
四 川	78840898	3440597	17056060	39449768	477380	14852007	3565086
贵 州	34269610	72020	6531152	7419889	4329530	14966251	950768
云 南	29331003	963265	4633072	2903920	9789113	10131524	910109
西 藏	711616		127264	276655	183376	54272	70049
陕 西	30126149	1734408	7430391	5002649	8088294	5276485	2593922
甘 肃	14788103	359559	3025785	5042621	2156177	4150577	53384
青 海	3730346	303752	1189501	890863	705921	534682	105627
宁 夏	8302206	1069306	3145939	1514090	769158	1658030	145683
新 疆	15436563	1033417	2116794	2522210	1800042	7573635	390465

3–34 各地区按资质等级分的房地产开发企业90平方米及以下住宅销售面积

单位：平方米

地　　区	总　计	一　级	二　级	三　级	四　级	暂　定	其　他
全国总计	**353276503**	**12719613**	**57450693**	**68564854**	**40671372**	**156353489**	**17516482**
北　　京	4048027	323819	730548	250544	1436356	1001248	305512
天　　津	8285015	591612	1130801	1009182	4262245	1187066	104109
河　　北	20322444	2072414	3820034	3851695	4110679	6199316	268306
山　　西	3006168	59453	431972	526197	1312269	622663	53614
内 蒙 古	7167260	71927	637381	1457115	3845720	1120387	34730
辽　　宁	17729396	241798	1668659	3584748	266774	10630145	1337272
吉　　林	7881773	241109	1289841	1356393	1798041	3138513	57876
黑 龙 江	9114012	146100	1560118	4856048	493410	1925365	132971
上　　海	7780048	29333	794379	316339		6288025	351972
江　　苏	20541449	616261	5826603	853054	44389	11256930	1944212
浙　　江	16429627	485140	1428161	2594132	1005549	8798376	2118269
安　　徽	13897486	329647	2157050	2495644	423920	7735710	755515
福　　建	8915363	173654	1000621	2532117	842236	4054239	312496
江　　西	5758554	95335	436920	1110401	650164	3262182	203552
山　　东	19786858	789079	2173319	2495759	2535235	10805353	988113
河　　南	24499195	438692	3689819	2727141	1457591	15017180	1168772
湖　　北	13945338	1005315	1629318	1747970	970102	8137574	455059
湖　　南	9906958	290798	1587167	4078915	1631835	2125385	192858
广　　东	30786347	589101	1553535	4155699	5754324	16128616	2605072
广　　西	8174749	234127	944409	1027997	417614	5124556	426046
海　　南	8756853	24908	276716	865464	1028716	5752446	808603
重　　庆	25830886	1604118	9831862	3184198	76166	10770977	363565
四　　川	32659231	1432124	6860130	16632973	173968	6136262	1423774
贵　　州	7329790	33681	1699222	1247875	769059	3361979	217974
云　　南	5527784	206016	1107138	441795	1939230	1678195	155410
西　　藏	163174		25239	23595	96882	7518	9940
陕　　西	6380831	219105	1448722	1153869	1790120	1251349	517666
甘　　肃	3782685	34577	705472	1325859	706129	982648	28000
青　　海	624409	49507	97400	83354	151291	212623	30234
宁　　夏	1080220	124473	415374	197568	144893	194352	3560
新　　疆	3164573	166390	492763	381214	536465	1446311	141430

3-35　各地区按资质等级分的房地产开发企业144平方米以上住宅销售面积

单位：平方米

地　区	总　计	一　级	二　级	三　级	四　级	暂　定	其　他
全国总计	**194896964**	**9829836**	**33343101**	**35129883**	**25942740**	**81125569**	**9525835**
北　京	3358996	489012	252585	187954	1728495	640892	60058
天　津	4203555	39709	456261	585306	2096166	886076	140037
河　北	6046136	451800	1314826	717853	1883028	1617372	61257
山　西	3318801	273859	689345	476283	1192113	601260	85941
内蒙古	3480018	471476	503305	234065	1634169	558480	78523
辽　宁	3492745	50947	372542	751921	3748	2178689	134898
吉　林	2062465	35003	551913	213853	171451	1020275	69970
黑龙江	2300396	305335	876050	858929	1525	235534	23023
上　海	4803740	16098	627342	313919	1234	3422250	422897
江　苏	21444309	1071150	7033344	1008541	48491	10830960	1451823
浙　江	15768485	611049	1544798	3342925	1181236	7538769	1549708
安　徽	4781606	121443	671774	926940	80915	2645021	335513
福　建	5799003	132587	578316	1914877	627758	2396179	149286
江　西	3756401	28789	410555	928891	248666	1975140	164360
山　东	16831953	1560458	2434247	2492911	2088951	7495610	759776
河　南	14731081	549104	2784856	1827472	1067740	7565749	936160
湖　北	5834743	145474	919642	778002	434071	3285182	272372
湖　南	10857863	420007	1672790	4028700	1686907	2872007	177452
广　东	25816007	1572714	2007212	6393937	5051223	9673494	1117427
广　西	4198815	109790	661709	675694	419022	2146873	185727
海　南	1437496		85144	117479	146273	982323	106277
重　庆	3773598	143898	1592573	359901	10919	1604996	61311
四　川	5928178	313557	924875	2700339	84011	1424482	480914
贵　州	4079794		1078895	815765	292407	1782810	109917
云　南	8110048	254797	1214166	883650	2258448	3300789	198198
西　藏	116263		54473	41605	5022		15163
陕　西	4021604	156654	1093658	662737	1020398	729422	358735
甘　肃	1580636	39035	282250	433545	157841	667965	
青　海	347643	70419	38859	62335	128277	33124	14629
宁　夏	997468	218122	431894	95107	66743	185312	290
新　疆	1617118	177550	182902	298447	125492	828534	4193

3–36 各地区按资质等级分的房地产开发企业别墅、高档公寓销售面积

单位：平方米

地　　区	总　计	一　级	二　级	三　级	四　级	暂　定	其　他
全国总计	**44700032**	**1566327**	**6651432**	**8040124**	**4718723**	**21192491**	**2530935**
北　　京	1534422	309447	55399	64332	807451	297188	605
天　　津	1613493	20564	56529	259197	901788	340906	34509
河　　北	716021	34465	34596	16367	292903	337690	
山　　西	188823	14181	5737	22637	12914	133354	
内 蒙 古	368410		63786	22735	94546	187343	
辽　　宁	432583	688	91913	82586		209551	47845
吉　　林	314606		110726	7568	3893	177130	15289
黑 龙 江	319860	37140	79564	166792		36364	
上　　海	4454180	2480	449229	345031		3252047	405393
江　　苏	7822421	240029	2139092	539874		4362470	540956
浙　　江	3512672	132353	318625	887555	305875	1547550	320714
安　　徽	1165655	1031	229041	314679	15109	603165	2630
福　　建	1044481	15207	217904	241956	94583	445545	29286
江　　西	819976	7392	49254	235265	82118	393783	52164
山　　东	2004311	89119	157941	231738	166699	1315102	43712
河　　南	905628	86380	157330	160594		449417	51907
湖　　北	1436853	57094	252535	113026	150386	851616	12196
湖　　南	1373568	51583	129007	681004	90209	416325	5440
广　　东	5345654	171131	128604	1500766	985663	2164743	394747
广　　西	655611	15559	56399	100255	21648	447236	14514
海　　南	1540397		14945	403866	77695	896038	147853
重　　庆	1573820	105275	634053	205605		628887	
四　　川	1613423	61628	137831	887075	2650	244784	279455
贵　　州	688812		134881	71094	8446	473041	1350
云　　南	2003638	60172	471249	283117	522962	584582	81556
西　　藏	27598		15917	11456		225	
陕　　西	504564	990	349056	5103	51289	50070	48056
甘　　肃	68330		1690	3740	1076	61824	
青　　海	4915			2440	1350	1125	
宁　　夏	153056	46404	12452	51408	2849	39943	
新　　疆	492251	6015	96147	121263	24621	243447	758

3-37　各地区按资质等级分的房地产开发企业办公楼销售面积

单位：平方米

地　区	总　计	一　级	二　级	三　级	四　级	暂　定	其　他
全国总计	**38262155**	**1476889**	**5001520**	**4961729**	**4828559**	**19402228**	**2591230**
北　京	4138566	428612	99666	308983	1246705	1894891	159709
天　津	310601	4027	6170	4797	219646	69392	6569
河　北	1265882	13048	190305	80494	356344	625691	
山　西	386227	9817	15430	8319	201165	151496	
内蒙古	183006		4296	32333	125495	20882	
辽　宁	346423	44158	2667	62123		235922	1553
吉　林	378692	1071	52163	25427	79552	220479	
黑龙江	263493		11688	140470	1349	100965	9021
上　海	3063957	165952	56474	130793	23000	2318081	369657
江　苏	2656780	34371	981979	139526		1210436	290468
浙　江	4100684	33251	218954	443637	116629	2586944	701269
安　徽	1853468	109979	213207	505496	9100	956968	58718
福　建	1811590	19016	73371	292315	568768	812151	45969
江　西	875324		68217	74974	117291	561785	53057
山　东	1964103	120685	133354	181871	227469	979472	321252
河　南	1733535	41351	368360	76989	122172	1040440	84223
湖　北	1037334	57511	195677	161398	3338	617363	2047
湖　南	999576	123243	190745	419573	168897	95986	1132
广　东	3991518	49796	161910	529279	486919	2548242	215372
广　西	502665	12811	70541	15029	43448	332766	28070
海　南	94701		1230	422		77994	15055
重　庆	1069934	71003	551334	24646		418200	4751
四　川	1505764	44492	229700	803253	26028	365255	37036
贵　州	860827	306	202477	126649	125813	281360	124222
云　南	1089154	20981	417128	154620	207430	274388	14607
西　藏	10667			1539	9128		
陕　西	707220	29430	190491	41202	254770	145779	45548
甘　肃	447541		187096	108834	11996	138115	1500
青　海	191278		59233	21440	53972	56633	
宁　夏	71500	32902	28606	6153		3839	
新　疆	350145	9076	19051	39145	22135	260313	425

3-38 各地区按资质等级分的房地产开发企业商业营业用房销售面积

单位：平方米

地区	总计	一级	二级	三级	四级	暂定	其他
全国总计	**108119558**	**3047745**	**14405762**	**21393788**	**13833254**	**49449722**	**5989287**
北京	1258467	139260	119029	101490	443653	383183	71852
天津	970317	51332	57777	17241	610994	204518	28455
河北	4487050	281027	520104	771125	1335740	1485954	93100
山西	986882	43796	158930	177593	375505	212797	18261
内蒙古	3010953	20776	138296	605256	1496598	608672	141355
辽宁	2166926	65913	211990	487626	40348	1224608	136441
吉林	1757264	42987	337492	304121	188216	876343	8105
黑龙江	2219650	55746	411095	1198654	100660	401299	52196
上海	2058703	22183	167277	355656		1420221	93366
江苏	8499243	171993	2691509	437463	4110	4469679	724489
浙江	5296788	94375	346666	906953	434590	2983668	530536
安徽	6709558	45118	510484	1795500	206269	3583827	568360
福建	3054678	81090	134350	959308	330940	1469015	79975
江西	3612888	9185	271227	682532	403942	2049515	196487
山东	6356903	388962	489365	738722	1113063	3176351	450440
河南	8166483	113023	814023	948588	562981	4858080	869788
湖北	3937381	83542	520290	473188	548921	2206453	104987
湖南	5550202	81210	583903	1875863	1064386	1794176	150664
广东	6779281	122634	158549	871194	1266162	3811660	549082
广西	1703949	47213	173784	257221	60221	1042648	122862
海南	559919	19319	15491	15327	14003	451266	44513
重庆	6221817	466162	2079982	1402826	7004	2162160	103683
四川	7281104	257092	1064482	3646125	66610	1987151	259644
贵州	5420081	9883	670993	771698	720494	3001272	245741
云南	3823896	26283	432769	549613	1313364	1430575	71292
西藏	23332		4957	6315	9356	2704	
陕西	1323971	57652	314894	183604	304758	344037	119026
甘肃	1339849	16665	367892	284139	178664	489385	3104
青海	349665	7103	76542	16467	46177	187828	15548
宁夏	1048192	127799	324305	197175	167517	227913	3483
新疆	2144166	98422	237315	355205	418008	902764	132452

3–39　各地区按用途分的房地产开发企业商品房销售额

单位：万元

地　区	商品房销售额	住　宅	#别　墅、高档公寓	办公楼	商业营业用房	其　他
全国总计	**1176270475**	**990641734**	**71124209**	**54838120**	**105808026**	**24982595**
北　京	45616040	27958052	6578629	12619002	3766523	1272463
天　津	34782223	32455992	2167347	447126	1400568	478537
河　北	43018288	37108785	740872	1218044	3943470	747989
山　西	10271364	9007879	188665	334819	798263	130403
内蒙古	11490820	8380757	163739	118349	2321215	670499
辽　宁	22569067	19880253	496548	596740	1749358	342716
吉　林	10295827	8064904	345957	244324	1502434	484165
黑龙江	11210446	9036646	302833	213931	1550636	409233
上　海	66958478	52332938	19034816	9031722	4704929	888889
江　苏	122930197	110553614	10625622	2553721	8939929	882933
浙　江	96050986	82808481	5161810	4646005	6530595	2065905
安　徽	50355472	42315908	925206	1456804	6066035	516725
福　建	45307926	37934055	1462580	2199828	3533990	1640053
江　西	26783684	22071683	609845	668236	3479393	564372
山　东	69029046	60705448	2301225	1848322	4962983	1512293
河　南	56129002	48390255	741985	1411618	5525167	801962
湖　北	49940519	43838119	1305564	1233325	3800020	1069055
湖　南	37518649	31136239	955315	896421	4558573	927416
广　东	162146076	142403269	8503525	7315594	8960254	3466959
广　西	22074664	19482272	524328	474997	1592706	524689
海　南	14902013	13852610	2536757	126631	663078	259694
重　庆	34319972	26356415	1349036	988550	5527667	1447340
四　川	53589093	42962685	1599465	1205299	7412979	2008130
贵　州	17905337	12694287	469312	603601	4262964	344485
云　南	19177639	14113773	1100215	876845	3255191	931830
西　藏	381416	346994	17478	7382	26940	100
陕　西	17851694	15857080	449317	584145	1157745	252724
甘　肃	8734606	7123481	65436	454521	1063240	93364
青　海	2364421	1720566	4686	130616	461798	51441
宁　夏	4097065	3258909	89145	57460	697537	83159
新　疆	8468445	6489385	306951	274142	1591846	113072

3–40 各地区按资质等级分的房地产开发企业商品房销售额

单位：万元

地　区	总 计	一 级	二 级	三 级	四 级	暂 定	其 他
全国总计	**1176270475**	**54790639**	**171683770**	**191380476**	**136768299**	**545315245**	**76332046**
北　京	45616040	5578203	3139249	3706580	16464971	15024879	1702158
天　津	34782223	878385	2796034	2853115	16995471	9731350	1527868
河　北	43018288	3008499	7703454	7287829	10045809	14373747	598950
山　西	10271364	320462	1606679	1526606	4150248	2527104	140265
内蒙古	11490820	492342	980848	1909693	5961031	1893001	253905
辽　宁	22569067	494334	2328886	4746343	172751	13279647	1547106
吉　林	10295827	517745	2086639	1393879	1183492	4989236	124836
黑龙江	11210446	701033	2794486	5205975	226589	2119247	163116
上　海	66958478	1293443	8341844	3519617	30493	48057238	5715843
江　苏	122930197	4784541	35317760	4316148	133667	65750256	12627825
浙　江	96050986	2675033	7047481	16191302	4156870	52968017	13012283
安　徽	50355472	1262174	5152692	9247912	1296520	29944409	3451765
福　建	45307926	1865850	4131308	11613869	5602556	19441523	2652820
江　西	26783684	432984	2336863	5207954	2871581	14822410	1111892
山　东	69029046	4524551	7618818	8281587	7179890	37627076	3797124
河　南	56129002	1868655	8783067	6665174	2859462	32532672	3419972
湖　北	49940519	2766464	9163538	5854534	3653048	27086748	1416187
湖　南	37518649	1748422	6168150	14415356	5779209	8734254	673258
广　东	162146076	10047388	9178447	29740302	30449233	69783338	12947368
广　西	22074664	819884	3301828	2733561	878028	13377699	963664
海　南	14902013	32639	613571	1998524	1339323	9646921	1271035
重　庆	34319972	2550036	14123109	3473436	85126	13494475	593790
四　川	53589093	2483504	10723669	26425040	292023	10458209	3206648
贵　州	17905337	56975	3609201	3597351	1988344	8005618	647848
云　南	19177639	653577	3380411	1682292	5838243	7086429	536687
西　藏	381416		76203	96251	133796	24557	50609
陕　西	17851694	1189258	3837214	2465534	4487904	4052546	1819238
甘　肃	8734606	234633	1973180	2708649	885283	2911888	20973
青　海	2364421	191488	705916	472028	371394	563656	59939
宁　夏	4097065	690097	1470887	640229	414491	825186	56175
新　疆	8468445	628040	1192338	1403806	841453	4181909	220899

3-41 各地区按用途分的房地产开发企业商品房现房销售额

单位：万元

地区	现房销售额	住宅	#别墅、高档公寓	办公楼	商业营业用房	其他
全国总计	**251544291**	**192390749**	**19357741**	**14790588**	**33733275**	**10629679**
北京	15021421	9122562	3182067	4068179	1175635	655045
天津	8957961	7919292	676974	140979	625195	272495
河北	9001128	6703875	72798	607212	1495879	194162
山西	3153067	2672402	10450	31374	382873	66418
内蒙古	4636749	3109976	67461	41620	1152389	332764
辽宁	7713106	6561923	122243	283421	714477	153285
吉林	3199033	2552978	29369	48354	479124	118577
黑龙江	5342017	4027993	156252	72222	939252	302550
上海	16926913	11909387	5136280	2589102	1723398	705026
江苏	23519787	19264490	2788946	862872	3018879	373546
浙江	21369586	16847632	1563742	1409240	2311133	801581
安徽	6728223	5056480	162937	366405	1152471	152867
福建	5243515	3759108	314547	286361	770489	427557
江西	5088424	4027177	245786	190895	754539	115813
山东	13418913	10746933	407110	567474	1648932	455574
河南	12326680	9420437	58998	299256	2319919	287068
湖北	8406427	6506847	451979	120303	1469317	309960
湖南	8763490	6858923	292105	228556	1339871	336140
广东	29983011	24964124	2056701	877863	2233434	1907590
广西	2799282	2296369	40622	112044	310099	80770
海南	4024467	3838831	580198	10891	117024	57721
重庆	7852390	4656221	172956	541044	1862438	792687
四川	10168478	6877725	233476	316534	1921536	1052683
贵州	3177603	1921532	54588	181560	950334	124177
云南	6073283	4231572	393459	358063	1167115	316533
西藏	131163	131163	9549			
陕西	2147680	1772448	5118	15917	291011	68304
甘肃	2258998	1781654	3745	55232	376973	45139
青海	477263	379066		30920	50604	16673
宁夏	1590533	1108096	12809	25795	420249	36393
新疆	2043700	1363533	54476	50900	558686	70581

3–42 各地区按资质等级分的房地产开发企业商品房现房销售额

单位：万元

地　区	总　计	一　级	二　级	三　级	四　级	暂　定	其　他
全国总计	**251544291**	**13808844**	**45804657**	**51317456**	**37629201**	**91854179**	**11129954**
北　京	15021421	2881594	1185000	1850932	6360082	2447461	296352
天　津	8957961	590589	957478	1307327	4811950	1108143	182474
河　北	9001128	258537	1976609	938368	3037380	2780234	10000
山　西	3153067	196897	671851	571561	1234512	436607	41639
内蒙古	4636749	225153	415162	1057449	2327831	559153	52001
辽　宁	7713106	61479	797894	1873419	131616	4316408	532290
吉　林	3199033	28912	673969	718787	625564	1137830	13971
黑龙江	5342017	366180	1668061	2726409	122700	414231	44436
上　海	16926913	122599	1978514	1706860	30493	11936177	1152270
江　苏	23519787	1485144	9179290	1873063	20140	9888903	1073247
浙　江	21369586	1141038	2290765	4829615	1440383	10000277	1667508
安　徽	6728223	69823	1124966	1708458	415302	3225474	184200
福　建	5243515	494012	642346	1950056	867841	1243999	45261
江　西	5088424	107808	573435	1311265	611375	2180224	304317
山　东	13418913	884874	1879497	2192609	1974136	5874888	612909
河　南	12326680	279518	1743407	1613040	1157526	6616925	916264
湖　北	8406427	500563	2118639	1261036	1151586	3254149	120454
湖　南	8763490	149153	1579286	3825129	1228518	1764890	216514
广　东	29983011	2039550	1902904	8192295	5712142	10112846	2023274
广　西	2799282	29794	346546	594836	180371	1456486	191249
海　南	4024467	2346	185069	544807	479513	2344631	468101
重　庆	7852390	586484	3946064	990929	8195	2175618	145100
四　川	10168478	410913	2946735	4508894	58485	1839126	404325
贵　州	3177603	8324	646434	724757	575909	1124508	97671
云　南	6073283	236712	1647902	409884	1701133	1992335	85317
西　藏	131163		19264	37857	19724	3709	50609
陕　西	2147680	152932	925490	370235	391409	175640	131974
甘　肃	2258998	20524	536612	836523	399739	444627	20973
青　海	477263	73092	162513	103163	50175	75181	13139
宁　夏	1590533	300858	681115	336840	138954	121180	11586
新　疆	2043700	103442	401840	351053	364517	802319	20529

3-43　各地区按用途分的房地产开发企业商品房期房销售额

单位：万元

地　区	期房销售额	住宅	#别墅、高档公寓	办公楼	商业营业用房	其他
全国总计	**924726184**	**798250985**	**51766468**	**40047532**	**72074751**	**14352916**
北　京	30594619	18835490	3396562	8550823	2590888	617418
天　津	25824262	24536700	1490373	306147	775373	206042
河　北	34017160	30404910	668074	610832	2447591	553827
山　西	7118297	6335477	178215	303445	415390	63985
内蒙古	6854071	5270781	96278	76729	1168826	337735
辽　宁	14855961	13318330	374305	313319	1034881	189431
吉　林	7096794	5511926	316588	195970	1023310	365588
黑龙江	5868429	5008653	146581	141709	611384	106683
上　海	50031565	40423551	13898536	6442620	2981531	183863
江　苏	99410410	91289124	7836676	1690849	5921050	509387
浙　江	74681400	65960849	3598068	3236765	4219462	1264324
安　徽	43627249	37259428	762269	1090399	4913564	363858
福　建	40064411	34174947	1148033	1913467	2763501	1212496
江　西	21695260	18044506	364059	477341	2724854	448559
山　东	55610133	49958515	1894115	1280848	3314051	1056719
河　南	43802322	38969818	682987	1112362	3205248	514894
湖　北	41534092	37331272	853585	1113022	2330703	759095
湖　南	28755159	24277316	663210	667865	3218702	591276
广　东	132163065	117439145	6446824	6437731	6726820	1559369
广　西	19275382	17185903	483706	362953	1282607	443919
海　南	10877546	10013779	1956559	115740	546054	201973
重　庆	26467582	21700194	1176080	447506	3665229	654653
四　川	43420615	36084960	1365989	888765	5491443	955447
贵　州	14727734	10772755	414724	422041	3312630	220308
云　南	13104356	9882201	706756	518782	2088076	615297
西　藏	250253	215831	7929	7382	26940	100
陕　西	15704014	14084632	444199	568228	866734	184420
甘　肃	6475608	5341827	61691	399289	686267	48225
青　海	1887158	1341500	4686	99696	411194	34768
宁　夏	2506532	2150813	76336	31665	277288	46766
新　疆	6424745	5125852	252475	223242	1033160	42491

3–44 各地区按资质等级分的房地产开发企业商品房期房销售额

单位：万元

地　区	总　计	一　级	二　级	三　级	四　级	暂　定	其　他
全国总计	**924726184**	**40981795**	**125879113**	**140063020**	**99139098**	**453461066**	**65202092**
北　京	30594619	2696609	1954249	1855648	10104889	12577418	1405806
天　津	25824262	287796	1838556	1545788	12183521	8623207	1345394
河　北	34017160	2749962	5726845	6349461	7008429	11593513	588950
山　西	7118297	123565	934828	955045	2915736	2090497	98626
内蒙古	6854071	267189	565686	852244	3633200	1333848	201904
辽　宁	14855961	432855	1530992	2872924	41135	8963239	1014816
吉　林	7096794	488833	1412670	675092	557928	3851406	110865
黑龙江	5868429	334853	1126425	2479566	103889	1705016	118680
上　海	50031565	1170844	6363330	1812757		36121061	4563573
江　苏	99410410	3299397	26138470	2443085	113527	55861353	11554578
浙　江	74681400	1533995	4756716	11361687	2716487	42967740	11344775
安　徽	43627249	1192351	4027726	7539454	881218	26718935	3267565
福　建	40064411	1371838	3488962	9663813	4734715	18197524	2607559
江　西	21695260	325176	1763428	3896689	2260206	12642186	807575
山　东	55610133	3639677	5739321	6088978	5205754	31752188	3184215
河　南	43802322	1589137	7039660	5052134	1701936	25915747	2503708
湖　北	41534092	2265901	7044899	4593498	2501462	23832599	1295733
湖　南	28755159	1599269	4588864	10590227	4550691	6969364	456744
广　东	132163065	8007838	7275543	21548007	24737091	59670492	10924094
广　西	19275382	790090	2955282	2138725	697657	11921213	772415
海　南	10877546	30293	428502	1453717	859810	7302290	802934
重　庆	26467582	1963552	10177045	2482507	76931	11318857	448690
四　川	43420615	2072591	7776934	21916146	233538	8619083	2802323
贵　州	14727734	48651	2962767	2872594	1412435	6881110	550177
云　南	13104356	416865	1732509	1272408	4137110	5094094	451370
西　藏	250253		56939	58394	114072	20848	
陕　西	15704014	1036326	2911724	2095299	4096495	3876906	1687264
甘　肃	6475608	214109	1436568	1872126	485544	2467261	
青　海	1887158	118396	543403	368865	321219	488475	46800
宁　夏	2506532	389239	789772	303389	275537	704006	44589
新　疆	6424745	524598	790498	1052753	476936	3379590	200370

3-45 各地区按资质等级分的房地产开发企业商品住宅销售额

单位：万元

地 区	总 计	一 级	二 级	三 级	四 级	暂 定	其 他
全国总计	**990641734**	**46930875**	**148541055**	**160403200**	**113950460**	**456119623**	**64696521**
北 京	27958052	3920782	2564662	2123118	11022603	7503616	823271
天 津	32455992	795214	2677957	2814150	15636799	9093845	1438027
河 北	37108785	2545058	6875894	6596097	8719753	11907331	464652
山 西	9007879	275420	1391205	1385047	3704181	2120559	131467
内蒙古	8380757	454726	870621	1073035	4468282	1366680	147413
辽 宁	19880253	350868	2132636	3975730	149755	11877143	1394121
吉 林	8064904	448347	1770099	1097685	998352	3631736	118685
黑龙江	9036646	567349	2356696	4143010	162485	1700934	106172
上 海	52332938	697666	7885852	2557283	4193	36911765	4276179
江 苏	110553614	4482547	31267503	3717652	130175	59554045	11401692
浙 江	82808481	2426600	6212118	14477096	3595291	45074279	11023097
安 徽	42315908	1067619	4537804	7167782	1128805	25522962	2890936
福 建	37934055	1478584	3729008	10028518	4037078	16269999	2390868
江 西	22071683	414350	1977356	4522047	2306928	11984438	866564
山 东	60705448	3948440	6969896	7453961	6211385	33050957	3070809
河 南	48390255	1714207	7790984	5852998	2322762	28043826	2665478
湖 北	43838119	2572445	8034879	4827310	3218080	23991409	1193996
湖 南	31136239	1497109	5390850	11962704	4638918	7088465	558193
广 东	142403269	9547086	8189190	26015001	27421526	59473520	11756946
广 西	19482272	729997	2866279	2472976	785439	11787761	839820
海 南	13852610	16947	592643	1977169	1268355	8831408	1166088
重 庆	26356415	1836244	10805548	2527547	71670	10646559	468847
四 川	42962685	2121212	8785509	21187782	217101	7861413	2789668
贵 州	12694287	33908	2723819	2781241	1287495	5551521	316303
云 南	14113773	506161	2454035	1026185	4391793	5285660	449939
西 藏	346994		69630	92380	111273	23102	50609
陕 西	15857080	1078312	3382984	2248743	3989783	3515044	1642214
甘 肃	7123481	217582	1515136	2278305	749088	2344309	19061
青 海	1720566	167154	562452	424127	275053	249095	42685
宁 夏	3258909	528806	1179431	519831	303181	674981	52679
新 疆	6489385	490135	978379	1076690	622878	3181261	140042

3–46　各地区按资质等级分的房地产开发企业90平方米及以下住宅销售额

单位：万元

地　区	总　计	一　级	二　级	三　级	四　级	暂　定	其　他
全国总计	**248742722**	**9534026**	**35773811**	**40925602**	**26937226**	**118212051**	**17360006**
北　京	5904143	749360	751195	408671	1913843	1753589	327485
天　津	8584821	401407	930954	806910	4228827	2084533	132190
河　北	16097739	1518041	2981344	3132225	2299168	5892857	274104
山　西	1282270	25080	216446	185681	513826	327827	13410
内蒙古	2557691	33469	247233	492782	1373862	396452	13893
辽　宁	9102220	145046	810948	1799320	85785	5544174	716947
吉　林	3318536	156305	594120	500738	614333	1412732	40308
黑龙江	3823080	106104	771887	1898571	133151	870298	43069
上　海	11010402	129752	1079587	369628		8679276	752159
江　苏	18480950	545850	4555733	658584	17686	10514227	2188870
浙　江	18035510	425978	1163143	2190753	695270	10880136	2680230
安　徽	7674669	286905	1200371	1203344	188949	4328210	466890
福　建	7414768	247701	863220	1819054	675034	3425330	384429
江　西	3311505	45011	319064	591158	314584	1918767	122921
山　东	11400028	385843	1161866	1284219	1144681	6820925	602494
河　南	13098848	268231	1838593	1260221	528760	8741302	461741
湖　北	9722024	795322	1284198	963315	349263	5914632	415294
湖　南	4728308	175391	828033	1957790	718550	975838	72706
广　东	39006816	952215	2114627	6365408	7394180	17348125	4832261
广　西	4326157	123893	527662	482861	186760	2809482	195499
海　南	7673339	12949	251971	811226	718803	5156816	721574
重　庆	12464159	801666	4823948	1329502	37057	5259784	212202
四　川	17176576	795517	3696807	8447761	86445	3026022	1124024
贵　州	2614417	9778	679246	429262	236471	1172768	86892
云　南	2852282	103641	659843	168951	939890	895958	83999
西　藏	83872		13288	10739	48322	4282	7241
陕　西	3486081	118857	723318	542258	963814	821340	316494
甘　肃	1593047	15222	269204	553491	241316	504279	9535
青　海	287608	21537	46507	42469	61692	106551	8852
宁　夏	392838	60774	152188	55973	55190	67396	1317
新　疆	1238018	77181	217267	162737	171714	558143	50976

3-47 各地区按资质等级分的房地产开发企业144平方米以上住宅销售额

单位：万元

地　区	总　计	一　级	二　级	三　级	四　级	暂　定	其　他
全国总计	**212821771**	**13588055**	**32600141**	**32311744**	**28650157**	**91808922**	**13862752**
北　京	15072660	2191565	930782	816255	7366983	3387429	379646
天　津	6530277	64670	544695	721212	3687686	1207462	304552
河　北	4521722	322689	1015319	439070	1484105	1224833	35706
山　西	2017101	154337	335002	268281	791044	425973	42464
内蒙古	1588115	214069	240311	104191	777093	211600	40851
辽　宁	3279922	31680	370466	603606	1305	2096744	176121
吉　林	1497928	28929	423994	132520	84883	762160	65442
黑龙江	1544310	227219	557456	605159	288	131966	22222
上　海	22981266	102519	3876341	1592673	2934	15020876	2385923
江　苏	25862931	1494138	8373193	1225853	74637	12576749	2118361
浙　江	22352092	873286	1841148	4144152	1108247	11662110	2723149
安　徽	3857212	138449	482247	702024	34702	1910452	589338
福　建	7474427	271594	872614	2051699	1386741	2487067	404712
江　西	2429436	23457	341915	561674	133321	1280192	88877
山　东	12237610	1097985	1654537	1506329	1100742	6415920	462097
河　南	8793160	368060	1406427	968508	405403	5160226	484536
湖　北	5852708	157185	1117749	546206	163467	3429040	439061
湖　南	4974608	346813	823650	1871285	650468	1232410	49982
广　东	35738160	4436606	2295061	8547068	6983725	11642730	1832970
广　西	2486013	66436	539665	329599	121703	1341056	87554
海　南	2126842		115472	303967	159247	1404336	143820
重　庆	3044741	108490	1393996	222450	5205	1255821	58779
四　川	5239855	281219	721051	2400966	38584	1275050	522985
贵　州	1888458		528901	378211	94096	849890	37360
云　南	3999726	174220	620597	343166	1083557	1707343	70843
西　藏	66551		29783	22868	2334		11566
陕　西	2830180	111018	679607	400738	715115	646931	276771
甘　肃	974453	24063	172134	234395	49161	494700	
青　海	185688	44779	18168	36855	62677	18169	5040
宁　夏	499573	129881	196251	42798	34105	96355	183
新　疆	874046	102699	81609	187966	46599	453332	1841

3–48 各地区按资质等级分的房地产开发企业别墅、高档公寓销售额

单位：万元

地区	总计	一级	二级	三级	四级	暂定	其他
全国总计	**71124209**	**3245298**	**9222643**	**10617525**	**7482271**	**35229279**	**5327193**
北京	6578629	1536800	156431	179673	3291969	1411242	2514
天津	2167347	44334	125662	284805	1174076	442349	96121
河北	740872	46743	70444	13795	270222	339668	
山西	188665	11259	6816	26651	6568	137371	
内蒙古	163739		50496	10274	54240	48729	
辽宁	496548	399	90509	78361		252434	74845
吉林	345957		113775	8591	3165	197619	22807
黑龙江	302833	25368	98498	160415		18552	
上海	19034816	16090	2473880	1787016		12808089	1949741
江苏	10625622	490211	2755062	606533		5859526	914290
浙江	5161810	189227	374903	1370761	289545	2587398	349976
安徽	925206	2258	241067	224097	6742	448451	2591
福建	1462580	37814	316949	291578	273730	501039	41470
江西	609845	7602	58126	160220	39048	315230	29619
山东	2301225	87102	169970	215382	106250	1663399	59122
河南	741985	82636	140388	114499		376379	28083
湖北	1305564	85265	280693	136803	68910	722643	11250
湖南	955315	41840	83205	497940	75459	253805	3066
广东	8503525	297351	221900	2242548	1236228	3307746	1197752
广西	524328	13557	47384	73014	12773	372336	5264
海南	2536757		14263	879271	113861	1355328	174034
重庆	1349036	84702	617505	112418		534411	
四川	1599465	56914	131261	840637	3729	306606	260318
贵州	469312		89162	67037	3197	309560	356
云南	1100215	52601	175515	92914	377734	356708	44743
西藏	17478		9549	7722		207	
陕西	449317	1187	258134	5984	62589	63036	58387
甘肃	65436		1484	1496	450	62006	
青海	4686			3399	972	315	
宁夏	89145	27162	5923	21037	1865	33158	
新疆	306951	6876	43689	102654	8949	143939	844

3-49　各地区按资质等级分的房地产开发企业办公楼销售额

单位：万元

地　区	总　计	一　级	二　级	三　级	四　级	暂　定	其　他
全国总计	**54838120**	**2618559**	**4981886**	**6745513**	**7347829**	**29156137**	**3988196**
北　京	12619002	1241289	264584	965421	4027055	5620235	500418
天　津	447126	5851	7861	7062	330685	87663	8004
河　北	1218044	9122	196944	68111	207635	736232	
山　西	334819	7179	8046	8008	161828	149758	
内蒙古	118349		3710	14718	82967	16954	
辽　宁	596740	39739	2133	251648		302023	1197
吉　林	244324	1388	45366	13740	18745	165085	
黑龙江	213931		9704	116783	270	78153	9021
上　海	9031722	501430	94039	370600	26300	7016875	1022478
江　苏	2553721	39193	916858	153160		1044570	399940
浙　江	4646005	35524	194479	390645	68581	3090394	866382
安　徽	1456804	85978	123013	413124	5580	766854	62255
福　建	2199828	26097	82767	322255	675810	1025607	67292
江　西	668236		50649	36325	85530	434304	61428
山　东	1848322	107976	119560	148559	139298	1023251	309678
河　南	1411618	37743	246474	62836	65219	952128	47218
湖　北	1233325	65748	305381	188553	1919	668733	2991
湖　南	896421	86315	151537	381151	167959	108102	1357
广　东	7315594	115055	545413	1803160	700569	3753660	397737
广　西	474997	10326	68213	10532	23742	342729	19455
海　南	126631		2325	1163		105455	17688
重　庆	988550	55462	537648	11462		382553	1425
四　川	1205299	37513	159838	616649	37637	331365	22297
贵　州	603601	219	150901	85411	115077	140133	111860
云　南	876845	29996	365705	86338	166721	219974	8111
西　藏	7382			200	7182		
陕　西	584145	37497	144749	22105	183323	147747	48724
甘　肃	454521		110199	139766	6213	197593	750
青　海	130616		38103	16619	32984	42910	
宁　夏	57460	24144	25668	4354		3294	
新　疆	274142	17775	10019	35055	9000	201803	490

3–50 各地区按资质等级分的房地产开发企业商业营业用房销售额

单位：万元

地区	总计	一级	二级	三级	四级	暂定	其他
全国总计	**105808026**	**3735600**	**14101152**	**18850159**	**12087094**	**50802905**	**6231116**
北京	3766523	308937	253000	445902	977935	1624381	156368
天津	1400568	65464	63622	21774	789674	424716	35318
河北	3943470	276213	526261	522030	915041	1575967	127958
山西	798263	33336	174094	116306	222802	245635	6090
内蒙古	2321215	31777	88590	577212	1108531	412359	102746
辽宁	1749358	86792	158739	431123	22964	926064	123676
吉林	1502434	49928	237562	227045	129752	852473	5674
黑龙江	1550636	53920	344931	786688	48012	273146	43939
上海	4704929	76753	263666	541952		3531841	290717
江苏	8939929	213740	2850463	361258	2968	4732452	779048
浙江	6530595	106609	449129	908385	413856	3812537	840079
安徽	6066035	62275	449034	1586325	154629	3321894	491878
福建	3533990	210423	208267	851693	589306	1537230	137071
江西	3479393	18634	208663	517746	430983	2121625	181742
山东	4962983	373948	373420	502795	633938	2751014	327868
河南	5525167	105330	593183	586706	408259	3212518	619171
湖北	3800020	126733	548910	459177	418059	2034469	212672
湖南	4558573	131140	545075	1595708	847665	1332044	106941
广东	8960254	225609	183619	1225646	1486162	5254929	584289
广西	1592706	48009	185814	200297	42720	1043203	72663
海南	663078	15059	15235	13094	22033	530124	67533
重庆	5527667	513043	2103702	751920	7822	2061967	89213
四川	7412979	250448	1051649	3849170	34217	1869640	357855
贵州	4262964	21261	683021	633908	509813	2213291	201670
云南	3255191	23723	409794	293801	1136616	1315902	75355
西藏	26940		6573	3571	15341	1455	
陕西	1157745	65441	265333	165656	259125	299120	103070
甘肃	1063240	15631	334105	257020	110145	345177	1162
青海	461798	8178	104794	27479	44618	270039	6690
宁夏	697537	111989	230018	110880	103687	138287	2676
新疆	1591846	105257	190886	277892	200421	737406	79984

3-51　各地区按用途分的房地产开发企业商品住宅销售套数

单位：套

地　区	住　宅	#90平方米及以下住宅	#144平方米以上住宅	#别墅、高档公寓
全国总计	**12822565**	**4570631**	**1035643**	**258582**
北　京	92387	58725	12852	4859
天　津	242287	105185	21952	10005
河　北	565634	248334	31578	4012
山　西	166423	36977	19167	1307
内蒙古	195175	89315	19073	2095
辽　宁	371332	235863	18653	2574
吉　林	172275	103057	11420	1498
黑龙江	192389	120411	12876	2209
上　海	195044	103635	22949	28646
江　苏	1096211	255092	106289	37091
浙　江	614849	204564	75086	13479
安　徽	709401	174426	25599	7556
福　建	378563	119346	30229	4650
江　西	369982	76161	19909	6431
山　东	935027	245414	96580	11774
河　南	913280	304545	87197	6317
湖　北	631330	176269	31127	8039
湖　南	630886	135655	62462	10075
广　东	1196094	408802	135677	33430
广　西	354015	104063	22549	3769
海　南	172347	129843	7493	16176
重　庆	565075	346446	20321	10278
四　川	822273	421906	31605	10304
贵　州	319528	98716	23070	4249
云　南	247148	75581	40538	8664
西　藏	6323	1902	656	198
陕　西	276798	81781	23205	4177
甘　肃	138886	45617	9096	343
青　海	35710	9745	2009	20
宁　夏	72994	13491	5721	1752
新　疆	142899	39764	8705	2605

3–52 各地区按资质等级分的房地产开发企业商品住宅销售套数

单位：套

地区	总计	一级	二级	三级	四级	暂定	其他
全国总计	**12822565**	**490296**	**2075557**	**2482749**	**1581219**	**5551304**	**641440**
北京	92387	8654	17120	7134	32608	21816	5055
天津	242287	12574	23696	27891	121532	46838	9756
河北	565634	37852	99016	109251	153626	159012	6877
山西	166423	4266	27001	29802	71250	31549	2555
内蒙古	195175	6904	17982	29650	105472	32366	2801
辽宁	371332	6377	38555	79182	5485	216863	24870
吉林	172275	6720	32407	27592	30651	73480	1425
黑龙江	192389	5923	42769	97383	7262	35840	3212
上海	195044	1482	24529	9091	12	149456	10474
江苏	1096211	41561	326136	43211	1646	580652	103005
浙江	614849	19478	55348	117975	40701	311819	69528
安徽	709401	14397	80164	128145	23560	430689	32446
福建	378563	8448	34309	111542	30691	176254	17319
江西	369982	5968	29128	81061	43261	194344	16220
山东	935027	59261	110419	131006	127176	461982	45183
河南	913280	25526	152686	119178	57061	500451	58378
湖北	631330	31586	94313	90483	82719	319952	12277
湖南	630886	20019	100952	252495	103513	139992	13915
广东	1196094	33713	65146	197689	244467	574093	80986
广西	354015	14433	46569	53170	19600	203378	16865
海南	172347	370	6177	18792	20918	110751	15339
重庆	565075	38368	220368	68389	1752	227988	8210
四川	822273	35340	176141	418742	4605	152053	35392
贵州	319528	1184	62624	68089	40003	138123	9505
云南	247148	8341	39253	23726	84582	83650	7596
西藏	6323		1022	2364	1882	501	554
陕西	276798	17242	65736	45744	73314	50131	24631
甘肃	138886	3161	27884	49574	20771	36902	594
青海	35710	3075	10806	8006	6350	6132	1341
宁夏	72994	9131	27356	13458	7086	14736	1227
新疆	142899	8942	19945	22934	17663	69511	3904

3-53　各地区按用途分的房地产开发企业商品住宅现房销售套数

单位：套

地　区	住　宅	#90平方米及以下住宅	#144平方米以上住宅	#别墅、高档公寓
全国总计	**2957069**	**1210606**	**308748**	**60994**
北　京	31415	17998	5106	2160
天　津	76899	40057	7799	3170
河　北	123469	43885	8656	445
山　西	63080	17052	8613	83
内蒙古	79599	37954	9370	1546
辽　宁	132868	91400	6836	870
吉　林	77848	56921	3202	354
黑龙江	91965	60014	7058	624
上　海	78758	44944	7661	6384
江　苏	231890	64416	34393	9669
浙　江	134413	44827	28307	4275
安　徽	115526	43416	3689	1194
福　建	47735	20885	5523	834
江　西	76507	17696	6503	2229
山　东	198603	62797	23668	1982
河　南	238637	70116	26867	1012
湖　北	123611	32774	7107	2860
湖　南	153912	39464	20134	2121
广　东	235452	88944	40909	9002
广　西	49473	18400	4227	189
海　南	51313	40925	2252	3113
重　庆	116083	81579	4654	1618
四　川	137432	70115	7017	1376
贵　州	59703	26526	4653	709
云　南	73834	25134	13613	2160
西　藏	2004	1024	220	132
陕　西	40468	11465	3806	96
甘　肃	43719	19435	2312	33
青　海	8788	2587	404	
宁　夏	25492	4921	2214	109
新　疆	36573	12935	1975	645

3–54 各地区按用途分的房地产开发企业商品住宅期房销售套数

单位：套

地　区	住　宅	#90平方米及以下住宅	#144平方米以上住宅	#别墅、高档公寓
全国总计	**9865496**	**3360025**	**726895**	**197588**
北　京	60972	40727	7746	2699
天　津	165388	65128	14153	6835
河　北	442165	204449	22922	3567
山　西	103343	19925	10554	1224
内蒙古	115576	51361	9703	549
辽　宁	238464	144463	11817	1704
吉　林	94427	46136	8218	1144
黑龙江	100424	60397	5818	1585
上　海	116286	58691	15288	22262
江　苏	864321	190676	71896	27422
浙　江	480436	159737	46779	9204
安　徽	593875	131010	21910	6362
福　建	330828	98461	24706	3816
江　西	293475	58465	13406	4202
山　东	736424	182617	72912	9792
河　南	674643	234429	60330	5305
湖　北	507719	143495	24020	5179
湖　南	476974	96191	42328	7954
广　东	960642	319858	94768	24428
广　西	304542	85663	18322	3580
海　南	121034	88918	5241	13063
重　庆	448992	264867	15667	8660
四　川	684841	351791	24588	8928
贵　州	259825	72190	18417	3540
云　南	173314	50447	26925	6504
西　藏	4319	878	436	66
陕　西	236330	70316	19399	4081
甘　肃	95167	26182	6784	310
青　海	26922	7158	1605	20
宁　夏	47502	8570	3507	1643
新　疆	106326	26829	6730	1960

3-55　各地区按资质等级分的房地产开发企业90平方米及以下住宅销售套数

单位：套

地　区	总　计	一　级	二　级	三　级	四　级	暂　定	其　他
全国总计	**4570631**	**167561**	**743318**	**897467**	**527180**	**2013036**	**222069**
北　京	58725	4561	11626	3621	21080	13546	4291
天　津	105185	8564	14791	12906	52134	15322	1468
河　北	248334	24130	46180	47598	51207	75956	3263
山　西	36977	783	5333	6539	16310	7397	615
内蒙古	89315	1251	8071	17641	48617	13167	568
辽　宁	235863	3137	21774	48597	3204	142331	16820
吉　林	103057	2973	16912	16854	23416	42195	707
黑龙江	120411	1861	21621	63575	6238	24889	2227
上　海	103635	344	10209	4137		84585	4360
江　苏	255092	7998	72864	10569	494	138210	24957
浙　江	204564	6517	18392	33371	12982	107422	25880
安　徽	174426	4031	26117	31170	5085	99139	8884
福　建	119346	2494	13606	35120	11330	52931	3865
江　西	76161	1140	5800	15376	8826	42568	2451
山　东	245414	9742	27061	31052	32546	133410	11603
河　南	304545	5914	47102	34291	17489	185809	13940
湖　北	176269	12650	19545	21917	13061	103869	5227
湖　南	135655	4120	21901	56464	22616	28143	2411
广　东	408802	7457	21851	55842	76186	214086	33380
广　西	104063	3497	12117	14096	5709	63503	5141
海　南	129843	288	3949	12501	16363	84930	11812
重　庆	346446	22688	131596	42507	1005	143848	4802
四　川	421906	18446	86402	219573	2205	77027	18253
贵　州	98716	880	24857	16498	9785	43220	3476
云　南	75581	2711	13720	6415	27379	23390	1966
西　藏	1902		319	274	1099	94	116
陕　西	81781	4116	18359	14261	21779	16368	6898
甘　肃	45617	413	8546	16085	8412	11806	355
青　海	9745	940	1410	1371	1866	3575	583
宁　夏	13491	1807	5143	2408	1832	2261	40
新　疆	39764	2108	6144	4838	6925	18039	1710

3–56 各地区按资质等级分的房地产开发企业144平方米以上住宅销售套数

单位：套

地区	总计	一级	二级	三级	四级	暂定	其他
全国总计	**1035643**	**50814**	**176578**	**186288**	**138053**	**432362**	**51548**
北京	12852	1546	1251	807	5927	3057	264
天津	21952	222	2427	2865	11121	4615	702
河北	31578	2290	6342	4182	10596	7795	373
山西	19167	1556	4196	2664	6561	3663	527
内蒙古	19073	2522	2706	1348	9107	2903	487
辽宁	18653	284	1980	4144	20	11546	679
吉林	11420	213	3144	1251	1022	5399	391
黑龙江	12876	1605	5013	4740	10	1361	147
上海	22949	64	3307	1370	8	16240	1960
江苏	106289	5457	34476	3853	307	54871	7325
浙江	75086	2779	7025	15421	5216	36501	8144
安徽	25599	573	3530	4605	423	14348	2120
福建	30229	676	2762	10145	3016	12849	781
江西	19909	173	1889	4766	1249	10849	983
山东	96580	9065	13860	14643	11347	43218	4447
河南	87197	3094	16735	10610	6729	44181	5848
湖北	31127	750	4850	4156	2200	17718	1453
湖南	62462	2310	9976	22245	10224	16648	1059
广东	135677	7795	10693	33339	27240	50685	5925
广西	22549	555	3529	3760	2656	11229	820
海南	7493		491	618	784	5174	426
重庆	20321	776	8345	1969	71	8775	385
四川	31605	1445	4767	14468	406	8082	2437
贵州	23070		5778	4870	1774	9938	710
云南	40538	1410	5449	4339	11197	17387	756
西藏	656		315	227	34		80
陕西	23205	938	6322	3791	6043	3916	2195
甘肃	9096	252	1761	2787	862	3434	
青海	2009	422	184	318	811	177	97
宁夏	5721	1194	2537	487	370	1132	1
新疆	8705	848	938	1500	722	4671	26

3-57　各地区按资质等级分的房地产开发企业别墅、高档公寓销售套数

单位：套

地　　区	总　计	一　级	二　级	三　级	四　级	暂　定	其　他
全国总计	**258582**	**8312**	**33789**	**46122**	**23946**	**131771**	**14642**
北　　京	4859	678	205	189	2298	1485	4
天　　津	10005	115	251	1214	5557	2701	167
河　　北	4012	223	141	80	1490	2078	
山　　西	1307	236	27	60	93	891	
内 蒙 古	2095		181	177	511	1226	
辽　　宁	2574	2	692	505		1096	279
吉　　林	1498		529	43	21	879	26
黑 龙 江	2209	89	409	1390		321	
上　　海	28646	15	2842	1875		21264	2650
江　　苏	37091	1161	9024	1732		22658	2516
浙　　江	13479	500	1201	3471	1001	5920	1386
安　　徽	7556	3	1185	2203	62	4092	11
福　　建	4650	59	929	1141	270	2044	207
江　　西	6431	134	230	1207	448	4135	277
山　　东	11774	357	862	1227	1024	8020	284
河　　南	6317	1082	986	869		3208	172
湖　　北	8039	221	1402	1247	758	4371	40
湖　　南	10075	429	1070	4928	476	3157	15
广　　东	33430	791	774	8805	6192	14038	2830
广　　西	3769	55	309	603	110	2662	30
海　　南	16176		114	3884	508	10339	1331
重　　庆	10278	885	4199	1299		3895	
四　　川	10304	249	818	5689	42	1743	1763
贵　　州	4249		749	274	21	3196	9
云　　南	8664	268	1802	895	1997	3325	377
西　　藏	198		132	65		1	
陕　　西	4177	2	2135	15	830	932	263
甘　　肃	343		6	11	2	324	
青　　海	20			10	4	6	
宁　　夏	1752	730	93	483	15	431	
新　　疆	2605	28	492	531	216	1333	5

3-58 各地区按用途分的房地产开发企业商品房平均销售价格

单位：元/平方米

地　区	商品房平均销售价格	住　宅	#别　墅、高档公寓	办公楼	商业营业用房	其　他
全国总计	**7476**	**7203**	**15911**	**14332**	**9786**	**4832**
北　京	27497	28489	42874	30491	29929	9230
天　津	12830	12870	13433	14396	14434	7829
河　北	6438	6290	10347	9622	8789	3609
山　西	4984	4788	9992	8669	8089	3087
内蒙古	4546	4042	4444	6467	7709	4963
辽　宁	6080	5876	11479	17226	8073	4423
吉　林	5364	4946	10997	6452	8550	6457
黑龙江	5295	5029	9468	8119	6986	5687
上　海	24747	25910	42735	29477	22854	5120
江　苏	8805	8734	13584	9612	10519	4676
浙　江	11121	11447	14695	11330	12329	4463
安　徽	5924	5637	7937	7860	9041	3786
福　建	9218	9175	14003	12143	11569	5573
江　西	5709	5331	7437	7634	9631	5508
山　东	5855	5728	11481	9411	7807	4210
河　南	4964	4774	8193	8143	6766	4477
湖　北	6724	6457	9086	11889	9651	7610
湖　南	4640	4330	6955	8968	8213	3869
广　东	11097	10936	15907	18328	13217	6764
广　西	5237	5042	7998	9450	9347	4014
海　南	9878	9775	16468	13372	11842	9997
重　庆	5485	5162	8572	9239	8884	3426
四　川	5762	5449	9913	8005	10181	3735
贵　州	4307	3704	6813	7012	7865	3381
云　南	5269	4812	5491	8051	8513	4327
西　藏	5112	4876	6333	6920	11546	2165
陕　西	5471	5264	8905	8260	8744	5381
甘　肃	5201	4817	9576	10156	7936	4256
青　海	5400	4612	9534	6829	13207	4798
宁　夏	4241	3925	5824	8036	6655	3482
新　疆	4632	4204	6236	7829	7424	3218

3-59　各地区按资质等级分的房地产开发企业商品房平均销售价格

单位：元/平方米

地　区	总　计	一　级	二　级	三　级	四　级	暂　定	其　他
全国总计	**7476**	**8900**	**6808**	**6333**	**6907**	**8020**	**9591**
北　京	27497	29651	17774	29314	27671	30603	20818
天　津	12830	8161	11079	9510	12158	17938	13811
河　北	6438	6605	6601	5931	5391	7627	7212
山　西	4984	4834	4789	4257	4757	6378	4371
内蒙古	4546	5070	4494	4930	4455	4309	5323
辽　宁	6080	6325	5812	5955	3307	6224	6188
吉　林	5364	6911	5558	4649	3899	5882	7180
黑龙江	5295	7707	5866	4929	3048	5443	5423
上　海	24747	32890	26875	21336	12304	24020	30430
江　苏	8805	9167	8345	7429	6734	8925	10180
浙　江	11121	9789	9294	9826	7409	11936	13571
安　徽	5924	7272	5487	5716	4737	5890	8383
福　建	9218	15095	10007	8095	11726	8601	12878
江　西	5709	6541	6006	5091	5321	6005	5413
山　东	5855	5710	5518	5029	4400	6568	6228
河　南	4964	5965	4729	4493	3926	5299	4362
湖　北	6724	8497	8083	5280	3690	7286	9361
湖　南	4640	6784	4996	4469	4350	4684	3872
广　东	11097	22511	11418	11600	10094	10197	13812
广　西	5237	4708	5550	4422	3766	5599	4688
海　南	9878	5675	10545	12069	7980	9862	9559
重　庆	5485	5733	5747	4243	4652	5558	6584
四　川	5762	6026	5376	5723	4988	5741	8109
贵　州	4307	6787	4775	4185	3657	4323	4712
云　南	5269	5816	5728	4049	4976	5683	5290
西　藏	5112		5763	3378	6628	4310	7225
陕　西	5471	6451	4785	4659	5130	6856	6468
甘　肃	5201	6165	5457	4921	3712	6003	3617
青　海	5400	5478	5324	5013	4448	7186	4218
宁　夏	4241	5321	4080	3690	4305	4320	3731
新　疆	4632	5234	4947	4747	3709	4688	4196

3–60 各地区按资质等级分的房地产开发企业90平方米及以下住宅平均销售价格

单位：元/平方米

地　　区	总　计	一　级	二　级	三　级	四　级	暂　定	其　他
全国总计	**7041**	**7496**	**6227**	**5969**	**6623**	**7561**	**9911**
北　　京	14585	23141	10283	16311	13324	17514	10719
天　　津	10362	6785	8233	7996	9922	17560	12697
河　　北	7921	7325	7804	8132	5593	9506	10216
山　　西	4265	4218	5011	3529	3916	5265	2501
内 蒙 古	3569	4653	3879	3382	3572	3539	4000
辽　　宁	5134	5999	4860	5019	3216	5216	5361
吉　　林	4210	6483	4606	3692	3417	4501	6965
黑 龙 江	4195	7262	4948	3910	2699	4520	3239
上　　海	14152	44234	13590	11685		13803	21370
江　　苏	8997	8857	7819	7720	3984	9340	11258
浙　　江	10977	8781	8144	8445	6914	12366	12653
安　　徽	5522	8703	5565	4822	4457	5595	6180
福　　建	8317	14264	8627	7184	8015	8449	12302
江　　西	5751	4721	7303	5324	4839	5882	6039
山　　东	5761	4890	5346	5146	4515	6313	6097
河　　南	5347	6114	4983	4621	3628	5821	3951
湖　　北	6972	7911	7882	5511	3600	7268	9126
湖　　南	4773	6031	5217	4800	4403	4591	3770
广　　东	12670	16164	13612	15317	12850	10756	18549
广　　西	5292	5292	5587	4697	4472	5482	4589
海　　南	8763	5199	9106	9373	6987	8965	8924
重　　庆	4825	4998	4906	4175	4865	4883	5837
四　　川	5259	5555	5389	5079	4969	4931	7895
贵　　州	3567	2903	3997	3440	3075	3488	3986
云　　南	5160	5031	5960	3824	4847	5339	5405
西　　藏	5140		5265	4551	4988	5696	7285
陕　　西	5463	5425	4993	4699	5384	6564	6114
甘　　肃	4211	4402	3816	4175	3417	5132	3405
青　　海	4606	4350	4775	5095	4078	5011	2928
宁　　夏	3637	4883	3664	2833	3809	3468	3699
新　　疆	3912	4639	4409	4269	3201	3859	3604

3–61 各地区按资质等级分的房地产开发企业144平方米以上住宅平均销售价格

单位：元/平方米

地 区	总 计	一 级	二 级	三 级	四 级	暂 定	其 他
全国总计	**10920**	**13823**	**9777**	**9198**	**11044**	**11317**	**14553**
北 京	44873	44816	36850	43428	42621	52855	63213
天 津	15535	16286	11938	12322	17593	13627	21748
河 北	7479	7142	7722	6116	7881	7573	5829
山 西	6078	5636	4860	5633	6636	7085	4941
内蒙古	4564	4540	4775	4451	4755	3789	5202
辽 宁	9391	6218	9944	8028	3482	9624	13056
吉 林	7263	8265	7682	6197	4951	7470	9353
黑龙江	6713	7442	6363	7046	1889	5603	9652
上 海	47840	63684	61790	50735	23776	43892	56419
江 苏	12061	13949	11905	12155	15392	11612	14591
浙 江	14175	14292	11918	12397	9382	15470	17572
安 徽	8067	11400	7179	7574	4289	7223	17565
福 建	12889	20484	15089	10715	22090	10379	27110
江 西	6467	8148	8328	6047	5361	6482	5407
山 东	7270	7036	6797	6042	5269	8560	6082
河 南	5969	6703	5050	5300	3797	6821	5176
湖 北	10031	10805	12154	7021	3766	10438	16120
湖 南	4582	8257	4924	4645	3856	4291	2817
广 东	13843	28210	11434	13367	13826	12036	16403
广 西	5921	6051	8156	4878	2904	6247	4714
海 南	14795		13562	25874	10887	14296	13533
重 庆	8069	7539	8753	6181	4767	7824	9587
四 川	8839	8969	7796	8891	4593	8951	10875
贵 州	4629		4902	4636	3218	4767	3399
云 南	4932	6838	5111	3884	4798	5173	3574
西 藏	5724		5467	5496	4648		7628
陕 西	7037	7087	6214	6047	7008	8869	7715
甘 肃	6165	6164	6099	5406	3115	7406	
青 海	5341	6359	4675	5912	4886	5485	3445
宁 夏	5008	5955	4544	4500	5110	5200	6310
新 疆	5405	5784	4462	6298	3713	5471	4391

3-62 各地区按资质等级分的房地产开发企业别墅、高档公寓平均销售价格

单位：元/平方米

地 区	总 计	一 级	二 级	三 级	四 级	暂 定	其 他
全国总计	**15911**	**20719**	**13866**	**13206**	**15857**	**16623**	**21048**
北 京	42874	49663	28237	27929	40770	47487	41554
天 津	13433	21559	22230	10988	13019	12976	27854
河 北	10347	13562	20362	8429	9226	10059	
山 西	9992	7939	11881	11773	5086	10301	
内蒙古	4444		7916	4519	5737	2601	
辽 宁	11479	5799	9847	9488		12046	15643
吉 林	10997		10275	11352	8130	11157	14917
黑龙江	9468	6830	12380	9618		5102	
上 海	42735	64879	55069	51793		39385	48095
江 苏	13584	20423	12880	11235		13432	16901
浙 江	14695	14297	11766	15444	9466	16719	10912
安 徽	7937	21901	10525	7121	4462	7435	9852
福 建	14003	24866	14545	12051	28941	11246	14160
江 西	7437	10284	11801	6810	4755	8005	5678
山 东	11481	9774	10762	9294	6374	12648	13525
河 南	8193	9567	8923	7130		8375	5410
湖 北	9086	14934	11115	12104	4582	8486	9224
湖 南	6955	8111	6450	7312	8365	6096	5636
广 东	15907	17376	17255	14943	12542	15280	30342
广 西	7998	8713	8402	7283	5900	8325	3627
海 南	16468		9544	21771	14655	15126	11771
重 庆	8572	8046	9739	5468		8498	
四 川	9913	9235	9523	9477	14072	12526	9315
贵 州	6813		6610	9429	3785	6544	2637
云 南	5491	8742	3724	3282	7223	6102	5486
西 藏	6333		5999	6741		9200	
陕 西	8905	11990	7395	11726	12203	12590	12150
甘 肃	9576		8781	4000	4182	10029	
青 海	9534			13930	7200	2800	
宁 夏	5824	5853	4757	4092	6546	8301	
新 疆	6236	11431	4544	8465	3635	5913	11135

3-63　各地区按用途分的房地产开发企业商品房待售面积

单位：平方米

地　区	商品房待售面积	住　宅	#别　墅、高档公寓	办公楼	商业营业用房	其　他
全国总计	**695392996**	**402570716**	**30102609**	**36310513**	**158382606**	**98129161**
北　京	21439057	8345124	2241920	3206095	4319755	5568083
天　津	8805507	4617409	596419	982119	1627160	1578819
河　北	15824010	11330501	395272	440962	2604101	1448446
山　西	17610298	12342732	129748	415393	3097638	1754535
内蒙古	13849855	8488877	391526	278406	3557069	1525503
辽　宁	41271422	30385171	1098523	1049789	7252993	2583469
吉　林	16719644	10818513	273548	561054	3792095	1547982
黑龙江	25936109	16952515	322662	471117	5477814	3034663
上　海	19012144	6751317	2653594	3261286	3745719	5253822
江　苏	65191099	37747619	4953560	4581655	17623250	5238575
浙　江	42248524	20603112	3337902	4847991	10342079	6455342
安　徽	24014419	12024669	601442	993200	8832233	2164317
福　建	20584979	8544263	748220	1142303	5362198	5536215
江　西	14345630	9382776	402816	385296	3607038	970520
山　东	41781122	27389862	1159053	2125252	9205871	3060137
河　南	33952595	25304105	183149	994237	6053137	1601116
湖　北	23734613	14663195	443015	789246	5723313	2558859
湖　南	29014575	16848719	1170619	910740	6827472	4427644
广　东	55024602	30857759	3768520	2627485	9847379	11691979
广　西	17727357	11872066	290985	298833	3418045	2138413
海　南	12718390	10295745	1033895	99748	1212054	1110843
重　庆	23084688	8746971	573710	1542888	5757017	7037812
四　川	30610260	11315814	666866	1172414	7484389	10637643
贵　州	13466321	6981694	241723	973709	4086456	1424462
云　南	19443132	11424198	1539371	548653	4505964	2964317
西　藏	619182	339266	7440	80994	144487	54435
陕　西	8923909	5369257	9956	204393	2399715	950544
甘　肃	9166158	6153115	35725	190598	2074413	748032
青　海	2222880	1490588	5000	158086	491395	82811
宁　夏	12472888	7155651	291568	454494	3463458	1399285
新　疆	14577627	8028113	534862	522077	4446899	1580538

3–64 各地区按资质等级分的房地产开发企业商品房待售面积

单位：平方米

地区	总计	一级	二级	三级	四级	暂定	其他
全国总计	**695392996**	**28330185**	**134736911**	**158751961**	**110458746**	**236012234**	**27102959**
北京	21439057	2520643	3611662	2016999	10159222	2349207	781324
天津	8805507	285536	1085251	673126	4989966	1428463	343165
河北	15824010	786889	3584435	3281670	5019026	3131067	20923
山西	17610298	1429103	2672385	2895070	7463029	3089334	61377
内蒙古	13849855	628380	2512929	2341856	6851059	1302222	213409
辽宁	41271422	1075228	4062592	9990513	1038783	23023130	2081176
吉林	16719644	82219	4284577	3085836	3089213	6145020	32779
黑龙江	25936109	1057777	7610043	12255443	808920	3630464	573462
上海	19012144	807816	3032051	2410064	14289	11572167	1175757
江苏	65191099	3868774	26246876	3987489	101106	27592306	3394548
浙江	42248524	1999914	5314092	11482810	4508716	16024595	2918397
安徽	24014419	219276	3083858	6342421	1595076	12015522	758266
福建	20584979	1357479	2439163	7808377	3102185	5539595	338180
江西	14345630	111559	1663027	3311246	1773451	7041539	444808
山东	41781122	2322006	6005263	7894110	7546589	16594827	1418327
河南	33952595	751242	5163818	4344419	3370980	17558804	2763332
湖北	23734613	398465	3299215	4760384	6025379	8772397	478773
湖南	29014575	270154	4814091	13807571	4339523	5264187	519049
广东	55024602	1376103	3740332	14746238	14600981	17086315	3474633
广西	17727357	504749	2736875	3764659	1845708	7993001	882365
海南	12718390	27412	477472	1686567	2125858	7504606	896475
重庆	23084688	1950091	11071102	3329066	78033	6475362	181034
四川	30610260	1187261	7178672	15519744	548944	5306747	868892
贵州	13466321	28020	2845536	3158328	2695704	4347385	391348
云南	19443132	522338	3147011	2039463	6828898	6253781	651641
西藏	619182		50420	206490	221931	103183	37158
陕西	8923909	288109	3185020	2159209	2224294	614049	453228
甘肃	9166158	72808	1265477	3132756	2802955	1763455	128707
青海	2222880	69745	943263	563866	486237	137119	22650
宁夏	12472888	1738209	5577103	2776476	1590023	686036	105041
新疆	14577627	592880	2033300	2979695	2612668	5666349	692735

3-65 各地区按用途分的房地产开发企业商品房待售1-3年面积

单位：平方米

地　区	待售1-3年面积	住宅	#别墅、高档公寓	办公楼	商业营业用房	其他
全国总计	**364148665**	**204914462**	**16458432**	**19578355**	**84778344**	**54877504**
北　京	11869053	3873679	793514	2306544	2292258	3396572
天　津	5891787	2961080	443174	661789	1197346	1071572
河　北	7886388	5437864	143139	223481	1437785	787258
山　西	7036040	4986551	57832	237328	1261585	550576
内蒙古	6628748	3940276	294781	105143	1959446	623883
辽　宁	25140076	19007675	612782	545880	3970595	1615926
吉　林	7813999	4890885	139070	420229	1614540	888345
黑龙江	14657209	9508555	259612	245604	2884904	2018146
上　海	7549367	2466043	866063	1299433	1770718	2013173
江　苏	34281877	18937127	2754394	2525405	9962010	2857335
浙　江	22274210	11431869	2094738	2239365	5369190	3233786
安　徽	12522986	6297248	307615	418325	4596229	1211184
福　建	10756831	4166343	373291	456622	2955708	3178158
江　西	9103708	5997673	308634	345646	2163748	596641
山　东	20728313	13462961	740731	1028057	4746563	1490732
河　南	10494768	7200328	83652	442114	2252664	599662
湖　北	12781644	7853028	280325	465523	3154045	1309048
湖　南	17761617	10153202	752548	408839	3885505	3314071
广　东	30970404	16286033	2247058	1702335	5942498	7039538
广　西	10040792	6618881	159690	215962	1897596	1308353
海　南	8107195	6702443	740296	54447	667719	682586
重　庆	14989858	5309580	490964	1155644	3916591	4608043
四　川	16170279	5467945	429153	515274	4202104	5984956
贵　州	6583043	3548656	143131	541363	1922728	570296
云　南	8690281	4885366	598952	323504	2077043	1404368
西　藏	345357	235177	7440	13046	69047	28087
陕　西	3530254	1910606	8959	59275	1155663	404710
甘　肃	5609389	3701945	35725	108477	1318159	480808
青　海	1292416	914286	5000	57597	264944	55589
宁　夏	5489708	3003373	174127	159537	1628433	698365
新　疆	7151068	3757784	112042	296567	2240980	855737

3–66 各地区按资质等级分的房地产开发企业商品房待售1–3年面积

单位：平方米

地区	总计	一级	二级	三级	四级	暂定	其他
全国总计	**364148665**	**13538364**	**69226901**	**87889424**	**57067322**	**123320417**	**13106237**
北京	11869053	1189033	1526626	1454967	5829830	1548725	319872
天津	5891787	113420	700578	561749	3396261	943420	176359
河北	7886388	211143	1688112	1553593	2739742	1672875	20923
山西	7036040	860284	1137660	1200539	2974697	808224	54636
内蒙古	6628748	374888	1433264	1292222	2716461	726150	85763
辽宁	25140076	614329	1922526	5681227	775676	14682484	1463834
吉林	7813999	42831	1427609	1648809	1673355	3015150	6245
黑龙江	14657209	878772	4110572	7176771	422380	1904597	164117
上海	7549367	279938	926532	1202084		4764815	375998
江苏	34281877	1525755	13585101	2089055	73810	15304347	1703809
浙江	22274210	804577	2943687	6459686	2621020	7813725	1631515
安徽	12522986	121602	1647449	3802639	1003689	5519496	428111
福建	10756831	439694	1254549	3975218	1545339	3356169	185862
江西	9103708	98150	1234628	1741134	1188916	4602917	237963
山东	20728313	509921	2609963	4303882	3805111	8671140	828296
河南	10494768	291774	1756378	1715744	1368208	5006646	356018
湖北	12781644	327388	1965216	2852477	2952663	4489311	194589
湖南	17761617	213271	3299581	8618238	2675004	2681434	274089
广东	30970404	1158849	2353851	8255345	7449087	9791656	1961616
广西	10040792	181577	1356191	2232739	970944	4636646	662695
海南	8107195	1260	230624	1105529	1427409	4926871	415502
重庆	14989858	1063824	7148639	2135196	59878	4531830	50491
四川	16170279	688477	3349485	8534934	334759	2787249	475375
贵州	6583043	396	1925140	1331238	1312695	1862936	150638
云南	8690281	428148	1478677	824227	2711083	3116633	131513
西藏	345357		20219	189586	84260	14134	37158
陕西	3530254	200603	1291018	970477	723014	212819	132323
甘肃	5609389	1337	869647	1890120	1711271	1018808	118206
青海	1292416	69745	395762	386387	404019	28057	8446
宁夏	5489708	477769	2614098	1174821	904245	312399	6376
新疆	7151068	369609	1023519	1528791	1212496	2568754	447899

3–67　各地区按用途分的房地产开发企业商品房待售3年以上面积

单位：平方米

地　区	待售3年以上面积	住宅	#别墅、高档公寓	办公楼	商业营业用房	其他
全国总计	**42095828**	**19393757**	**4399620**	**2858845**	**12260209**	**7583017**
北　京	4861276	2146421	829963	330211	1276338	1108306
天　津	750063	361692	77847	124805	76956	186610
河　北	401374	271021			80804	49549
山　西	431982	334496	26700	6133	88064	3289
内蒙古	422494	274161	200	11753	93727	42853
辽　宁	1859244	1364447	222217	17648	336521	140628
吉　林	1319039	855187	122701	11360	367083	85409
黑龙江	1137839	728831	23264	16689	266429	125890
上　海	3462456	1262215	795463	403501	870561	926179
江　苏	3326332	1273032	415200	405211	1378235	269854
浙　江	3661286	1284186	343083	458210	1360858	558032
安　徽	1262833	676078	89545	46366	421618	118771
福　建	1181502	333543	114255	95085	394013	358861
江　西	791260	365892	35671	3137	401247	20984
山　东	1870082	869532	61075	212391	669401	118758
河　南	211507	120182		4152	76261	10912
湖　北	1024222	299082	60372	10997	417726	296417
湖　南	1661788	856848	223609	9488	432489	362963
广　东	4359067	2025683	555649	208115	1077164	1048105
广　西	667257	321899	15591	36859	204442	104057
海　南	926989	550383	62454	21689	196123	158794
重　庆	1655998	461485	9220	116966	492659	584888
四　川	1193039	511505	19989	44731	241086	395717
贵　州	432468	71097	21126	65318	214175	81878
云　南	1079999	734748	261633	13674	179176	152401
西　藏	27013	5385			21628	
陕　西	223805	126571		4500	47575	45159
甘　肃	291857	157101		36169	71408	27179
青　海	30467	12452			12253	5762
宁　夏	770417	426097	2586	15108	279294	49918
新　疆	800873	312505	10207	128579	214895	144894

3–68 各地区按资质等级分的房地产开发企业商品房待售3年以上面积

单位：平方米

地 区	总 计	一 级	二 级	三 级	四 级	暂 定	其 他
全国总计	**42095828**	**2804061**	**9296619**	**11386529**	**7670657**	**9078395**	**1859567**
北 京	4861276	793021	1141839	389538	2161886	181407	193585
天 津	750063	4898	181843	98930	190735	168368	105289
河 北	401374	59522	135179	70366	106240	30067	
山 西	431982		173324	139995	118488	175	
内蒙古	422494		11555	999	362740	10200	37000
辽 宁	1859244	307124	274614	803027	1410	438974	34095
吉 林	1319039	6614	352511	383512	169391	395891	11120
黑龙江	1137839	17289	300997	656456	75607	87490	
上 海	3462456	144815	796465	561207	13193	1591820	354956
江 苏	3326332	199527	1361643	429853	1479	1223107	110723
浙 江	3661286	300040	821522	965556	525845	849374	198949
安 徽	1262833	46357	216846	604627	39358	355167	478
福 建	1181502	6698	81433	613948	223101	208294	48028
江 西	791260		69649	441379	58458	197321	24453
山 东	1870082	124257	116389	580796	367653	584703	96284
河 南	211507	63459	44323	11690	36058	42635	13342
湖 北	1024222	23876	170445	523368	111682	188665	6186
湖 南	1661788	2183	351623	835329	176778	292875	3000
广 东	4359067	166252	193361	1681799	1453379	501416	362860
广 西	667257	6935	50902	268236	47651	285292	8241
海 南	926989		43356	110082	321183	367238	85130
重 庆	1655998	312313	818095	129524		328365	67701
四 川	1193039	15980	368657	448754	76733	202886	80029
贵 州	432468	27624	141348	97796	80239	85461	
云 南	1079999	45218	383999	60298	523835	50896	15753
西 藏	27013			4661	22352		
陕 西	223805		62100	18424	119119	22862	1300
甘 肃	291857		11191	59865	118718	102083	
青 海	30467		6955		608	22904	
宁 夏	770417	7780	557254	119535	34989	50859	
新 疆	800873	122279	57201	276979	131749	211600	1065

3–69　各地区房地产开发企业90平方米及以下住宅待售情况

单位：平方米

地　区	待售面积	待售1–3年	待售3年以上
全国总计	**109210934**	**58093291**	**4499925**
北　京	2675453	1151704	642714
天　津	1293580	615963	124885
河　北	2786183	1250462	38812
山　西	2643306	1256660	2465
内蒙古	1931655	830428	109108
辽　宁	14770693	9352887	440204
吉　林	5519606	2456126	390213
黑龙江	8551880	4559055	425373
上　海	1575342	523667	209534
江　苏	6289293	2932095	142569
浙　江	3265047	1659939	99618
安　徽	2831993	1531627	284788
福　建	1888413	827204	99147
江　西	1608272	1013256	40639
山　东	7607289	3886709	262854
河　南	5198322	1392769	19150
湖　北	2670895	1610799	73335
湖　南	2293472	1460312	64258
广　东	5661642	3324185	264358
广　西	3565935	2264610	58002
海　南	6444746	4323737	306869
重　庆	3939036	2371586	59897
四　川	3443470	1738811	65277
贵　州	1799228	1018999	15228
云　南	1835365	855082	68734
西　藏	185287	138394	4661
陕　西	1067753	523950	14731
甘　肃	1960008	1296177	16491
青　海	218259	158733	3550
宁　夏	1381544	642708	44238
新　疆	2307967	1124657	108223

3-70 各地区房地产开发企业土地开发及其购置情况

地　区	待开发土地面积（平方米）	本年土地购置面积（平方米）	本年土地成交价款（万元）
全国总计	**351210077**	**220252473**	**91293114**
北　京	4442252	2684998	4701198
天　津	6347811	4769102	2398832
河　北	11223727	9299254	1901517
山　西	6032882	3517434	1279931
内蒙古	5115480	2302788	325176
辽　宁	9896456	6545211	1275173
吉　林	2936978	6995894	1579042
黑龙江	1011155	1612034	373357
上　海	4401728	2291134	3751230
江　苏	34454656	17369002	8454737
浙　江	11253447	13029621	9677765
安　徽	25603242	21427047	6603629
福　建	8654653	9698125	6011683
江　西	6682724	4431292	1211992
山　东	26378954	20938974	4833511
河　南	24759843	11080424	4534618
湖　北	10914795	6486353	2149300
湖　南	18710315	8114009	1650854
广　东	41019233	17503245	13993870
广　西	7048148	6390951	2065326
海　南	8930696	1787239	630835
重　庆	23350268	9590025	4297256
四　川	13697329	13047161	3815963
贵　州	9266522	3170605	415436
云　南	7504842	5188108	1462098
西　藏	50000	29389	6602
陕　西	11229326	3572750	778863
甘　肃	1753735	1319363	335273
青　海	290424	185173	84941
宁　夏	2026002	1589743	246329
新　疆	6222454	4286025	446777

3-71　各地区按资质等级分的房地产开发企业待开发土地面积

单位：平方米

地　区	总　计	一　级	二　级	三　级	四　级	暂　定	其　他
全国总计	**351210077**	**7076515**	**46253560**	**59545976**	**42968873**	**170441978**	**24923175**
北　京	4442252		910944	317084	1423129	1298732	492363
天　津	6347811		223302	124526	3438967	2131552	429464
河　北	11223727	373015	622274	1040362	2665200	6452654	70222
山　西	6032882	112000	319700	878994	3016219	1535278	170691
内蒙古	5115480	1305707	750057	453966	1604622	993128	8000
辽　宁	9896456	143108	313464	1977541	4200	6492636	965507
吉　林	2936978		475306	797863	675851	936891	51067
黑龙江	1011155		257487	514584		60184	178900
上　海	4401728	225924	610002	446911		2558738	560153
江　苏	34454656	1736164	9350020	1606266	12300	17070286	4679620
浙　江	11253447	83438	257636	2484834	418082	4861352	3148105
安　徽	25603242		1700693	2780135	774114	18501553	1846747
福　建	8654653	3624	484336	1552260	241065	5676921	696447
江　西	6682724		417456	1399029	236284	4396098	233857
山　东	26378954	89522	1489400	5222103	2334108	14862297	2381524
河　南	24759843	397059	2885830	3374715	1455464	13878070	2768705
湖　北	10914795	390551	703741	1157762	2923252	5125434	614055
湖　南	18710315	211051	1455949	8245021	3876468	4680805	241021
广　东	41019233	145840	1257885	9722699	8233321	18925132	2734356
广　西	7048148	34000	1098872	764666	197536	4838968	114106
海　南	8930696	58619	511051	371165	3437270	4197405	355186
重　庆	23350268	586786	10525999	1691017	22000	10310744	213722
四　川	13697329	309277	4015615	5795070	31528	2949669	596170
贵　州	9266522		1657352	2021920	826176	4462804	298270
云　南	7504842	176896	796900	521549	1478572	4405461	125464
西　藏	50000			50000			
陕　西	11229326	318430	1757000	2462111	2120945	4017609	553231
甘　肃	1753735		186891	349012	109985	781687	326160
青　海	290424		41966	100043	77989	70426	
宁　夏	2026002		696562	543526	383950	401964	
新　疆	6222454	375504	479870	779242	950276	3567500	70062

3–72 各地区按资质等级分的房地产开发企业土地购置面积

单位：平方米

地区	总计	一级	二级	三级	四级	暂定	其他
全国总计	**220252473**	**4463251**	**20271938**	**24269856**	**20178031**	**126167511**	**24901886**
北京	2684998	483342	13837	71373	519121	1448582	148743
天津	4769102	66946		72976	2095818	2496864	36498
河北	9299254	392965	604185	1022560	3109506	3970022	200016
山西	3517434	11284	407265	163342	1256947	1678596	
内蒙古	2302788		125817	123124	1529629	192476	331742
辽宁	6545211	53539	273676	1077271	21760	3379698	1739267
吉林	6995894	108552	950896	903709	1334696	3455635	242406
黑龙江	1612034		223294	692708	53501	225176	417355
上海	2291134		57344			1872313	361477
江苏	17369002	214876	3483472	449865		10172787	3048002
浙江	13029621	319516	352805	1191385	601530	5984946	4579439
安徽	21427047	259197	862985	1296396	316761	16224786	2466922
福建	9698125		271137	679876	316749	6795065	1635298
江西	4431292	30892	88200	460490	228975	3077554	545181
山东	20938974	1192904	1494418	2710647	1965075	12043219	1532711
河南	11080424	237478	822561	925227	260688	7658158	1176312
湖北	6486353	88925	432920	541945	848606	4186171	387786
湖南	8114009	44737	451638	2362465	1598532	3508288	148349
广东	17503245	53441	156499	910442	1411931	12255000	2715932
广西	6390951	132005	230087	294017	117261	5337229	280352
海南	1787239	6855		124356	47253	1180928	427847
重庆	9590025	470157	2350788	972179	20001	5584093	192807
四川	13047161	155083	4280963	4858754	37171	3022685	692505
贵州	3170605		371698	217838	172501	2401648	6920
云南	5188108	24580	521712	380358	871246	2991030	399182
西藏	29389			9330		20059	
陕西	3572750	53605	483068	307323	678060	942096	1108598
甘肃	1319363		85016	175546	208659	850142	
青海	185173		13202	162106	9865		
宁夏	1589743	2237	520526	145300	190088	675557	56035
新疆	4286025	60135	341929	966948	356101	2536708	24204

3-73 各地区按资质等级分的房地产开发企业土地成交价款

单位：万元

地 区	总 计	一 级	二 级	三 级	四 级	暂 定	其 他
全国总计	**91293114**	**2583034**	**5917393**	**6588191**	**5939631**	**55746437**	**14518428**
北 京	4701198	406318	41409	104250	1464359	2255942	428920
天 津	2398832	19484		31900	639882	1530566	177000
河 北	1901517	67000	174346	188364	690906	752414	28487
山 西	1279931	398	76576	54952	407300	740705	
内蒙古	325176		11004	21679	240266	18160	34067
辽 宁	1275173	14723	42550	178058	3418	733543	302881
吉 林	1579042	66984	156811	135189	186265	999297	34496
黑龙江	373357		149327	96909	3983	22325	100813
上 海	3751230		136682			3555607	58941
江 苏	8454737	244605	1310292	108509		5520076	1271255
浙 江	9677765	211225	122921	956790	149188	4037949	4199692
安 徽	6603629	129933	229362	196100	51020	4427519	1569695
福 建	6011683		180237	225534	101178	4142661	1362073
江 西	1211992	4598	15299	171359	48853	851621	120262
山 东	4833511	214813	366844	497207	315147	3199208	240292
河 南	4534618	83240	194131	309641	43668	3402613	501325
湖 北	2149300	30965	100368	80940	98601	1756687	81739
湖 南	1650854	38054	81281	383382	366410	748107	33620
广 东	13993870	58415	71491	339153	590384	9959974	2974453
广 西	2065326	44659	98242	53903	13756	1810557	44209
海 南	630835	3550		46052	9437	424932	146864
重 庆	4297256	828500	981713	244280	20000	2161770	60993
四 川	3815963	65209	838493	1745768	6043	721702	438748
贵 州	415436		59955	18167	25032	310627	1655
云 南	1462098	4916	163305	103331	226169	899494	64883
西 藏	6602			5021		1581	
陕 西	778863	40713	123099	86244	134773	164517	229517
甘 肃	335273		27795	61587	40793	205098	
青 海	84941		11000	70099	3842		
宁 夏	246329	1251	117241	16259	27954	74799	8825
新 疆	446777	3481	35619	57564	31004	316386	2723

第四章

房地产开发企业主要财务状况

4-1　各地区房地产开发企业主要财务指标

单位：万元

地　　区	资产总计	负债合计	所有者权益合计	主营业务收入
全国总计	**6257337023**	**4897503217**	**1359833807**	**900915064**
北　京	556936607	434381613	122554994	46117023
天　津	259841242	196940329	62900913	19763404
河　北	159317875	133423500	25894374	28563301
山　西	81911104	72605503	9305601	8660816
内蒙古	73592597	63279583	10313014	8154695
辽　宁	186506905	151428206	35078699	20877208
吉　林	63611754	53588611	10023144	9509263
黑龙江	90336865	61038885	29297981	12174158
上　海	484488994	326464370	158024624	65059324
江　苏	515345724	394158236	121187488	108376236
浙　江	407326518	319643907	87682611	77689655
安　徽	195480406	154423053	41057353	33309397
福　建	261202370	195159997	66042373	32546210
江　西	100334094	75925289	24408805	20072519
山　东	359204101	292513561	66690541	61493707
河　南	225366766	184403598	40963168	36784420
湖　北	221249422	171190365	50059056	32785301
湖　南	131982799	105259632	26723167	22691110
广　东	718263860	582301184	135962676	112043232
广　西	121226491	92249355	28977136	13712978
海　南	95035404	77187120	17848283	9682676
重　庆	219900804	161823593	58077211	24988518
四　川	232897103	184958306	47938797	34799229
贵　州	99322943	80922002	18400941	11820317
云　南	147472390	125029446	22442944	10143477
西　藏	3444814	2372523	1072291	202340
陕　西	109939896	91809739	18130157	17585226
甘　肃	43488724	36310276	7178448	6499669
青　海	15495018	13028163	2466855	2588512
宁　夏	28989238	24153254	4835984	3685916
新　疆	47824196	39530017	8294178	8535227

4-1 续表 1

单位：万元

地 区	土地转让收入	商品房销售收入	房屋出租收入	其他收入
全国总计	**6663248**	**851633226**	**17869672**	**24748917**
北 京	1565530	36724313	3664038	4163143
天 津	371432	18112449	368865	910658
河 北	121399	27992005	144031	305867
山 西	95697	8003667	64500	496952
内 蒙 古	7613	7934311	48413	164358
辽 宁	64232	20025894	334776	452306
吉 林	39521	9196133	102783	170826
黑 龙 江	27429	11919954	62482	164293
上 海	467454	57856521	4516562	2218786
江 苏	599915	104075770	1103974	2596577
浙 江	420675	75138646	608530	1521804
安 徽	69911	31987954	212281	1039250
福 建	178791	30811071	305410	1250939
江 西	145989	19659021	50602	216908
山 东	112658	59416955	495139	1468956
河 南	321760	35468060	374437	620163
湖 北	305887	31194373	440160	844882
湖 南	163082	21849352	194302	484375
广 东	138853	107524570	2658791	1721018
广 西	221189	13124198	185165	182426
海 南	34794	8684112	80125	883645
重 庆	916182	22775033	515196	782107
四 川	50331	33840484	398922	509492
贵 州	36420	11448402	123656	211840
云 南	65648	9320710	317013	440105
西 藏	124	196190	2205	3821
陕 西	68103	16920841	155678	440604
甘 肃	30921	6205021	71976	191751
青 海	1922	2458904	39449	88237
宁 夏	618	3548248	53092	83958
新 疆	19168	8220065	177121	118873

4-1　续表 2　　单位：万元

地　　区	主营业务成本	主营业务税金及附加	其他业务利润	销售费用
全国总计	**680295336**	**66516159**	**1942095**	**31380540**
北　京	30768303	4219084	450797	1425762
天　津	15412586	1255291	119665	766483
河　北	20995083	2046262	50612	832179
山　西	6838949	543603	543603	301053
内蒙古	6715463	539130	2535	190498
辽　宁	17805613	1256025	23281	756817
吉　林	7821671	588418	13185	332937
黑龙江	9406995	943128	13269	244083
上　海	42283497	5652816	167291	1942091
江　苏	86686636	7113697	182444	2954882
浙　江	65238699	4958067	123647	2344146
安　徽	25897490	2132942	41734	1194183
福　建	21953444	3279780	17161	1056351
江　西	15057246	1317163	5340	620940
山　东	49343139	3816823	67260	1687907
河　南	26529158	2484115	35358	1437624
湖　北	23689636	2458366	95637	95637
湖　南	18040036	1318033	28111	941942
广　东	73007848	11190597	245683	4926043
广　西	9746765	1019212	35318	703252
海　南	6683554	886547	39230	922936
重　庆	19245219	1551860	40242	1096181
四　川	32304504	2282606	66132	1616472
贵　州	9209761	754907	9642	450110
云　南	8139384	622940	21725	394836
西　藏	136238	13475	17	9133
陕　西	14497211	991468	17104	538059
甘　肃	5211024	368335	11887	166619
青　海	1719127	156149	-18879	45896
宁　夏	3109791	202448	14829	110918
新　疆	6801269	552874	8541	271553

4-1 续表 3 单位：万元

地　区	管理费用	财务费用	营业利润	营业外收入
全国总计	**37108348**	**25281855**	**86732287**	**7429511**
北　京	3050632	2752340	7943066	360913
天　津	796251	1594000	1453906	370653
河　北	972932	490900	3534620	114360
山　西	407593	217914	304816	30835
内 蒙 古	422539	203405	100695	56883
辽　宁	1052850	696019	-618572	186356
吉　林	613290	267921	282359	85109
黑 龙 江	611150	351835	676817	230879
上　海	2457709	2158964	14610371	488910
江　苏	3002250	1706836	7386534	934455
浙　江	2328303	1526495	2892155	444226
安　徽	1211709	675559	2385300	760742
福　建	1148380	733797	5432629	209177
江　西	614517	307983	2020324	83736
山　东	2383338	1325730	3472274	436238
河　南	1882646	1157135	3495020	219545
湖　北	1191307	822944	4002021	253510
湖　南	1032751	623453	640477	187598
广　东	4308116	2877722	20320710	637454
广　西	707304	297086	1247419	89351
海　南	761723	523882	414731	66695
重　庆	1138844	925869	1505885	421795
四　川	1649271	1141672	1549792	243035
贵　州	661239	345843	604501	53791
云　南	847381	673242	-412948	111392
西　藏	18856	2526	21047	4012
陕　西	660979	364254	679583	106661
甘　肃	316069	197942	343612	52078
青　海	103540	31350	150314	7851
宁　夏	234313	101167	-57068	59842
新　疆	520568	186071	349899	121431

4-1　续表 4　　　　单位：万元

地　区	营业外支出	利润总额	应交所得税	应付职工薪酬
全国总计	**4737746**	**89714080**	**21692077**	**23547743**
北　京	328189	8025536	1798759	2001736
天　津	109275	1715337	495990	612501
河　北	146558	3543485	524330	576558
山　西	45237	290414	189999	263376
内蒙古	52295	105449	86869	219804
辽　宁	112569	-544575	259538	546634
吉　林	54100	313422	127263	260566
黑龙江	50660	857077	205440	196744
上　海	208284	14951720	2815102	1256310
江　苏	416428	7910549	1869382	2109500
浙　江	327110	3103105	1144279	1335584
安　徽	225955	2919009	628171	697721
福　建	265394	5376692	1122790	880319
江　西	60716	2047031	506489	440534
山　东	228114	3687882	955931	1459846
河　南	230466	3480551	719717	1112469
湖　北	120341	4136833	841370	827364
湖　南	96089	732545	277375	716244
广　东	726422	20245876	4688037	2967700
广　西	120893	1215802	387555	498627
海　南	88294	393314	289728	422664
重　庆	118945	1809400	425903	806259
四　川	189986	1602147	577816	1086201
贵　州	69767	588309	146616	459055
云　南	105092	-404928	110221	512575
西　藏	2054	29749	5423	11123
陕　西	48139	738055	167437	571474
甘　肃	28903	367249	96983	242812
青　海	12590	145575	45291	70261
宁　夏	61616	-52591	46139	111529
新　疆	87267	384063	136136	273653

4–2 各地区按登记注册类型分的房地产开发企业资产总计

单位：万元

地　区	总　计	内　资					
			国　有	集　体	股份合作	国有联营	集体联营
全国总计	**6257337023**	**5572233952**	**125549984**	**10983972**	**1674997**	**2396813**	**10417**
北　京	556936607	489953430	14376488	2329318	9659		
天　津	259841242	241509956	9229767	124250		48358	
河　北	159317875	154505891	194080				
山　西	81911104	80119192	1645907	39537			
内蒙古	73592597	73355072	479222				
辽　宁	186506905	150346349	1410566	50907	25917		
吉　林	63611754	61417206	281084	347			
黑龙江	90336865	88739764	1020451	5957	2101		
上　海	484488994	394847465	36601556	1159429	191380	55064	10417
江　苏	515345724	445502854	8169656	1014875	33288		
浙　江	407326518	361005893	4910940	76918	113976	2276342	
安　徽	195480406	185949423	4566739	44597			
福　建	261202370	229830157	12982308	354532			
江　西	100334094	94391929	1778311	11991	40525		
山　东	359204101	336608818	4758535	2397070	227589		
河　南	225366766	215978258	2489452	87868	8464		
湖　北	221249422	208023786	3794083	464966			
湖　南	131982799	125308679	942777	9765	17477		
广　东	718263860	560749166	4482275	2365830	252921		
广　西	121226491	111609939	680253	69183	3204		
海　南	95035404	81186465	1080877	31775	37075		
重　庆	219900804	189521955	3892918	17571	8669		
四　川	232897103	214253260	923656	9114	629027		
贵　州	99322943	95684575	391064	2980	40569		
云　南	147472390	141050757	811907	26852	4636		
西　藏	3444814	3444814	55819				
陕　西	109939896	104997602	2077189	257966	7793		
甘　肃	43488724	43090658	950804	26253			
青　海	15495018	15481090			20730	17049	
宁　夏	28989238	28264262	381052				
新　疆	47824196	45505289	190251	4122			

4-2　续表 1　　　　单位：万元

地　　区	内　　资						
	国有与集体联　　营	其他联营	国有独资公　　司	其他有限责任公司	股份有限公　　司	私营独资	私营合伙
全国总计	**31000**	**161152**	**584061879**	**3079361052**	**283718875**	**1659172**	**439334**
北　　京			24468912	378577010	42414289		
天　　津			55366522	135832487	9377474	254979	200613
河　　北			2112825	85637962	10825722		
山　　西			3400704	26190952	1208306		
内 蒙 古			3258806	36045662	4025282	64209	
辽　　宁			13573378	77992506	7070412	48760	
吉　　林			3719379	33374581	4067673	555754	
黑 龙 江			8819294	53603360	3764722	2158	
上　　海			39532611	193538776	26662953	131486	
江　　苏			59814843	210416544	12839711	28817	22251
浙　　江	21100		36627419	186984855	10243088		
安　　徽			23591646	96664238	6405276	6676	
福　　建	5220		40766866	114953187	6016703		
江　　西			15158692	46558586	3122050	5600	43912
山　　东			41599557	184530346	14156721	68424	112525
河　　南			14258690	143457559	7983755	90200	19066
湖　　北			20411614	113884713	17836077	64393	3381
湖　　南			11229621	69956485	5332972	3931	
广　　东		3673	15954348	329738915	51469304	197454	
广　　西			24283341	47153256	2538564		
海　　南	4680		14779975	50075733	3876212	99055	
重　　庆			42017817	81693411	6772032		
四　　川			21279082	127587069	9262268		
贵　　州			8973298	55897786	5317335		37586
云　　南			14756636	80593077	6267187	35611	
西　　藏		157479	165790	2442129	905		
陕　　西			11952621	60194810	2541241		
甘　　肃			3563819	23765856	660824	1666	
青　　海			2456740	5536630	229451		
宁　　夏			2165678	7495659	753805		
新　　疆			4001356	18986914	676563		

4-2 续表 2

单位：万元

地　　区	内　资			港澳台商投资			
	私营有限责任公司	私营股份有限公司	其他内资企业		合资经营	合作经营	独　资
全国总计	**1401636893**	**77855500**	**2692914**	**477059890**	**160241975**	**34067906**	**268615645**
北　京	27345143	432610		38610800	10602942	8066324	19941534
天　津	27946675	1856293	1272539	12475850	3837304	571663	7299994
河　北	53522714	2212588		3444193	1549091		1888276
山　西	46666117	967670		957885	602213		286495
内蒙古	28819514	644116	18261	20439	20439		
辽　宁	47795168	2378736		20577402	8890122	564683	10904171
吉　林	18551439	866949		1848089	619858		1120540
黑龙江	20438564	1083157		948372	541582	75070	331721
上　海	90079826	6883968		61057768	28687604	614125	30690617
江　苏	145959009	7029123	174737	47223464	13394785	1177517	30848016
浙　江	118182743	1568513		30443521	10266925	1058257	18385784
安　徽	50924679	3673942	71630	6661350	2570876	55689	3671864
福　建	52931850	1819492		25958298	13202424	160742	12302019
江　西	24457653	3214609		5131170	2034580		3068781
山　东	82719691	5984768	53593	17107020	8107872	871359	7239946
河　南	44554530	2941726	86948	7224531	649800	650569	5811253
湖　北	49822784	1739290	2487	10471478	3031420	732434	6069413
湖　南	34822385	2945132	48135	5129476	1321525	104799	3490902
广　东	143959817	11787219	537412	114932425	25335824	18126933	68479582
广　西	35272491	1609648		6408756	2569114	31973	3807669
海　南	10347726	665007	188350	11295582	4133181		4438300
重　庆	52757720	2361818		24268980	10297526	410722	13128853
四　川	52173641	2389404		9505999	2652659	50036	6133401
贵　州	22894922	2129035		3226837	1237879	52278	1936256
云　南	34954050	3526324	74477	5499986	902186		4589778
西　藏	618181	4513					
陕　西	26159827	1641809	164346	3528815	209031	692734	2625880
甘　肃	13621657	499780		339770	312677		27093
青　海	6782934	437556					
宁　夏	15522913	1945155		451147	413082		34474
新　疆	21030533	615551		2310487	2247454		63033

4-2　续表 3　　　　单位：万元

地　区	港澳台商投资		外商投资					
	股份有限	其　他		合资经营	合作经营	独　资	股份有限	其　他
全国总计	**11825935**	**2308429**	**208043182**	**63276633**	**20883694**	**107918921**	**11345023**	**4618911**
北　京			28372377	14475816	5748681	7498858	649023	
天　津	766890		5855437	1299089	317880	3483642	402387	352440
河　北		6825	1367791	241572	10168	1026716	79455	9880
山　西	63987	5191	834026	96851		541008	196168	
内蒙古			217086	137290		79797		
辽　宁	218426		15583154	5627590	1941053	7587378	427134	
吉　林	92587	15105	346459	346459				
黑龙江			648729	262819	11539	374371		
上　海	1065423		28583761	5738565	3098397	13503113	6243686	
江　苏	1574494	228653	22619406	8123436	1065842	13188479	5838	235811
浙　江	624669	107886	15877105	3081965	281273	12047168	221758	244941
安　徽	362921		2869633	543674	96919	1936785	208553	83702
福　建	268647	24467	5413915	366093	4836	4085234	594878	362874
江　西		27809	810995	588710		222285		
山　东	21105	866738	5488263	2582532	1164865	1720030		20837
河　南	60682	52227	2163977	454057	1416	1316377	166735	225391
湖　北	628559	9653	2754158	1172070		1163831	104687	313570
湖　南	19145	193106	1544643	801884	6394	636072	10692	89602
广　东	2552196	437890	42582269	10057772	4337667	25769462	904501	1512867
广　西			3207796	1712508		970157	155123	370008
海　南	2672329	51773	2553357	269552	207251	1378644		697910
重　庆	198893	232986	6109869	1892576	1428690	2539904	225899	22800
四　川	634984	34918	9137845	2360262	817176	5874755	85652	
贵　州		423	411532	61055	343646	6831		
云　南		8021	921648	322805		29297	493267	76279
西　藏								
陕　西		1170	1413479	440943		802946	169590	
甘　肃			58296	38825		19471		
青　海			13928	13928				
宁　夏		3590	273830	165936		107894		
新　疆			8420			8420		

4–3　各地区按资质等级分的房地产开发企业资产总计

单位：万元

地　区	总　计	一　级	二　级	三　级	四　级	暂　定	其　他
全国总计	**6257337023**	**664156598**	**1171117525**	**1007690641**	**727999614**	**2253559025**	**432813621**
北　京	556936607	120267875	62672763	40939049	181857096	105247905	45951918
天　津	259841242	32342288	32963008	17057263	102768636	51623645	23086403
河　北	159317875	18705885	29357529	26276989	40681734	42150839	2144899
山　西	81911104	2850163	15097413	10829293	31991489	20306453	836293
内蒙古	73592597	7236936	13998420	10879906	31734692	8675706	1066937
辽　宁	186506905	10727976	21143861	43023119	2912744	93010946	15688260
吉　林	63611754	2323127	15010372	10512400	6149437	28522976	1093442
黑龙江	90336865	2878594	27753827	39813638	784307	11810233	7296267
上　海	484488994	83985997	86235775	33607157	107342	245959199	34593524
江　苏	515345724	38889286	174246198	22306711	425788	227025749	52451992
浙　江	407326518	38503761	42117211	77113934	18698966	173163614	57729033
安　徽	195480406	6218546	36349640	43504785	3776653	94579854	11050929
福　建	261202370	33939085	36123317	57968642	28726642	89060720	15383964
江　西	100334094	2740172	16350026	23058469	9400775	45348170	3436481
山　东	359204101	28247620	52752699	53812123	34748374	170713809	18929477
河　南	225366766	18261414	44701485	30297548	9836001	112259946	10010372
湖　北	221249422	25924604	52890323	25095181	13052865	98556421	5730028
湖　南	131982799	6404955	21709310	56512452	16928491	27672920	2754671
广　东	718263860	101617327	73364489	145633082	94753357	234537406	68358199
广　西	121226491	4945554	22266041	24935737	4772849	56772743	7533567
海　南	95035404	320940	16383931	10449503	8324699	51174784	8381548
重　庆	219900804	27776499	95469127	16543921	395741	77031332	2684184
四　川	232897103	12000530	52167877	113834600	1986044	40537020	12371032
贵　州	99322943	4209721	29003543	17552741	11157194	34127281	3272463
云　南	147472390	11500678	41438631	8131990	28029359	52060850	6310882
西　藏	3444814		186177	862107	174485	2171593	50453
陕　西	109939896	9463340	23409461	19579414	26426573	18974174	12086935
甘　肃	43488724	2360406	10711502	11062184	5609745	13549983	194904
青　海	15495018	748543	6958811	3000239	2281259	1470015	1036151
宁　夏	28989238	3523997	9860587	5036767	3864161	6447255	256472
新　疆	47824196	5240778	8424172	8459697	5642121	19015485	1041942

4-4　各地区按登记注册类型分的房地产开发企业负债合计

单位：万元

地　区	总　计	内　资					
			国　有	集　体	股份合作	国有联营	集体联营
全国总计	**4897503217**	**4442713863**	**75936304**	**9436524**	**1287874**	**1071250**	**7738**
北　京	434381613	384452749	8193564	2239537	19225		
天　津	196940329	184186589	6634400	80616		36642	
河　北	133423500	130225026	195018				
山　西	72605503	71162845	1443398	36400			
内蒙古	63279583	63055356	491445				
辽　宁	151428206	130128108	644360	50538	26487		
吉　林	53588611	51956537	246984	189			
黑龙江	61038885	59903177	657555	4410			
上　海	326464370	277159386	15755898	723313	151844	12961	7738
江　苏	394158236	351748092	6735520	897410	14651		
浙　江	319643907	291837750	3213140	52347	81238	1007189	
安　徽	154423053	148333826	2834629	39628			
福　建	195159997	172823966	6999665	345629			
江　西	75925289	71810261	1125143	11846	32142		
山　东	292513561	276705536	4163584	2170059	152565		
河　南	184403598	177434139	2114350	47224	4952		
湖　北	171190365	163673715	2982389	396990			
湖　南	105259632	101131496	852507	6944	16312		
广　东	582301184	463840641	2863699	1935848	243321		
广　西	92249355	85125390	538009	57470	586		
海　南	77187120	65847616	989577	31736	35540		
重　庆	161823593	144291903	1481035	10292	2194		
四　川	184958306	175686912	733602	6505	440780		
贵　州	80922002	77609862	345622	799	40993		
云　南	125029446	120556702	585878	23202	2140		
西　藏	2372523	2372523	47813				
陕　西	91809739	88835103	1792145	244085	4363		
甘　肃	36310276	35979966	763900	19116			
青　海	13028163	13017089			18540	14457	
宁　夏	24153254	23563429	376338				
新　疆	39530017	38258175	135136	4391			

4-4 续表 1

单位：万元

地　区	内　资						
	国有与集体联　营	其他联营	国有独资公　司	其他有限责任公司	股份有限公　司	私营独资	私营合伙
全国总计	**28064**	**144197**	**396818754**	**2498485583**	**210525589**	**1197901**	**382131**
北　京			14977014	305796977	28737915		
天　津			38177795	107084556	7150068	157629	166450
河　北			1475350	71984715	9060024		
山　西			2472890	22707233	1113400		
内 蒙 古			3076201	29864829	3751812	58370	
辽　宁			10358708	68777586	6051794	39227	
吉　林			2443467	28623389	3580502	380478	
黑 龙 江			5756211	33119668	2885019	139	
上　海			25460697	139570629	19528285	42878	
江　苏			41057116	168620286	9960261	29941	11958
浙　江	18451		28398690	151785615	5641524		
安　徽			15475393	79825293	5144640	6094	
福　建	5593		25065491	91517791	4077178		
江　西			8191502	37386608	2337437		40769
山　东			29974153	152722310	11146405	66132	114062
河　南			7977143	121047191	6196561	80619	11637
湖　北			13188317	92690193	11605020	59435	1632
湖　南			8491012	56509763	4282195	2785	
广　东		5015	12137533	276078242	37054158	172619	
广　西			14417878	37409703	2072201		
海　南	4019		10428184	41684824	3075674	67010	
重　庆			26021446	64708147	5374604		
四　川			16186572	106332761	7470421		
贵　州			6702093	45045273	3930824		35622
云　南			10201105	68935224	4966650	32650	
西　藏		139182	55049	1608810	392		
陕　西			9146948	50914753	2360456		
甘　肃			3027808	19822432	500621	1896	
青　海			2020707	4494359	206748		
宁　夏			1588136	5890979	651606		
新　疆			2868148	15925445	611196		

4-4 续表 2

单位：万元

地区	内资			港澳台商投资			
	私营有限责任公司	私营股份有限公司	其他内资企业		合资经营	合作经营	独资
全国总计	**1178965987**	**66377292**	**2048677**	**315311012**	**105393541**	**24763418**	**175395765**
北京	24204211	284306		28558048	7180913	5874321	15502814
天津	22312021	1468666	917746	9069995	2574829	546982	5485861
河北	45990377	1519542		2330285	1078087		1246192
山西	42501524	888000		687610	454257		192489
内蒙古	25208045	587849	16805	8439	8439		
辽宁	42099114	2080294		11748953	5689072	528952	5379098
吉林	15920376	761152		1343435	414764		846392
黑龙江	16574797	905377		646941	373677	35449	237815
上海	69965473	5939669		33319523	13991271	359162	18343562
江苏	118733801	5678419	8729	27902836	8421448	767122	17840656
浙江	100369315	1270241		17028193	6319610	601775	9748645
安徽	41913389	3023204	71556	4455059	1781903	86821	2508168
福建	43280996	1531623		19157879	9808661	66700	9035326
江西	20006513	2678300		3583067	1635477		1923612
山东	70866850	5280201	49214	12426585	6522660	755995	4270645
河南	37498579	2432545	23338	5121640	481756	305726	4285815
湖北	41461471	1286340	1928	5453559	1910270	621467	2575072
湖南	28645958	2280536	43484	2964043	1004934	121836	1656709
广东	122070768	10737842	541597	84937404	17488825	13122132	51930816
广西	29218820	1410725		4393335	1832759	33266	2527310
海南	8765032	601223	164798	9407670	4097144		3133519
重庆	44582979	2111206		14364072	6647843	227859	7114253
四川	42536662	1979611		5552061	1847193	41992	3261864
贵州	19653789	1854847		2929756	1186783	44559	1698390
云南	32355261	3405820	48773	3857332	725276		3126670
西藏	521277						
陕西	22816541	1395102	160711	2169334	103640	621303	1444222
甘肃	11458174	386019		269840	274018		-4177
青海	5905396	356882					
宁夏	13384368	1672002		356676	326919		27704
新疆	18144111	569748		1267442	1211115		56326

4-4 续表 3

单位：万元

地　区	港澳台商投资		外商投资					
	股份有限	其　他		合资经营	合作经营	独　资	股份有限	其　他
全国总计	**7849580**	**1908708**	**139478341**	**42455716**	**13403451**	**70712938**	**8789930**	**4116307**
北　京			21370817	11329833	4032818	5739513	268653	
天　津	462323		3683745	497849	220710	2323005	358540	283642
河　北		6006	868190	221057	8602	580275	47952	10304
山　西	38643	2222	755047	76591		485016	193441	
内蒙古			215788	132951		82838		
辽　宁	151832		9551144	3666251	978439	4650609	255844	
吉　林	75567	6712	288639	288639				
黑龙江			488767	243612	-2	245157		
上　海	625527		15985462	2527577	1890103	6567927	4999855	
江　苏	760174	113435	14507308	5102988	740405	8553283	1219	109413
浙　江	249238	108925	10777964	1626584	139974	8595082	175607	240718
安　徽	78169		1634168	384013	19672	942631	208884	78968
福　建	229696	17497	3178152	251820	3405	2154944	425895	342088
江　西		23977	531961	378442		153520		
山　东	13908	863378	3381440	1675607	714036	973707		18090
河　南	682	47661	1847819	418366	938	1058964	153436	216115
湖　北	337889	8861	2063091	927053		744491	86819	304728
湖　南	20153	160412	1164093	602603	2087	469086	8703	81614
广　东	2126465	269166	33523140	7175610	3269467	21026017	713705	1338341
广　西			2730630	1546333		739684	146157	298456
海　南	2148936	28071	1931835	204177	90003	920024		717631
重　庆	159285	214833	3167618	931173	628770	1413719	174035	19921
四　川	371094	29918	3719333	1463055	307935	1875276	73068	
贵　州		24	382384	21956	356089	4339		
云　南		5387	615413	209918		9154	340062	56279
西　藏								
陕　西		170	805301	333977		313269	158056	
甘　肃			60470	40700		19770		
青　海			11074	11074				
宁　夏		2053	233149	165910		67239		
新　疆			4400			4400		

4-5　各地区按资质等级分的房地产开发企业负债合计

单位：万元

地　区	总　计	一　级	二　级	三　级	四　级	暂　定	其　他
全国总计	**4897503217**	**494630622**	**901936062**	**786118619**	**592826490**	**1797462679**	**324528745**
北　京	434381613	91039610	49276535	29611701	148857308	86507441	29089018
天　津	196940329	26413075	25456756	13029105	77930594	39713381	14397418
河　北	133423500	14531398	24683897	21952988	33966379	36336613	1952226
山　西	72605503	2483797	13640242	9619288	29075427	17040544	746205
内蒙古	63279583	5705770	12550925	9735841	27193609	7360918	732520
辽　宁	151428206	8949047	17721829	33675461	2631193	75427344	13023332
吉　林	53588611	1911568	12221826	8756457	5164994	24487367	1046399
黑龙江	61038885	2797648	20662709	25152234	541792	8531734	3352767
上　海	326464370	52346438	56689620	22525072	33842	172555136	22314262
江　苏	394158236	27134898	131860752	17381387	343830	175687803	41749566
浙　江	319643907	26015185	32798954	59748229	15266241	140613373	45201925
安　徽	154423053	3977386	26556657	34094560	2983385	77665671	9145395
福　建	195159997	24015211	26454037	44549160	20849660	68942845	10349085
江　西	75925289	2203551	12174360	15655788	6876720	36079178	2935693
山　东	292513561	21935417	40348211	44844426	28447800	140622145	16315562
河　南	184403598	14484400	36832688	24653379	8580875	92170123	7682133
湖　北	171190365	19879765	38532508	19546855	10562540	78201721	4466977
湖　南	105259632	5466678	17657772	44038917	13412018	23099244	1585003
广　东	582301184	83020278	59103647	112880633	76475391	195491027	55330208
广　西	92249355	3851844	15778819	16405721	3815645	46831143	5566183
海　南	77187120	290809	12681239	8078110	7167544	42256485	6712933
重　庆	161823593	18004528	70869099	13790309	385003	56528070	2246585
四　川	184958306	9070128	40906643	93365427	1509701	31492038	8614369
贵　州	80922002	2856464	21848093	15289490	9224205	28890788	2812963
云　南	125029446	9184671	35354532	7297430	25011000	43225624	4956189
西　藏	2372523		149686	656679	165067	1354218	46873
陕　西	91809739	8239408	19865025	16133580	21872910	15706804	9992012
甘　肃	36310276	1790897	8848848	9531722	4379021	11583077	176710
青　海	13028163	696910	5790764	2564999	1937535	1259106	778850
宁　夏	24153254	2925561	8130055	4367292	3103225	5365971	261149
新　疆	39530017	3408281	6489333	7186381	5062036	16435749	948239

4–6 各地区按登记注册类型分的房地产开发企业所有者权益

单位：万元

地 区	总 计	内 资					
			国 有	集 体	股份合作	国有联营	集体联营
全国总计	**1359833807**	**1129520089**	**49613680**	**1547448**	**387123**	**1325563**	**2679**
北 京	122554994	105500681	6182924	89781	-9566		
天 津	62900913	57323367	2595367	43634		11715	
河 北	25894374	24280865	-938				
山 西	9305601	8956347	202509	3137			
内 蒙 古	10313014	10299716	-12223				
辽 宁	35078699	20218240	766206	369	-571		
吉 林	10023144	9460669	34100	158			
黑 龙 江	29297981	28836587	362895	1546	2101		
上 海	158024624	117688079	20845658	436116	39536	42103	2679
江 苏	121187488	93754762	1434136	117466	18636		
浙 江	87682611	69168143	1697800	24571	32738	1269152	
安 徽	41057353	37615597	1732110	4969			
福 建	66042373	57006191	5982643	8903			
江 西	24408805	22581668	653168	145	8383		
山 东	66690541	59903282	594951	227011	75023		
河 南	40963168	38544119	375101	40644	3512		
湖 北	50059056	44350071	811694	67975			
湖 南	26723167	24177183	90270	2822	1165		
广 东	135962676	96908525	1618576	429982	9600		
广 西	28977136	26484549	142244	11714	2618		
海 南	17848283	15338849	91301	39	1535		
重 庆	58077211	45230052	2411883	7278	6475		
四 川	47938797	38566348	190053	2609	188247		
贵 州	18400941	18074713	45442	2182	-424		
云 南	22442944	20494055	226028	3651	2496		
西 藏	1072291	1072291	8006				
陕 西	18130157	16162499	285044	13881	3430		
甘 肃	7178448	7110693	186904	7136			
青 海	2466855	2464001			2190	2592	
宁 夏	4835984	4700833	4714				
新 疆	8294178	7247114	55115	-270			

4-6 续表 1

单位：万元

地 区	内资						
	国有与集体联营	其他联营	国有独资公司	其他有限责任公司	股份有限公司	私营独资	私营合伙
全国总计	**2936**	**16955**	**187243125**	**580875469**	**73193286**	**461272**	**57203**
北 京			9491899	72780034	13676375		
天 津			17188726	28747931	2227406	97351	34163
河 北			637475	13653247	1765698		
山 西			927814	3483719	94906		
内蒙古			182605	6180833	273471	5839	
辽 宁			3214670	9214920	1018617	9534	
吉 林			1275913	4751192	487171	175276	
黑龙江			3063083	20483692	879703	2019	
上 海			14071913	53968146	7134668	88607	
江 苏			18757727	41796258	2879449	-1124	10292
浙 江	2649		8228729	35199240	4601564		
安 徽			8116253	16838945	1260636	582	
福 建	-374		15701375	23435396	1939524		
江 西			6967190	9171978	784613	5600	3143
山 东			11625404	31808036	3010315	2292	-1537
河 南			6281547	22410368	1787194	9581	7430
湖 北			7223296	21194521	6231057	4958	1749
湖 南			2738609	13446722	1050777	1146	
广 东		-1342	3816815	53660673	14415146	24835	
广 西			9865464	9743553	466364		
海 南	661		4351791	8390909	800538	32045	
重 庆			15996371	16985263	1397428		
四 川			5092510	21254308	1791847		
贵 州			2271206	10852513	1386511		1964
云 南			4555532	11657852	1300538	2962	
西 藏		18297	110741	833319	513		
陕 西			2805673	9280057	180786		
甘 肃			536011	3943424	160203	-230	
青 海			436033	1042271	22704		
宁 夏			577542	1604680	102199		
新 疆			1133208	3061469	65367		

4-6 续表 2

单位：万元

地区	内资			港澳台商投资			
	私营有限责任公司	私营股份有限公司	其他内资企业		合资经营	合作经营	独资
全国总计	**222670906**	**11478209**	**644236**	**161748877**	**54848434**	**9304488**	**93219880**
北京	3140932	148303		10052752	3422029	2192003	4438720
天津	5634654	387627	354793	3405855	1262475	24680	1814133
河北	7532336	693046		1113908	471004		642085
山西	4164593	79669		270275	147956		94006
内蒙古	3611469	56267	1456	12000	12000		
辽宁	5696054	298442		8828449	3201051	35731	5525073
吉林	2631063	105797		504654	205094		274148
黑龙江	3863767	177781		301431	167905	39621	93905
上海	20114353	944300		27738246	14696333	254963	12347054
江苏	27225209	1350705	166008	19320628	4973336	410394	13007361
浙江	17813428	298272		13415328	3947315	456482	8637140
安徽	9011290	650738	74	2206291	788973	-31131	1163697
福建	9650855	287869		6800419	3393764	94042	3266693
江西	4451140	536309		1548103	399103		1145169
山东	11852841	704567	4379	4680435	1585213	115364	2969301
河南	7055951	509181	63611	2102891	168044	344843	1525437
湖北	8361313	452950	559	5017919	1121150	110967	3494341
湖南	6176427	664595	4651	2165433	316591	-17037	1834193
广东	21889049	1049377	-4185	29995021	7847000	5004801	16548766
广西	6053671	198923		2015421	736355	-1292	1280358
海南	1582694	63784	23552	1887912	36037		1304781
重庆	8174742	250612		9904908	3649683	182864	6014600
四川	9636979	409793		3953938	805466	8044	2871537
贵州	3241132	274188		297081	51097	7719	237866
云南	2598789	120505	25704	1642653	176910		1463109
西藏	96903	4513					
陕西	3343286	246707	3635	1359480	105391	71431	1181658
甘肃	2163484	113761		69930	38660		31270
青海	877538	80673					
宁夏	2138544	273153		94471	86164		6770
新疆	2886422	45803		1043045	1036338		6707

4-6 续表 3

单位：万元

地区	港澳台商投资		外商投资					
	股份有限	其他		合资经营	合作经营	独资	股份有限	其他
全国总计	**3976356**	**399721**	**68564841**	**20820917**	**7480243**	**37205983**	**2555094**	**502604**
北京			7001560	3145982	1715863	1759345	380370	
天津	304567		2171691	801240	97170	1160637	43847	68798
河北		819	499601	20515	1566	446442	31502	-424
山西	25344	2969	78979	20261		55992	2727	
内蒙古			1298	4339		-3041		
辽宁	66594		6032010	1961338	962614	2936768	171290	
吉林	17019	8393	57820	57820				
黑龙江			159963	19207	11541	129215		
上海	439896		12598299	3210988	1208293	6935186	1243831	
江苏	814320	115217	8112098	3020448	325438	4635196	4619	126398
浙江	375431	-1040	5099141	1455381	141299	3452086	46151	4223
安徽	284752		1235465	159662	77247	994154	-331	4734
福建	38951	6970	2235763	114273	1431	1930290	168982	20786
江西		3832	279034	210268		68766		
山东	7198	3360	2106823	906925	450829	746323		2747
河南	60000	4566	316157	35691	478	257413	13299	9277
湖北	290669	792	691067	245017		419340	17868	8842
湖南	-1008	32694	380551	199280	4307	166986	1989	7988
广东	425731	168724	9059130	2882162	1068200	4743445	190796	174526
广西			477166	166176		230473	8966	71552
海南	523393	23702	621522	65375	117248	458620		-19722
重庆	39608	18153	2942251	961403	799920	1126185	51864	2879
四川	263891	5000	5418512	897208	509241	3999479	12584	
贵州		399	29147	39099	-12443	2492		
云南		2635	306235	112887		20143	153206	20000
西藏								
陕西		1000	608178	106966		489678	11534	
甘肃			-2174	-1875		-299		
青海			2854	2854				
宁夏		1537	40681	26		40655		
新疆			4019			4019		

4-7 各地区按资质等级分的房地产开发企业所有者权益

单位：万元

地区	总计	一级	二级	三级	四级	暂定	其他
全国总计	**1359833807**	**169525976**	**269181462**	**221572022**	**135173125**	**456096346**	**108284876**
北京	122554994	29228266	13396228	11327348	32999788	18740464	16862900
天津	62900913	5929214	7506252	4028158	24838041	11910264	8688985
河北	25894374	4174487	4673632	4324001	6715356	5814226	192673
山西	9305601	366366	1457171	1210005	2916062	3265909	90088
内蒙古	10313014	1531166	1447495	1144065	4541083	1314788	334417
辽宁	35078699	1778929	3422031	9347657	281552	17583603	2664928
吉林	10023144	411559	2788546	1755944	984443	4035609	47043
黑龙江	29297981	80945	7091118	14661404	242515	3278499	3943500
上海	158024624	31639560	29546155	11082085	73499	73404063	12279262
江苏	121187488	11754388	42385446	4925325	81957	51337946	10702426
浙江	87682611	12488576	9318257	17365705	3432725	32550241	12527107
安徽	41057353	2241160	9792983	9410225	793268	16914183	1905535
福建	66042373	9923874	9669280	13419483	7876982	20117875	5034880
江西	24408805	536622	4175666	7402681	2524055	9268992	500789
山东	66690541	6312203	12404488	8967697	6300574	30091664	2613915
河南	40963168	3777014	7868797	5644169	1255126	20089823	2328239
湖北	50059056	6044839	14357815	5548326	2490325	20354700	1263051
湖南	26723167	938277	4051538	12473535	3516473	4573675	1169668
广东	135962676	18597049	14260842	32752449	18277966	39046380	13027991
广西	28977136	1093710	6487222	8530016	957204	9941600	1967384
海南	17848283	30131	3702691	2371393	1157155	8918299	1668615
重庆	58077211	9771971	24600028	2753612	10739	20503262	437599
四川	47938797	2930402	11261234	20469173	476343	9044982	3756663
贵州	18400941	1353258	7155451	2263251	1932989	5236493	459500
云南	22442944	2316006	6084099	834560	3018359	8835226	1354693
西藏	1072291		36491	205429	9418	817375	3580
陕西	18130157	1223932	3544436	3445834	4553662	3267371	2094923
甘肃	7178448	569509	1862654	1530462	1230724	1966906	18194
青海	2466855	51633	1168047	435240	343724	210909	257302
宁夏	4835984	598436	1730531	669475	760936	1081284	-4677
新疆	8294178	1832497	1934839	1273316	580085	2579737	93704

4-8　各地区按登记注册类型分的房地产开发企业营业利润

单位：万元

地　区	总　计	内　资					
			国　有	集　体	股份合作	国有联营	集体联营
全国总计	**86732287**	**69599686**	**341618**	**317832**	**94671**	**8061**	**50**
北　京	7943066	7441593	44683	7227	-2115		
天　津	1453906	1204762	12645	26104		1442	
河　北	3534620	3337570	-451				
山　西	304816	327909	-3054	-4			
内蒙古	100695	100329	-2288				
辽　宁	-618572	-659467	-1168	-259	-290		
吉　林	282359	214148	-9	0			
黑龙江	676817	612171	-2554	-11	-29		
上　海	14610371	10265815	102218	212672	-1512	1491	50
江　苏	7386534	5054634	-60200	1374	-1160		
浙　江	2892155	2114798	15036	2976	1880	4900	
安　徽	2385300	2097958	3577	-69			
福　建	5432629	4528814	47283	384			
江　西	2020324	1790546	672	-82	16194		
山　东	3472274	3058085	31769	6008	11058		
河　南	3495020	3413401	21831	6641	2228		
湖　北	4002021	3184267	91959	1053			
湖　南	640477	552283	5840	-1051	51273		
广　东	20320710	16191613	46796	55771	2274		
广　西	1247419	904718	10466	-197	-252		
海　南	414731	199798	-126107	-180			
重　庆	1505885	1005247	17165	155	-315		
四　川	1549792	1069586	3146	642	15152		
贵　州	604501	682230	-2227	15	-55		
云　南	-412948	-419307	6076	-316	-109		
西　藏	21047	21047	453				
陕　西	679583	529424	10708	-186	300		
甘　肃	343612	341699	60825	-530			
青　海	150314	150205			148	227	
宁　夏	-57068	-53004	-284				
新　疆	349899	336816	6814	-310			

4-8 续表 1

单位：万元

地　区	内　资						
	国有与集体联　营	其他联营	国有独资公　司	其他有限责任公司	股份有限公　司	私营独资	私营合伙
全国总计	**-298**	**-167**	**3288281**	**44192222**	**5945102**	**29850**	**-541**
北　京			176322	5627205	1678803		
天　津			-23361	993518	39863	-350	8
河　北			-112	1745966	99746		
山　西			22776	308670	-34136		
内蒙古			-12234	125631	-6175	1547	
辽　宁			-93810	-460458	-53160	-30	
吉　林			261	93646	30063	-7985	
黑龙江			81130	280729	-20943	6	
上　海			916682	6606188	805424	17992	
江　苏			41301	3148578	58229	348	575
浙　江	-309		-73767	1529098	221964		
安　徽			77767	1201506	136165	-177	
福　建	-2		863267	2859054	157275		
江　西			24617	880408	111771		-312
山　东			112692	1864127	250721	-3168	-818
河　南			46918	2190540	207726	18626	
湖　北			161492	1730132	697269	229	-25
湖　南			-33259	371565	19248	-320	
广　东		-149	681289	10027180	1291027	4606	
广　西			26849	548889	-2034		
海　南	14		-33015	181475	52159	-351	
重　庆			130115	658122	-28231		
四　川			7120	546792	20984		
贵　州			24962	473243	205059		30
云　南			-27166	-242426	-3019	-1013	
西　藏		-18	2641	31372	-63		
陕　西			65862	532357	-930		
甘　肃			-1299	95932	9243	-111	
青　海			54425	22643	-211		
宁　夏			-9018	-10687	17720		
新　疆			76835	231226	-16456		

4-8　续表 2　　　　单位：万元

地　区	内　资			港澳台商投资			
	私营有限责任公司	私营股份有限公司	其他内资企业		合资经营	合作经营	独　资
全国总计	**14264481**	**1109402**	**9121**	**11584882**	**4393042**	**701797**	**5955657**
北　京	-112669	22137		290139	330020	141974	-181855
天　津	156399	-1754	248	111308	48861	1770	7186
河　北	1253497	238923		127771	94395		33445
山　西	27717	5940		457	-2612		-1009
内蒙古	-14165	8270	-258	1959	1959		
辽　宁	-52348	2055		58263	-19661	-540	97920
吉　林	91382	6791		56947	31725		29141
黑龙江	272637	1207		71870	63544	8125	201
上　海	1413320	191291		2863892	1834183	142272	816368
江　苏	1697168	156316	12105	1350346	166493	-2232	1163164
浙　江	402244	10776		496724	201856	-777	296172
安　徽	654630	24560		247270	38150	-3404	102562
福　建	528231	73322		625975	455831	3540	166951
江　西	637053	120223		227195	34717		193009
山　东	685673	99598	425	172154	119617	-2388	56143
河　南	812963	105884	43	97873	2657	34708	61511
湖　北	501144	1054	-40	763028	120308	-3647	641562
湖　南	165471	-25355	-1129	50608	-11123	-8888	71523
广　东	3969774	113429	-385	2929643	657162	412552	1697557
广　西	318692	2304		303066	36183	-39	266922
海　南	147917	-20666	-1449	120470	-94931		111716
重　庆	244151	-15915		461669	252007	-16356	228712
四　川	479292	-3541		124133	52138	-669	44291
贵　州	-9756	-9042		-76503	-57467	-928	-18142
云　南	-131849	-19029	-458	13599	25166		-11536
西　藏	-13387	48					
陕　西	-58324	-20383	19	79412	-1561	-3277	79899
甘　肃	175028	2612		3086	314		2772
青　海	33798	39174					
宁　夏	-72532	21797		-636	-224		-357
新　疆	61334	-22628		13164	13333		-170

4-8 续表 3

单位：万元

地 区	港澳台商投资		外商投资					
	股份有限	其 他		合资经营	合作经营	独 资	股份有限	其 他
全国总计	**472301**	**62085**	**5547719**	**1266648**	**802769**	**3310846**	**62001**	**105457**
北 京			211333	43700	59694	52472	55467	
天 津	53492		137836	-34998	-6195	147252	23487	8289
河 北		-69	69280	-2148	-118	71650	91	-196
山 西	4109	-30	-23549	-397		-16671	-6482	
内蒙古			-1593	-877		-717		
辽 宁	-19455		-17368	5047	14601	-26811	-10204	
吉 林	-2770	-1149	11264	11264				
黑龙江			-7224	-597	342	-6969		
上 海	71069		1480665	187730	241231	1052593	-890	
江 苏	28689	-5768	981554	348114	10390	626013	37	-3001
浙 江	8518	-9046	280633	21465	-4932	269393	-4899	-393
安 徽	109962		40072	-1755	21601	18198	2374	-346
福 建	955	-1302	277840	2431	6	286287	-6081	-4804
江 西		-531	2583	-21041		23624		
山 东	-76	-1142	242034	66792	45308	129944		-9
河 南		-1003	-16254	-1272	-20	-13324	-46	-1591
湖 北	4936	-131	54725	20692		33747	1031	-745
湖 南	-821	-84	37586	22982	-22	17361	-122	-2612
广 东	117099	45274	1199455	407208	298722	383873	15317	94336
广 西			39635	7907		1692	3993	26042
海 南	69234	34450	94463	19752	13618	70286		-9192
重 庆	96	-2790	38969	146	72083	-24266	-8934	-59
四 川	27265	1107	356073	186611	39641	130587	-767	
贵 州		35	-1226	2137	-3181	-183		
云 南		-31	-7240	-8246		1020	247	-262
西 藏								
陕 西		4351	70747	-13627		85992	-1618	
甘 肃			-1173	-1031		-142		
青 海			109	109				
宁 夏		-56	-3428	-1452		-1976		
新 疆			-80			-80		

4–9　各地区按资质等级分的房地产开发企业营业利润

单位：万元

地　区	总　计	一　级	二　级	三　级	四　级	暂　定	其　他
全国总计	**86732287**	**14846746**	**15901496**	**12881374**	**9125054**	**28301829**	**5675789**
北　京	7943066	3309357	506576	438565	1991014	1184501	513053
天　津	1453906	-39837	216828	206328	652346	372315	45926
河　北	3534620	225754	589879	529554	684636	1462059	42737
山　西	304816	43039	73756	38894	50090	82566	16472
内蒙古	100695	-25953	35482	106866	-43066	-1377	28742
辽　宁	-618572	-84280	-67708	-94062	-19038	-260746	-92738
吉　林	282359	40882	40663	40341	-52872	218057	-4712
黑龙江	676817	2341	368422	77694	8328	212902	7131
上　海	14610371	1912704	2962183	999909	7933	7326883	1400760
江　苏	7386534	740684	2534448	350820	8272	2974382	777928
浙　江	2892155	1035140	645695	742076	47978	485353	-64086
安　徽	2385300	165089	212451	879144	54506	982008	92101
福　建	5432629	952281	520535	1083015	1223609	1349034	304156
江　西	2020324	55823	302094	463214	196601	946008	56584
山　东	3472274	641587	400706	387512	491438	1381668	169363
河　南	3495020	204614	738898	342728	198080	1831467	179234
湖　北	4002021	348764	1538576	540578	90714	1334703	148685
湖　南	640477	54366	180995	279945	-25450	147578	3043
广　东	20320710	3936428	1961097	4392632	3540507	4921597	1568450
广　西	1247419	82488	392034	119807	-20007	609509	63587
海　南	414731	5833	143615	63988	-59320	260421	195
重　庆	1505885	760384	358545	143319	-6229	259762	-9895
四　川	1549792	133782	541369	609774	2558	51780	210529
贵　州	604501	198363	272133	24977	-15166	-38758	162953
云　南	-412948	-66353	-74315	-41879	-60149	-176454	6201
西　藏	21047		-1836	-5400	-5059	34115	-774
陕　西	679583	126047	100743	108600	144722	126813	72659
甘　肃	343612	-175	207577	50775	26388	60246	-1199
青　海	150314	12472	40859	-9889	14110	86199	6563
宁　夏	-57068	10805	39939	-17392	-19270	-60287	-10864
新　疆	349899	64317	119260	28942	16850	137526	-16996

4-10 各地区按登记注册类型分的房地产开发企业利润总额

单位：万元

地 区	总 计	内 资					
			国 有	集 体	股份合作	国有联营	集体联营
全国总计	**89714080**	**72614576**	**732106**	**341184**	**77434**	**8652**	**50**
北 京	8025536	7528957	75055	15396	-2113		
天 津	1715337	1455918	18523	26105		1396	
河 北	3543485	3350144	-495				
山 西	290414	313250	-1155	315			
内蒙古	105449	105083	-2297				
辽 宁	-544575	-574771	-924	-262	-141		
吉 林	313422	245365	942	0			
黑龙江	857077	789375	-1152	-11	-29		
上 海	14951720	10592900	169568	212558	-1512	2131	50
江 苏	7910549	5607199	-22798	14594	-1259		
浙 江	3103105	2343801	52999	2736	1803	4966	
安 徽	2919009	2626364	14953	-70			
福 建	5376692	4502711	111758	-140			
江 西	2047031	1817397	5358	-82	16194		
山 东	3687882	3271937	44290	5691	11061		
河 南	3480551	3395959	22910	6641	2228		
湖 北	4136833	3328089	93107	1051			
湖 南	732545	637557	15861	-1081	35387		
广 东	20245876	16097571	98936	58788	2244		
广 西	1215802	871326	11087	-81	-252		
海 南	393314	200003	-124506	-180			
重 庆	1809400	1290192	61224	-168	-387		
四 川	1602147	1111809	5179	675	13962		
贵 州	588309	663426	-535	15	-60		
云 南	-404928	-402371	6202	-314	-109		
西 藏	29749	29749	449				
陕 西	738055	582201	12158	-187	259		
甘 肃	367249	365392	59378	-516			
青 海	145575	145520			156	159	
宁 夏	-52591	-47850	-819				
新 疆	384063	370373	6850	-291			

4-10　续表 1

单位：万元

地　　区	内　　资						
	国有与集体联营	其他联营	国有独资公司	其他有限责任公司	股份有限公司	私营独资	私营合伙
全国总计	**-300**	**-160**	**4741333**	**45088182**	**6053079**	**29338**	**-1090**
北　　京			195324	5595720	1680731		
天　　津			45788	1170143	38844	-350	8
河　　北			-743	1789488	92124		
山　　西			29228	307624	-35259		
内 蒙 古			-7043	128218	-5975	1547	
辽　　宁			-30514	-449053	-53049	-30	
吉　　林			4947	103042	37763	-8321	
黑 龙 江			127447	407259	-24127	6	
上　　海			940494	6748026	830581	18003	
江　　苏			179609	3395710	61266	330	58
浙　　江	-311		-20772	1614781	219814		
安　　徽			670358	1171124	140570	-177	
福　　建	-2		875756	2808551	157819		
江　　西			73064	863766	109114		-318
山　　东			155542	1931903	269898	-3177	-869
河　　南			46771	2211001	206134	18619	
湖　　北			193492	1848303	697837	229	1
湖　　南			16364	367556	33584	-321	
广　　东		-142	684697	9889055	1315595	4555	
广　　西			43111	553608	-728		
海　　南	14		-17216	168588	52472	-452	
重　　庆			235006	733428	-19880		
四　　川			57993	566981	10603		
贵　　州			30082	454060	209726		30
云　　南			-17332	-230976	31	-1014	
西　　藏		-18	4996	38293	-45		
陕　　西			71301	556606	-772		
甘　　肃			18174	99675	8976	-111	
青　　海			57009	21750	-216		
宁　　夏			-8978	-8667	17783		
新　　疆			87378	232619	1867		

4-10 续表 2

单位：万元

地　区	内资			港澳台商投资			
	私营有限责任公司	私营股份有限公司	其他内资企业		合资经营	合作经营	独资
全国总计	**14445000**	**1090197**	**9572**	**11486269**	**4368571**	**687172**	**5901467**
北　京	-53041	21885		274756	329454	133638	-188336
天　津	157069	-1848	240	118406	46321	1725	16956
河　北	1232394	237376		126289	93693		32665
山　西	6921	5575		908	-1945		-975
内蒙古	-17415	8329	-283	1959	1959		
辽　宁	-45421	4622		52068	-19134	-1094	91582
吉　林	99382	7611		57020	31675		29265
黑龙江	279406	577		74111	62712	8128	3270
上　海	1482473	190530		2868344	1846437	143781	815754
江　苏	1813217	154367	12105	1312728	152657	-2232	1139452
浙　江	458189	9597		484123	196718	138	287739
安　徽	607508	22098		251643	35887	-3404	109198
福　建	501072	47897		609846	455271	3811	151112
江　西	633314	116987		227548	35174		192910
山　东	753675	103510	413	174077	119792	-2064	57623
河　南	774281	106892	482	95758	2654	34663	59444
湖　北	493693	417	-40	755449	120051	-3910	634436
湖　南	196610	-25273	-1129	59149	-11552	-8879	80508
广　东	3931467	112679	-303	2904588	647342	404157	1690444
广　西	262455	2126		305227	39017	-39	266249
海　南	143640	-20882	-1475	98573	-96575		95778
重　庆	295224	-14254		480133	262750	-16347	228896
四　川	460383	-3967		126911	52764	-505	46188
贵　州	-19842	-10050		-73708	-56913	-831	-15995
云　南	-138872	-19531	-458	-1602	9550		-11122
西　藏	-13975	48					
陕　西	-39120	-18063	19	85522	-1556	-3565	86292
甘　肃	177673	2142		3079	307		2772
青　海	27525	39137					
宁　夏	-68733	21563		-406	12		-362
新　疆	53848	-11898		13771	14048		-277

4-10 续表 3

单位：万元

地 区	港澳台商投资		外商投资					
	股份有限	其 他		合资经营	合作经营	独 资	股份有限	其 他
全国总计	**466857**	**62201**	**5613235**	**1263413**	**839612**	**3341446**	**57622**	**111142**
北 京			221822	31189	74537	60629	55467	
天 津	53403		141012	-34632	-5423	149339	22983	8746
河 北		-69	67052	-2294	-118	69612	47	-196
山 西	3858	-30	-23743	-435		-16732	-6576	
内 蒙 古			-1593	-877		-717		
辽 宁	-19286		-21872	3598	14611	-29876	-10205	
吉 林	-2770	-1149	11036	11036				
黑 龙 江			-6409	-2320	342	-4430		
上 海	62372		1490475	183145	241143	1067219	-1032	
江 苏	28654	-5802	990622	359807	9591	622209	37	-1021
浙 江	8585	-9057	275181	14672	-4964	271309	-5371	-466
安 徽	109962		41002	-1758	21586	19100	2420	-346
福 建	955	-1302	264136	2520	6	273221	-6529	-5082
江 西		-537	2085	-21283		23368		
山 东	-123	-1152	241868	66386	45489	130002		-9
河 南		-1004	-11167	-1056	-21	-8416	-48	-1626
湖 北	5007	-135	53295	20642		32767	1022	-1136
湖 南	-823	-105	35839	23508	-23	15063	-109	-2599
广 东	117372	45273	1243718	406855	320412	404744	13860	97848
广 西			39249	7755		1490	3768	26235
海 南	64837	34532	94739	19556	13538	70570		-8924
重 庆	7498	-2664	39075	970	72537	-24621	-9790	-21
四 川	27358	1107	363427	192420	39756	132017	-767	
贵 州		31	-1409	2161	-3387	-183		
云 南		-31	-955	-2047		1009	344	-262
西 藏								
陕 西		4351	70332	-13617		85849	-1899	
甘 肃			-1222	-1081		-141		
青 海			56	56				
宁 夏		-56	-4336	-1462		-2874		
新 疆			-80			-80		

4-11 各地区按资质等级分的房地产开发企业利润总额

单位：万元

地区	总计	一级	二级	三级	四级	暂定	其他
全国总计	**89714080**	**15232620**	**16878311**	**13500556**	**9341353**	**28995678**	**5765562**
北京	8025536	3312514	510344	453296	2017030	1213568	518784
天津	1715337	-9592	290227	223512	787206	368958	55026
河北	3543485	254876	590594	542755	665397	1447432	42430
山西	290414	41559	64402	42774	45423	79808	16448
内蒙古	105449	-38397	30134	110277	-38949	9691	32692
辽宁	-544575	-60528	-65493	-23587	-19706	-280607	-94654
吉林	313422	46089	51885	42836	-51119	228978	-5247
黑龙江	857077	-3974	421433	155742	14703	209175	59997
上海	14951720	1924787	3104051	1083853	7952	7396238	1434838
江苏	7910549	780935	2846359	313349	8256	3144466	817184
浙江	3103105	1095169	657565	871076	83827	437431	-41963
安徽	2919009	166625	343852	838785	56837	1400469	112442
福建	5376692	1025429	512744	1039328	1210266	1346391	242535
江西	2047031	55479	319705	470650	193755	951544	55898
山东	3687882	674191	416130	501669	529003	1398942	167947
河南	3480551	202319	740929	348499	194471	1828151	166181
湖北	4136833	351410	1536657	552454	89411	1443754	163148
湖南	732545	59425	198644	287040	9368	171955	6114
广东	20245876	4001368	1962722	4474124	3485546	4801308	1520809
广西	1215802	42455	401697	130383	-18053	596475	62844
海南	393314	5828	143049	67755	-58704	236149	-762
重庆	1809400	821328	515845	151133	-6449	328300	-758
四川	1602147	120054	558448	642916	12121	62946	205660
贵州	588309	198544	261841	20340	-16322	-38599	162506
云南	-404928	-59010	-82011	-34565	-52886	-183903	7447
西藏	29749		-1638	-3153	-5146	40372	-685
陕西	738055	128155	145926	118015	154101	127153	64705
甘肃	367249	-1474	203001	65275	33785	68179	-1516
青海	145575	12514	40937	-9542	14588	80537	6542
宁夏	-52591	17826	35704	-15086	-20113	-59995	-10928
新疆	384063	66715	122629	38653	15755	140413	-102

4-12　各地区按登记注册类型分的房地产开发企业主营业务收入

单位：万元

地　区	总　计	内　资					
			国　有	集　体	股份合作	国有联营	集体联营
全国总计	**900915064**	**802199292**	**5694054**	**2349777**	**395943**	**120017**	**2188**
北　京	46117023	42911547	444719	319597	26		
天　津	19763404	17165551	353162	120749		13667	
河　北	28563301	27576829	18457				
山　西	8660816	8565976	73107	2686			
内蒙古	8154695	8151737	4960				
辽　宁	20877208	16104279	48838	41			
吉　林	9509263	8928280	2670	2			
黑龙江	12174158	11737943	107496	0			
上　海	65059324	51967592	428941	775901		4463	2188
江　苏	108376236	91947139	541687	119644	5600		
浙　江	77689655	70141797	213687	10597	98484	100694	
安　徽	33309397	31462286	289703	1230			
福　建	32546210	28894405	373052	7678			
江　西	20072519	18796697	48699		31076		
山　东	61493707	57508675	659794	211378	111239		
河　南	36784420	36182247	352947	18308	9865		
湖　北	32785301	29670982	490030	59861			
湖　南	22691110	21581194	128180	3573	51908		
广　东	112043232	91714549	211781	662768	29221		
广　西	13712978	12021138	78509	3930	888		
海　南	9682676	7848202	67560		2461		
重　庆	24988518	20964615	107416	499	561		
四　川	34799229	31525562	48589	13551	37411		
贵　州	11820317	11725083	20635	269			
云　南	10143477	9942414	43377	325	64		
西　藏	202340	202340					
陕　西	17585226	15972763	189193	13519	7567		
甘　肃	6499669	6462087	315625	3138			
青　海	2588512	2587943			9572	1193	
宁　夏	3685916	3536016	437				
新　疆	8535227	8401425	30804	533			

4-12 续表 1

单位：万元

地　　区	内资						
	国有与集体联营	其他联营	国有独资公司	其他有限责任公司	股份有限公司	私营独资	私营合伙
全国总计	**848**	**61**	**33755518**	**471120590**	**33209312**	**302890**	**7269**
北　京			1334691	37896243	1297266		
天　津			1385823	11416188	767737		
河　北			177231	16131744	893951		
山　西			318429	3163724	226270		
内蒙古			419088	4314953	144706	2227	
辽　宁			265681	9571322	737178	1	
吉　林			142120	5230261	434189	2891	
黑龙江			506589	7038779	946577	358	
上　海			3691825	31663104	1272257	221348	
江　苏			4611130	43025587	2768464	3672	3647
浙　江	59		1612539	40670663	1063326		
安　徽			1718844	18320578	1704078		
福　建			2182692	18598813	1032900		
江　西			398208	10355245	959047	30	
山　东			3613264	32189499	3557026	1901	2082
河　南			327627	25171127	1703965	47433	120
湖　北			1060015	15982197	3305621	4396	1320
湖　南			595413	11879983	846430	1759	
广　东		19	2844062	55745434	4354217	14812	
广　西			464875	6211069	467080		
海　南	789		471854	5000760	495764	162	
重　庆			1625294	10242802	957964		
四　川			733746	18745000	1396566		
贵　州			283648	8032427	350985		100
云　南			508346	5924441	433164	1900	
西　藏		43	25094	140611	469		
陕　西			1402715	9203466	398203		
甘　肃			234075	3356414	112477		
青　海			240834	732041	31623		
宁　夏			184154	1141457	94180		
新　疆			375610	4024661	455633		

4-12　续表 2

单位：万元

地　区	内资			港澳台商投资			
	私营有限责任公司	私营股份有限公司	其他内资企业		合资经营	合作经营	独资
全国总计	**242844350**	**12344344**	**52133**	**68452811**	**23261570**	**4203886**	**38305388**
北　京	1560328	58678		2403611	728091	703483	972037
天　津	3037295	68974	1956	1703017	647554	24292	672172
河　北	9638225	717221		663029	440219		222810
山　西	4559261	222499		70815	6543		29222
内蒙古	3070627	195169	8	2958	2958		
辽　宁	5143795	337422		3412047	1388015	52797	1910570
吉　林	3043295	72852		545968	147336		390722
黑龙江	3020742	117400		365433	244474	68690	52269
上　海	13642875	264689		8283219	3917469	411604	3778509
江　苏	38644951	2222416	342	10730346	2584299	123823	7652926
浙　江	25912030	459717		5456338	1861241	14588	3420757
安　徽	8844003	583851		1532426	545089	6029	700772
福　建	6405154	294115		2543412	1628744	9943	897838
江　西	6133588	870803		1140072	407288		732626
山　东	16127881	1022565	12045	2824570	1475772	82316	1260882
河　南	7648354	900828	1674	485175	62798	101347	315634
湖　北	8481027	286516		2606353	602107	4971	1983486
湖　南	7576838	491498	5613	770424	199529	18781	549400
广　东	26572530	1279704	2	13987976	4256072	2413317	6938350
广　西	4625839	168949		1396990	288831	162	1107997
海　南	1706896	74666	27291	1470271	181984		617167
重　庆	7841051	189027		3318082	773209	111368	2408395
四　川	10195490	355210		1397668	431088	2018	848693
贵　州	2839189	197830		90236	78574		11420
云　南	2799749	228571	2477	141679	59009		82670
西　藏	35924	200					
陕　西	4597882	159493	725	795128	5275	54358	730496
甘　肃	2366393	73965		33703	16727		16976
青　海	1501009	71670					
宁　夏	1913378	202412		148064	148064		
新　疆	3358750	155434		133802	133209		592

4-12 续表 3

单位：万元

地　区	港澳台商投资		外商投资					
	股份有限	其　他		合资经营	合作经营	独　资	股份有限	其　他
全国总计	**2392350**	**289617**	**30262961**	**9320988**	**2915680**	**16618739**	**587276**	**820277**
北　京			801864	406885	134515	249864	10601	
天　津	358999		894837	123666	1921	563754	81944	123551
河　北			323444	354	92	287367	35630	
山　西	35049		24025	44		23981		
内蒙古								
辽　宁	60664		1360883	554196	121248	655167	30273	
吉　林	7000	910	35015	35015				
黑龙江			70783	32651	599	37533		
上　海	175637		4808512	985976	642329	3036371	143836	
江　苏	354888	14410	5698751	1950202	237292	3472156	133	38968
浙　江	124716	35036	2091520	638220	3391	1448982		927
安　徽	280536		314685	18770	84528	144432	66945	10
福　建	5018	1869	1108393	55484		998595	13703	40611
江　西		158	135751	48523		87228		
山　东	5600		1160463	377588	271189	511686		
河　南		5396	116998	33912	19	54577	12912	15578
湖　北	15782	7	507967	129012		280231	13949	84775
湖　南		2714	339492	179188		159970	334	
广　东	285886	94352	6340706	2074853	893412	2873310	123693	375439
广　西			294850	119285		69249	3	106314
海　南	554412	116707	364203	74758	58933	199589		30923
重　庆	22115	2995	705821	342069	275271	66703	18596	3182
四　川	106048	9822	1876000	961725	190942	723333		
贵　州		242	4998	4997		1		
云　南			59384	45531		4962	8891	
西　藏								
陕　西		5000	817334	127448		664053	25833	
甘　肃			3879	68		3811		
青　海			570	570				
宁　夏			1836			1836		
新　疆								

4-13 各地区按资质等级分的房地产开发企业主营业务收入

单位：万元

地区	总计	一级	二级	三级	四级	暂定	其他
全国总计	**900915064**	**57066223**	**162239235**	**158596686**	**103679458**	**369249503**	**50083959**
北京	46117023	7354936	6070814	3891451	15043431	11656624	2099766
天津	19763404	906181	2141664	2142696	9431022	4229143	912698
河北	28563301	2260999	4940766	6020403	7361045	7539138	440951
山西	8660816	323248	1910662	1205911	3530675	1608350	81969
内蒙古	8154695	400402	1137413	1616875	3990230	909003	100773
辽宁	20877208	433796	2539395	5066671	159074	11643538	1034734
吉林	9509263	587279	2255227	1414720	975782	4192863	83391
黑龙江	12174158	275544	4784172	4672526	214259	1983876	243783
上海	65059324	2923574	7678773	4296509	44726	43518634	6597108
江苏	108376236	6396322	37335651	4629116	185115	50641784	9188248
浙江	77689655	4157869	7961450	17182937	4230678	38590265	5566456
安徽	33309397	857346	4458282	8624782	966693	17223557	1178736
福建	32546210	2537328	2930204	8609880	5408011	11620686	1440100
江西	20072519	417745	2271177	4612894	2150329	10044759	575617
山东	61493707	5177861	7547744	8948808	7642343	29597293	2579658
河南	36784420	1882805	6616729	4566033	2041192	20004361	1673301
湖北	32785301	1817175	8339016	4947222	2618111	13898517	1165261
湖南	22691110	1233382	4374432	9236448	3099694	4490191	256964
广东	112043232	7191319	9647705	23301294	20546963	42787561	8568389
广西	13712978	678516	2510713	2154530	695088	7006487	667645
海南	9682676	45515	433182	1611499	1049729	5469860	1072891
重庆	24988518	2572582	11164438	2248032	157736	8658820	186908
四川	34799229	2291921	7716326	17290738	245367	5730755	1524123
贵州	11820317	110624	3339755	2368633	1412194	3818594	770519
云南	10143477	704577	2346972	759171	3088599	3037563	206594
西藏	202340		2621	75998	47235	76486	
陕西	17585226	1751440	3776854	3101905	4471359	3285249	1198419
甘肃	6499669	383949	1899618	1702554	990453	1501236	21859
青海	2588512	61485	1453281	359476	362657	339493	12121
宁夏	3685916	468329	1601995	559757	521575	477108	57152
新疆	8535227	862175	1052205	1377217	998092	3667711	577827

第二部分　城市篇

第五章　35 个大中城市房地产综合情况

5-1 35个大中城市按登记注册类型分的房地产开发企业个数

单位：个

地区	总计	内资					
			国有	集体	股份合作	国有联营	集体联营
总计	**31626**	**28909**	**444**	**96**	**21**	**5**	**1**
北京	2654	2431	53	17	1		
天津	1291	1190	49	5		2	
石家庄	393	390					
太原	748	735	10				
呼和浩特	250	249	1				
沈阳	549	447	2				
大连	785	664	6				
长春	645	625	3	1			
哈尔滨	813	794	21	1			
上海	2682	2286	39	13	1	1	1
南京	582	510	12				
杭州	1639	1500	7			1	
宁波	773	698	3				
合肥	575	541	6	1	1		
福州	564	484	19	9			
厦门	445	339	9	1			
南昌	533	485	11	2			
济南	622	586	18	3	1		
青岛	1034	936	9	5	3		
郑州	1238	1199	12				
武汉	1110	1031	22	5			
长沙	788	752	9				
广州	1345	999	25	18	1		
深圳	566	470	7				
南宁	502	460	4				
海口	399	376	13	1	1		
重庆	2467	2332	14	2	1		
成都	1587	1472	7	2	7		
贵阳	758	723	12	1			
昆明	824	797	6	2	2		
西安	923	888	17	3	1		
兰州	597	583	14	4			
西宁	219	218			1	1	
银川	307	302	1				
乌鲁木齐	419	417	3				

5-1 续表 1

单位：个

地 区	内 资						
	国有与集体联营	其他联营	国有独资公司	其他有限责任公司	股份有限公司	私营独资	私营合伙
总 计	**2**	**1**	**1002**	**15176**	**782**	**8**	**3**
北 京			60	1764	46		
天 津			78	678	44	1	1
石 家 庄			1	181	14		
太 原			24	143	5		
呼和浩特			4	86	9		
沈 阳			7	235	15		
大 连			8	268	20	1	
长 春			8	360	29	2	
哈 尔 滨			13	382	24		
上 海			152	1116	44	2	
南 京			18	267	21		
杭 州	1		38	893	24		
宁 波			36	249	14		
合 肥			19	305	21		
福 州	1		10	257	10		
厦 门			42	187	7		
南 昌			21	295	25		1
济 南			27	337	28		
青 岛			30	465	37	1	1
郑 州			15	842	32		
武 汉			43	615	52		
长 沙			30	398	17		
广 州		1	34	537	10		
深 圳			13	208	33		
南 宁			15	177	9		
海 口			10	251	9		
重 庆			90	906	52		
成 都			34	879	58		
贵 阳			23	509	6		
昆 明			22	353	31	1	
西 安			30	496	15		
兰 州			12	265	14		
西 宁			13	70	3		
银 川			11	70	2		
乌鲁木齐			11	132	2		

5-1　续表 2

单位：个

地　　区	内　　资			港澳台商投　　资			
	私营有限责任公司	私营股份有限公司	其他内资企　　业		合资经营	合作经营	独　资
总　　计	**10932**	**430**	**6**	**1919**	**672**	**199**	**1003**
北　　京	478	12		129	43	46	40
天　　津	318	13	1	58	27	1	26
石 家 庄	187	7		1			1
太　　原	535	18		7	4		2
呼和浩特	148	1					
沈　　阳	181	7		63	25	2	36
大　　连	351	10		89	36	2	47
长　　春	212	10		16	7		8
哈 尔 滨	330	23		11	6	1	4
上　　海	880	37		279	104	9	161
南　　京	184	8		49	17		31
杭　　州	526	10		106	38	1	65
宁　　波	385	11		50	22	2	25
合　　肥	182	5	1	26	12	1	12
福　　州	175	3		62	18	1	42
厦　　门	88	5		81	18	6	57
南　　昌	123	7		40	18		21
济　　南	157	15		27	11	2	14
青　　岛	372	13		63	31	8	23
郑　　州	287	11		25	8	2	13
武　　汉	276	18		61	22	2	34
长　　沙	292	6		28	9	3	15
广　　州	363	10		273	58	99	114
深　　圳	204	5		76	28	2	42
南　　宁	249	6		22	10	1	11
海　　口	85	3	3	20	5		13
重　　庆	1201	66		102	29	3	67
成　　都	471	14		67	23	1	39
贵　　阳	159	13		28	17	1	10
昆　　明	362	18		22	12	1	9
西　　安	317	8	1	23	3	2	18
兰　　州	254	20		10	8		2
西　　宁	120	10					
银　　川	213	5		3	1		1
乌鲁木齐	267	2		2	2		

5-1 续表 3 单位：个

地　　区	港澳台商投资		外商投资					
	股份有限	其　他		合资经营	合作经营	独　资	股份有限	其　他
总　　计	**33**	**12**	**798**	**308**	**87**	**355**	**31**	**17**
北　　京			94	40	31	21	2	
天　　津	4		43	18	2	17	3	3
石 家 庄			2	1		1		
太　　原	1		6	3		2	1	
呼和浩特			1			1		
沈　　阳			39	17	3	18	1	
大　　连	4		32	23		9		
长　　春		1	4	4				
哈 尔 滨			8	3	1	4		
上　　海	5		117	36	6	70	5	
南　　京	1		23	8	2	13		
杭　　州	2		33	16	2	14	1	
宁　　波		1	25	6		17	1	1
合　　肥	1		8	2	1	5		
福　　州		1	18	5		12	1	
厦　　门			25	3	1	17	2	2
南　　昌		1	8	5		3		
济　　南			9	6		3		
青　　岛		1	35	16	9	10		
郑　　州	1	1	14	4		8	1	1
武　　汉	3		18	10		6	1	1
长　　沙		1	8	5		2	1	
广　　州	2		73	19	15	30	6	3
深　　圳	4		20	7	6	6		1
南　　宁			20	8		10		2
海　　口	1	1	3	1		1		1
重　　庆	1	2	33	13	3	14	2	1
成　　都	3	1	48	17	2	28	1	
贵　　阳			7	3	2	2		
昆　　明			5	2	1		1	1
西　　安			12	3		8	1	
兰　　州			4	2		2		
西　　宁			1	1				
银　　川		1	2	1		1		
乌鲁木齐								

5−2 35个大中城市按资质等级分的房地产开发企业个数

单位：个

地　区	总　计	一　级	二　级	三　级	四　级	暂　定	其　他
总　计	**31626**	**655**	**3895**	**6971**	**4537**	**12544**	**3024**
北　京	2654	105	160	201	1182	547	459
天　津	1291	21	93	118	768	228	63
石家庄	393	5	28	38	86	230	6
太　原	748	3	73	98	305	243	26
呼和浩特	250	4	28	44	136	26	12
沈　阳	549	6	47	85	2	343	66
大　连	785	10	38	202	8	437	90
长　春	645	7	106	119	103	290	20
哈尔滨	813	8	168	442	15	149	31
上　海	2682	49	239	284	4	1735	371
南　京	582	19	166	106	2	214	75
杭　州	1639	49	119	197	58	804	412
宁　波	773	17	49	337	46	239	85
合　肥	575	15	66	150	33	274	37
福　州	564	15	42	148	67	270	22
厦　门	445	14	29	31	154	83	134
南　昌	533	8	67	115	52	270	21
济　南	622	13	49	111	23	374	52
青　岛	1034	12	59	143	55	672	93
郑　州	1238	23	170	178	26	747	94
武　汉	1110	37	248	247	7	533	38
长　沙	788	12	104	336	131	196	9
广　州	1345	14	104	514	81	518	114
深　圳	566	28	27	126	101	109	175
南　宁	502	11	48	90	48	282	23
海　口	399	1	10	40	61	262	25
重　庆	2467	56	732	628	42	943	66
成　都	1587	21	202	970	47	235	112
贵　阳	758	3	71	150	165	310	59
昆　明	824	17	148	99	269	234	57
西　安	923	20	134	167	253	196	153
兰　州	597	7	68	224	70	225	3
西　宁	219	4	84	65	30	29	7
银　川	307	10	71	73	58	93	2
乌鲁木齐	419	11	48	95	49	204	12

5–3 35个大中城市按登记注册类型分的房地产开发企业从业人数

单位：人

地　区	总　计	内　资					
			国　有	集　体	股份合作	国有联营	集体联营
总　计	**1006792**	**893020**	**23337**	**1868**	**469**	**120**	**14**
北　京	86737	75942	2361	331	52		
天　津	35227	31329	1917	75		45	
石家庄	16003	14548					
太　原	18535	18013	446				
呼和浩特	7454	7424	71				
沈　阳	16603	12487	45				
大　连	19102	15391	99				
长　春	20671	19409	4029	10			
哈尔滨	17743	17337	522	151			
上　海	63568	47974	824	288	13	29	14
南　京	20962	17923	386				
杭　州	32901	28942	166			28	
宁　波	15307	13069	54				
合　肥	19062	17278	200	9			
福　州	21940	19123	968	148			
厦　门	12352	9804	421	2			
南　昌	14390	13027	371	14			
济　南	21479	19852	991	40	14		
青　岛	26874	23590	226	146	63		
郑　州	42170	40630	745				
武　汉	42555	39380	954	69			
长　沙	28183	26266	419				
广　州	45522	32920	759	442	37		
深　圳	29143	23524	180				
南　宁	20407	17671	121				
海　口	15329	12606	615	2	8		
重　庆	99265	92145	701	26	19		
成　都	51396	45321	224	13	182		
贵　阳	22534	21366	212	7			
昆　明	25653	24012	262	29	22		
西　安	46535	44327	3091	20	24		
兰　州	19038	18602	593	46			
西　宁	7856	7829			35	18	
银　川	10663	10514	46				
乌鲁木齐	13633	13445	318				

5-3　续表 1　　单位：人

地　区	内　资						
	国有与集体联营	其他联营	国有独资公司	其他有限责任公司	股份有限公司	私营独资	私营合伙
总　计	**40**	**3**	**50238**	**471843**	**36538**	**297**	**73**
北　京			3597	57632	3210		
天　津			2734	16831	1770	60	12
石家庄			40	6260	376		
太　原			840	4623	50		
呼和浩特			160	2913	396		
沈　阳			333	7802	406		
大　连			211	7002	945	7	
长　春			233	9228	786	81	
哈尔滨			556	8963	531		
上　海			3157	21838	2353	110	
南　京			623	10487	629		
杭　州	33		1052	18018	922		
宁　波			800	5211	369		
合　肥			919	9564	921		
福　州	7		588	11374	608		
厦　门			3237	4297	171		
南　昌			975	7462	704		20
济　南			1454	11410	812		
青　岛			1553	10978	1243	30	41
郑　州			546	28961	1293		
武　汉			2053	20825	3833		
长　沙			1097	14798	656		
广　州		3	1955	16647	812		
深　圳			782	9154	3969		
南　宁			642	8388	303		
海　口			684	8554	305		
重　庆			5189	35552	3006		
成　都			2710	27622	2531		
贵　阳			711	15258	556		
昆　明			1208	11024	922	9	
西　安			6670	22698	467		
兰　州			446	10642	295		
西　宁			895	2490	53		
银　川			750	2654	192		
乌鲁木齐			838	4683	143		

5-3 续表 2

单位：人

地区	内资			港澳台商投资			
	私营有限责任公司	私营股份有限公司	其他内资企业		合资经营	合作经营	独资
总计	**295699**	**12368**	**113**	**75982**	**25790**	**6975**	**41845**
北京	8574	185		6338	1449	2405	2484
天津	7602	275	8	2550	962	128	1266
石家庄	7709	163		79			79
太原	11676	378		192	131		41
呼和浩特	3844	40					
沈阳	3755	146		1812	783	65	964
大连	6947	180		2827	777	6	1975
长春	4801	241		1043	456		573
哈尔滨	6262	352		308	132	54	122
上海	18617	731		10984	5363	610	4804
南京	5652	146		1890	573		1295
杭州	8635	88		2802	715	10	2030
宁波	6463	172		1502	574	56	849
合肥	5469	186	10	1568	372	33	1068
福州	5346	84		2460	938	5	1514
厦门	1549	127		2033	640	75	1318
南昌	3038	443		1044	394		629
济南	4704	427		1472	360	26	1086
青岛	9068	242		2017	1169	103	724
郑州	8754	331		1098	181	165	709
武汉	11179	467		2185	751	76	1311
长沙	9034	262		1297	511	67	699
广州	10985	1280		7707	1482	2492	3715
深圳	9370	69		3433	1591	92	1701
南宁	7997	220		2173	379	14	1780
海口	2219	146	73	1246	178		821
重庆	45006	2646		5501	1808	92	3508
成都	11676	363		3972	1740	45	2082
贵阳	4376	246		1029	533	38	458
昆明	10002	534		1268	212	11	1045
西安	11055	280	22	1504	93	307	1104
兰州	6196	384		339	257		82
西宁	4038	300					
银川	6681	191		121	98		9
乌鲁木齐	7420	43		188	188		

5-3　续表 3　　　　单位：人

地　区	港澳台商投资		外商投资					
	股份有限	其　他		合资经营	合作经营	独　资	股份有限	其　他
总　计	**1168**	**204**	**37790**	**11356**	**3855**	**19057**	**1399**	**2123**
北　京			4457	1617	1250	1241	349	
天　津	194		1348	329	81	729	76	133
石家庄			1376	66		1310		
太　原	20		330	73		144	113	
呼和浩特			30			30		
沈　阳			2304	675	403	1195	31	
大　连	69		884	619		265		
长　春		14	219	219				
哈尔滨			98	38	11	49		
上　海	207		4610	1333	280	2811	186	
南　京	22		1149	248	70	831		
杭　州	47		1157	297	28	816	16	
宁　波		23	736	153		545	30	8
合　肥	95		216	41	10	165		
福　州		3	357	140		137	80	
厦　门			515	24	1	370	44	76
南　昌		21	319	235		84		
济　南			155	120		35		
青　岛		21	1267	494	428	345		
郑　州	26	17	442	81		264	33	64
武　汉	47		990	429		421	45	95
长　沙		20	620	88		531	1	
广　州	18		4895	1511	332	2820	130	102
深　圳	49		2186	386	606	1192		2
南　宁			563	148		242		173
海　口	237	10	1477	22		38		1417
重　庆	41	52	1619	582	160	760	78	39
成　都	96	9	2103	727	106	1188	82	
贵　阳			139	45	89	5		
昆　明			373	355			4	14
西　安			704	166		437	101	
兰　州			97	65		32		
西　宁			27	27				
银　川		14	28	3		25		
乌鲁木齐								

5–4 35个大中城市按资质等级分的房地产开发企业从业人数

单位：人

地 区	总 计	一 级	二 级	三 级	四 级	暂 定	其 他
总 计	**1006792**	**79221**	**195066**	**203289**	**117703**	**344266**	**67247**
北 京	86737	12192	10630	7555	33288	13949	9123
天 津	35227	1971	4002	3633	18004	6008	1609
石 家 庄	16003	1858	3112	1397	2492	7034	110
太 原	18535	97	3775	2925	6256	5192	290
呼和浩特	7454	328	1075	1434	3569	772	276
沈 阳	16603	307	3408	2790	40	8929	1129
大 连	19102	654	1067	5594	100	9730	1957
长 春	20671	4214	4492	3116	1773	6625	451
哈 尔 滨	17743	712	4340	8961	338	2683	709
上 海	63568	3805	6969	6805	46	37314	8629
南 京	20962	1786	7779	2070	16	7038	2273
杭 州	32901	2943	3136	3961	770	15724	6367
宁 波	15307	934	1262	6700	452	4673	1286
合 肥	19062	999	3200	5043	630	8154	1036
福 州	21940	1994	2744	6685	1675	8397	445
厦 门	12352	2093	1899	1208	3711	1727	1714
南 昌	14390	495	2330	2721	1249	7196	399
济 南	21479	1197	2442	3839	403	12037	1561
青 岛	26874	1183	2990	3375	1160	16026	2140
郑 州	42170	2555	8341	5704	651	23571	1348
武 汉	42555	3141	12992	6834	373	17938	1277
长 沙	28183	931	6709	11377	3125	5830	211
广 州	45522	5420	4980	15726	1619	15298	2479
深 圳	29143	4232	2010	7442	4544	4271	6644
南 宁	20407	698	3656	3411	871	10667	1104
海 口	15329	83	794	1471	3337	8983	661
重 庆	99265	7523	37211	18939	791	32676	2125
成 都	51396	2084	9828	27342	684	8429	3029
贵 阳	22534	467	6280	3830	2842	8244	871
昆 明	25653	2132	6694	2045	5830	7938	1014
西 安	46535	6458	8861	6921	13026	6698	4571
兰 州	19038	1206	5548	5710	889	5643	42
西 宁	7856	204	4226	1761	784	756	125
银 川	10663	1299	3405	1918	1530	2455	56
乌鲁木齐	13633	1026	2879	3046	835	5661	186

5-5 35个大中城市房地产开发企业投资规模与完成情况

单位：万元

地区	计划总投资	自开始建设至本年底累计完成投资	
			本年完成投资
总计	**2992766013**	**2205150676**	**518644692**
北京	250065028	194373755	40005729
天津	154267751	101035529	23000107
石家庄	43207074	27532228	10157650
太原	40603092	27973298	6801301
呼和浩特	30595036	23367380	5205165
沈阳	68221435	51682643	7096706
大连	65894213	49010172	5351742
长春	40518193	28474708	5966477
哈尔滨	35746925	24489717	5261251
上海	256449538	184295997	37090311
南京	104424294	66128986	18456004
杭州	119296154	96774415	26066290
宁波	54002905	44471522	12703341
合肥	77306483	51721022	13525944
福州	70276940	67447761	16794355
厦门	45826710	38008726	7657970
南昌	39414932	27295892	6745980
济南	65121572	48928551	11641361
青岛	62846133	48578760	13691425
郑州	105556782	72920366	27789452
武汉	133675603	107216942	25174350
长沙	92819418	64932797	12666341
广州	149977152	119363502	25408549
深圳	82449302	55144346	17565209
南宁	47523278	33382523	8539976
海口	29526250	19735382	5512859
重庆	221295218	173541418	37259452
成都	140400265	108321416	26411375
贵阳	67666290	52167006	9232583
昆明	90663876	61572848	15304999
西安	127256670	78677298	19495025
兰州	21101160	14669624	3703929
西宁	14343102	10401323	3164971
银川	25040160	18620808	4749414
乌鲁木齐	19387079	12892015	3447099

5–6 35个大中城市按用途分的房地产开发企业完成投资

单位：万元

地区	本年完成投资	住宅	#别墅、高档公寓	办公楼	商业营业用房	其他
总计	**518644692**	**323457860**	**17665604**	**50369689**	**73768829**	**71048314**
北京	40005729	19258648	1877091	6990757	4841151	8915173
天津	23000107	15982672	927545	1246437	2524386	3246612
石家庄	10157650	6637791	74839	1069441	1365304	1085114
太原	6801301	4945767	71598	456647	519782	879105
呼和浩特	5205165	3706921	157809	205800	795059	497385
沈阳	7096706	4903834	84905	319677	1258389	614806
大连	5351742	3924658	187773	221574	668118	537392
长春	5966477	4014549	146317	352658	1066689	532581
哈尔滨	5261251	3615990	158814	216476	953343	475442
上海	37090311	19654280	4164967	6959544	5194103	5282384
南京	18456004	13927627	638306	966820	1950465	1611092
杭州	26066290	15601990	542081	2528303	3042491	4893506
宁波	12703341	7926763	391670	833518	1441467	2501593
合肥	13525944	8610231	238663	1208596	2341325	1365792
福州	16794355	11235935	223755	1231799	2416658	1909963
厦门	7657970	4275988	230116	1163998	662856	1555128
南昌	6745980	4718445	287904	499250	1023851	504434
济南	11641361	8057639	233709	1112954	1665634	805134
青岛	13691425	9561782	564382	1192456	1469861	1467326
郑州	27789452	19163971	104602	1450356	2907867	4267258
武汉	25174350	17267922	174617	1904573	2376491	3625364
长沙	12666341	6935861	258489	1384985	2569137	1776358
广州	25408549	15944355	707313	3041503	3759403	2663288
深圳	17565209	10445362	985592	3104448	2464452	1550947
南宁	8539976	5831986	125866	672424	846019	1189547
海口	5512859	3424121	143247	434123	816046	838569
重庆	37259452	23199701	1788286	1660434	7043652	5355665
成都	26411375	14179517	737755	2172356	5773061	4286441
贵阳	9232583	4901605	136319	1228144	2115659	987175
昆明	15304999	9318238	590207	1303239	2226769	2456753
西安	19495025	13373483	429276	1721890	2892640	1507012
兰州	3703929	2380128	4035	362538	621925	339338
西宁	3164971	1733835	24755	308886	743910	378340
银川	4749414	2781617	115871	457948	786206	723643
乌鲁木齐	3447099	2014648	137130	385137	624660	422654

5−7　35个大中城市房地产开发企业实际到位资金情况

单位：万元

地　区	本年实际到位资金合计	上年末结余资金	本年实际到位资金小计	国内贷款	#银行贷款
总　计	**1003230666**	**227173081**	**776057585**	**144763531**	**119766417**
北　京	116894087	36381147	80512940	21484793	15829916
天　津	56780512	12808338	43972174	10669921	8302267
石家庄	12595381	1590780	11004601	770539	707839
太　原	9575444	2569162	7006282	726883	576927
呼和浩特	5869848	664873	5204975	180812	149348
沈　阳	15052460	4493830	10558630	1523645	820183
大　连	14347033	5941362	8405671	1433800	1251980
长　春	9208080	1478857	7729223	1106443	817491
哈尔滨	9245493	2112280	7133213	592119	526759
上　海	82550357	18462536	64087821	14461847	12935091
南　京	46867121	9053013	37814108	6877450	5922144
杭　州	55080715	13507271	41573444	6983226	5227906
宁　波	20997630	5108505	15889125	2427465	2028424
合　肥	28403547	6287761	22115786	3431579	2715039
福　州	26093362	4207570	21885792	3155762	3065463
厦　门	15592663	4153019	11439644	2207440	1588439
南　昌	13704293	3852739	9851554	1773201	1635337
济　南	21309472	3071341	18238131	2427327	2118406
青　岛	28872093	5765687	23106406	3847423	3413616
郑　州	38252720	8357109	29895611	3507393	2806305
武　汉	44824836	8631022	36193814	7891485	7005010
长　沙	24771894	4811391	19960503	3502587	2753783
广　州	46030909	10912510	35118399	5481352	4901251
深　圳	43128465	9123697	34004768	8125621	7414666
南　宁	15352947	2724814	12628133	1983429	1472145
海　口	8560298	1256395	7303903	1285674	833204
重　庆	63546787	13481090	50065697	10129149	8573064
成　都	49561209	10609664	38951545	5851211	5056459
贵　阳	11463507	2575908	8887599	1230210	1136364
昆　明	18601801	3757443	14844358	3758449	2933642
西　安	29329918	6084461	23245457	2795272	2423048
兰　州	6537073	1308800	5228273	1161305	996235
西　宁	4063037	552624	3510413	688019	644043
银　川	5088852	715753	4373099	734280	668596
乌鲁木齐	5076822	760329	4316493	556420	516027

5-7 续表 1

单位：万元

地区	#非银行金融机构贷款	利用外资	#外商直接投资	自筹资金	#自有资金
总计	**24997114**	**952646**	**923196**	**237359426**	**99003193**
北京	5654877	10000	10000	19784979	4883902
天津	2367654	20547	197	8996287	3105279
石家庄	62700			8960860	3614039
太原	149956			2921672	1471039
呼和浩特	31464			3891017	1060727
沈阳	703462			3702406	2100690
大连	181820	100		3420616	875301
长春	288952			2568940	1442822
哈尔滨	65360	9000	9000	3110175	1065789
上海	1526756	23080	23080	14907807	9244842
南京	955306			5626257	2154600
杭州	1755320	238222	238222	7207584	1322760
宁波	399041	52241	52241	4675045	2020290
合肥	716540			4386682	1949885
福州	90299			8083064	4461696
厦门	619001			4626576	2191514
南昌	137864	6977	6977	2809360	969275
济南	308921	77172	77172	5757946	3875833
青岛	433807	25000	25000	8724647	3475094
郑州	701088			14113422	6305865
武汉	886475	5000		11461754	4445437
长沙	748804			4028815	1795081
广州	580101	188386	188386	11722824	4893335
深圳	710955			10817998	4273735
南宁	511284			3480076	1616091
海口	452470			3399067	1246427
重庆	1556085	290621	290621	14883784	5296632
成都	794752	6300	2300	13775701	7441686
贵阳	93846			2043932	742001
昆明	824807			6166393	2610336
西安	372224			11628282	4375616
兰州	165070			1731493	644527
西宁	43976			1491822	654866
银川	65684			1323020	716044
乌鲁木齐	40393			1129123	660137

5-7　续表 2

单位：万元

地　区	其他资金来源	#定金及预收款	#个人按揭贷款	本年各项应付款合计	#工程款
总　计	**392981982**	**234908245**	**123068376**	**142666620**	**75943518**
北　京	39233168	25154337	10909809	4660771	2816749
天　津	24285419	17863806	2886772	9281704	4238726
石家庄	1273202	653666	405051	1326768	413749
太　原	3357727	1948895	1034795	2347244	651061
呼和浩特	1133146	553478	247625	606560	345091
沈　阳	5332579	3918128	1192358	3725258	1903289
大　连	3551155	2339288	987260	3407284	1682782
长　春	4053840	2107540	1297138	815887	535205
哈尔滨	3421919	1898629	1136489	967874	511528
上　海	34695087	25638800	6637087	12144083	6224384
南　京	25310401	13339273	11376831	3528189	2141008
杭　州	27144412	14525070	10627502	3897429	2177610
宁　波	8734374	4436890	3801528	2037433	1590165
合　肥	14297525	7290313	6346517	3673717	1938428
福　州	10646966	5976681	3889043	1601442	651817
厦　门	4605628	2164789	1533125	1365055	454536
南　昌	5262016	2664480	1922505	1669044	955741
济　南	9975686	6337191	2506789	2734447	1979561
青　岛	10509336	6997201	2570216	3914544	2073424
郑　州	12274796	5861773	5061236	5624182	2390637
武　汉	16835575	9167465	5819132	11402349	8311407
长　沙	12429101	6754786	4712632	4457115	2351269
广　州	17725837	12938042	4079648	6669769	2541717
深　圳	15061149	7896935	6139498	7656259	3123508
南　宁	7164628	4041863	2744032	3102598	1635296
海　口	2619162	1743824	476824	2100938	922987
重　庆	24762143	13920807	7784140	13375692	6866924
成　都	19318333	11583357	6050088	5325124	3104253
贵　阳	5613457	2811049	1980819	2436718	1498636
昆　明	4919516	2711187	1173336	6424483	3492702
西　安	8821903	4352240	3416263	5079651	3078568
兰　州	2335475	1414968	762240	1587924	1108328
西　宁	1330572	852016	256911	1256365	660975
银　川	2315799	1513976	516387	1504401	941266
乌鲁木齐	2630950	1535502	786750	958319	630191

5-8 35个大中城市按用途分的房地产开发企业房屋施工面积

单位：平方米

地　区	房屋施工面　积	住　宅	#别　墅、高档公寓	办公楼	商业营业用房	其　他
总　计	**2950905114**	**1859535735**	**87166580**	**236554920**	**381292629**	**473521830**
北　京	129760030	58576083	4730511	24472563	13548163	33163221
天　津	93497556	63117038	3000137	7233214	11622799	11524505
石家庄	39632269	28041486	967147	3632814	5313317	2644652
太　原	57164732	40855975	949124	3705668	5327214	7275875
呼和浩特	51333178	34904998	614397	1798230	9452858	5177092
沈　阳	70580700	49703251	980215	2593872	12396463	5887114
大　连	46550660	34141210	2241934	1615401	6243552	4550497
长　春	65222178	42955935	2961631	4292990	10098178	7875075
哈尔滨	48424919	32257021	1265287	1881404	7909016	6377478
上　海	151112403	80739437	16329259	21805017	19908106	28659843
南　京	76914066	52477605	2447841	4708220	7994119	11734122
杭　州	115678175	60054187	2667514	14665421	14239796	26718771
宁　波	65652847	35019396	2477443	5140275	9035814	16457362
合　肥	78185377	46804121	976122	5871340	14557335	10952581
福　州	77607673	49197875	1078359	5514086	9581537	13314175
厦　门	43122041	19530701	1127744	8318107	4091009	11182224
南　昌	49827238	35756141	1155414	3810907	5297574	4962616
济　南	79203547	52549002	1310107	7152645	9059521	10442379
青　岛	91007300	59055271	4167308	6552139	10458099	14941791
郑　州	142299743	96037437	1506040	9744121	14393601	22124584
武　汉	118031037	83348446	1797435	7922539	12140910	14619142
长　沙	96794694	62158162	3017477	6591116	12431644	15613772
广　州	100619164	61056807	3408118	10759671	12262975	16539711
深　圳	51739868	30792843	2646205	5628418	7057722	8260885
南　宁	61912436	40344712	650910	5127170	5500143	10940411
海　口	30818988	19717431	1470097	1613104	3603219	5885234
重　庆	273633940	179326859	7170510	10201987	41936478	42168616
成　都	198809362	118319549	6116943	12240625	26739911	41509277
贵　阳	60867540	38380810	1138221	5244387	7462733	9779610
昆　明	95184499	58671436	2279608	6310942	12504227	17697894
西　安	146868472	104483158	2045546	9989336	18761253	13634725
兰　州	40101571	27362678	387153	2039607	5158727	5540559
西　宁	21467745	12587974	134936	1509683	4046264	3323824
银　川	42728347	26502126	1003675	3040559	6409360	6776302
乌鲁木齐	38550819	24708574	946212	3827342	4748992	5265911

5-9　35个大中城市按用途分的房地产开发企业房屋新开工面积

单位：平方米

地　区	房屋新开工面　积	住　宅	#别　墅、高档公寓	办公楼	商业营业用房	其　他
总　计	**623615088**	**394255514**	**13853678**	**43737793**	**75847741**	**109774040**
北　京	27955673	11994306	675090	4644054	2785045	8532268
天　津	25114701	19433948	1068277	414772	2287025	2978956
石 家 庄	10896433	7306865	35442	1433935	1232701	922932
太　原	14455435	9834723	80821	1007413	1026765	2586534
呼和浩特	5506204	4447620	30668	16484	531674	510426
沈　阳	10435586	7918296	171284	183945	1425101	908244
大　连	5943995	4031333	103436	152444	1000162	760056
长　春	10033648	6048607	174723	783288	1953096	1248657
哈 尔 滨	8968585	6649794	436324	209959	1054074	1054758
上　海	28409526	14361280	3227889	3844855	4017812	6185579
南　京	22810178	16842961	424317	673418	1749638	3544161
杭　州	21375383	12259673	536903	1484756	2447158	5183796
宁　波	10521002	6192065	207205	901266	1018369	2409302
合　肥	21133128	13702173	299931	1575731	2915663	2939561
福　州	14096545	9522135	160308	953264	1137334	2483812
厦　门	5484605	1897253		1020071	480399	2086882
南　昌	12803246	9758244	331155	889942	1366273	788787
济　南	19449436	12188093	217248	1431013	2607025	3223305
青　岛	20853912	13792075	595331	1156708	2076567	3828562
郑　州	52872068	35962668	280492	2028258	5142243	9738899
武　汉	26298893	18488974	103083	1695730	2325382	3788807
长　沙	22010328	13263647	622993	1710917	3583579	3452185
广　州	21323802	12585748	174335	2616340	2681010	3440704
深　圳	9753346	4720883	197557	1658029	1547549	1826885
南　宁	14947301	9529962	30451	2000439	1183068	2233832
海　口	8116109	4611927	107516	487097	931639	2085446
重　庆	48751615	29989210	983252	1607904	8999371	8155130
成　都	43127914	25591660	1488656	2070451	5331630	10134173
贵　阳	8926898	5541378	300286	395216	1478242	1512062
昆　明	14722681	9075492	256975	1178821	1108583	3359785
西　安	28670783	19338274	312503	1885878	3980418	3466213
兰　州	8143881	5320384	24195	241408	1449085	1133004
西　宁	6422877	3787202		384546	1301502	949627
银　川	7214344	4402915	102772	623338	1066168	1121923
乌鲁木齐	6065027	3863746	92260	376103	626391	1198787

5-10 35个大中城市按用途分的房地产开发企业房屋竣工面积

单位：平方米

地　区	房屋竣工面　积	住　宅	#别　墅、高档公寓	办公楼	商业营业用房	其　他
总　计	**404691429**	**275218633**	**11678595**	**23131602**	**42974609**	**63366585**
北　京	23699489	12670649	890337	3437416	1716147	5875277
天　津	29142520	21891368	952675	1432229	2935873	2883050
石家庄	3964844	3061882	27019	299419	484236	119307
太　原	5604563	4583153	249583	113616	425076	482718
呼和浩特	3333622	2354589	34870	26800	640396	311837
沈　阳	9031524	8020802	89077	112546	667114	231062
大　连	1919246	1466230	17388	51888	221682	179446
长　春	7619547	5385146	167424	176450	1230204	827747
哈尔滨	15182074	11454090	205319	261414	1919403	1547167
上　海	25506443	15328809	1958168	2793061	2660604	4723969
南　京	12413308	9116254	543667	304947	962905	2029202
杭　州	19229882	11133544	145681	2084662	1538093	4473583
宁　波	10972246	6515727	277539	627921	1114321	2714277
合　肥	11803272	8606140	108120	328052	883764	1985316
福　州	8238214	5246219	308602	545408	1152202	1294385
厦　门	4535472	2395738	191093	449070	451276	1239388
南　昌	4171411	3386324	129029	145315	290078	349694
济　南	11341165	8027701	311763	501721	1086942	1724801
青　岛	14257911	9515087	652367	1142489	1392247	2208088
郑　州	14552430	10562829	301980	899163	1197307	1893131
武　汉	8131722	6000973	67762	344286	929959	856504
长　沙	16466616	11059941	353932	835269	1750324	2821082
广　州	12022431	8184283	675551	1128492	1292429	1417227
深　圳	4900313	2806413	185153	513292	390889	1189719
南　宁	4716136	3381023	57987	222217	430248	682648
海　口	3067153	2342933	133848	26774	224047	473399
重　庆	44213017	30839998	1772195	1009667	6344571	6018781
成　都	27342372	17384988	307102	1152970	2759613	6044801
贵　阳	9740016	6369601	119815	964042	800456	1605917
昆　明	4689742	2110470	100708	113302	745100	1720870
西　安	15454258	12509998	88600	302896	1928793	712571
兰　州	2605248	1660325	5228	68693	475015	401215
西　宁	3190515	1871085	55103	324569	504538	490323
银　川	7656567	5179196	72949	257664	899028	1320679
乌鲁木齐	3976140	2795125	120961	133882	529729	517404

5-11　35个大中城市按用途分的房地产开发企业房屋竣工价值

单位：万元

地　　区	房屋竣工价　　值	住　宅	#别　　墅、高档公寓	办公楼	商业营业用房	其　他
总　　计	**142608864**	**94133475**	**6287071**	**10502306**	**18043471**	**19929612**
北　　京	8399677	4493128	481613	1219891	624449	2062209
天　　津	10811967	7439207	269517	633883	1513657	1225220
石 家 庄	874542	676023	7826	74403	100067	24049
太　　原	2903316	2434109	157519	41781	269990	157436
呼和浩特	1202682	778750	19391	1340	339052	83540
沈　　阳	3181265	2765813	57716	74590	286038	54824
大　　连	896849	683771	12048	17661	151593	43824
长　　春	1769547	1236468	34746	45519	288810	198750
哈 尔 滨	4313592	3149154	99936	173037	570281	421120
上　　海	14723334	8392784	1760530	2312056	1807775	2210719
南　　京	5028985	3897189	312374	122971	417275	591550
杭　　州	7405055	4387923	76551	919484	711629	1386019
宁　　波	4328685	2631546	118644	296454	422846	977839
合　　肥	3653021	2655956	25126	131993	443940	421132
福　　州	2496145	1567046	127870	152345	396885	379869
厦　　门	1210424	611870	31188	197618	125267	275669
南　　昌	1201966	975798	39932	57417	76856	91895
济　　南	2696396	1905056	63351	132698	271908	386734
青　　岛	3894254	2589888	189951	339107	377118	588141
郑　　州	3961889	2925040	83222	228342	333024	475483
武　　汉	3920271	2999561	112385	226916	484538	209256
长　　沙	5580351	3747288	118930	489167	622401	721495
广　　州	4345177	2702025	274548	516844	660350	465958
深　　圳	3619971	2196227	216260	381954	359587	682203
南　　宁	1187875	859401	13510	76738	131315	120421
海　　口	1349955	967854	62925	26077	170622	185402
重　　庆	14117655	9760273	1126560	402964	2427057	1527361
成　　都	9253475	5741644	133516	462152	1367647	1682032
贵　　阳	2669143	1444727	38822	367671	384613	472132
昆　　明	1839073	672608	28198	28326	378748	759391
西　　安	4535906	3497155	64107	125291	709892	203568
兰　　州	897815	600557	2115	20273	132728	144257
西　　宁	958145	602488	44633	63469	168066	124122
银　　川	2175777	1314212	26453	91414	347729	422422
乌鲁木齐	1204684	830936	55058	50460	169718	153570

5–12 35个大中城市按用途分的房地产开发企业住宅竣工套数

单位：套

地区	住宅	#90平方米及以下住宅	#144平方米以上住宅	#别墅、高档公寓
总计	**2812423**	**1528074**	**205224**	**60103**
北京	135606	96865	8944	2530
天津	219734	118240	13877	5416
石家庄	26400	13076	2535	74
太原	35197	9353	10065	320
呼和浩特	17036	2810	3374	65
沈阳	84652	54234	4856	503
大连	18419	16064	615	69
长春	60900	39079	3731	934
哈尔滨	123402	82272	6250	1254
上海	157370	91221	9820	13641
南京	91323	44407	8049	2098
杭州	104030	57951	11430	463
宁波	54383	13476	6538	787
合肥	82775	31120	2439	290
福州	47515	16034	7581	950
厦门	22121	8411	3052	1054
南昌	30677	11157	1598	812
济南	70514	21683	4933	1045
青岛	88882	49080	7148	3276
郑州	97651	51330	11059	861
武汉	105723	70113	2002	482
长沙	98980	32285	12988	2040
广州	67892	25851	13333	2137
深圳	28765	20916	3899	2056
南宁	28892	13610	1676	346
海口	21049	7335	1897	714
重庆	343593	221224	8460	11387
成都	247193	179955	8033	1683
贵阳	51922	13344	7425	387
昆明	20814	10096	2050	404
西安	117047	58783	8812	388
兰州	15701	8024	712	21
西宁	22753	13727	1157	230
银川	46300	14805	2852	861
乌鲁木齐	27212	10143	2034	525

5-13　35个大中城市按资质等级分的房地产开发企业住宅竣工套数

单位：套

地区	总计	一级	二级	三级	四级	暂定	其他
总计	**2812423**	**182030**	**609349**	**599598**	**297443**	**1003441**	**120562**
北京	135606	21799	25727	10370	39943	30634	7133
天津	219734	7793	18480	11462	143191	26697	12111
石家庄	26400	2885	1939	4048	4794	12240	494
太原	35197		8327	6993	10944	8933	
呼和浩特	17036	3214	1688	1769	9611	754	
沈阳	84652	1840	18716	9435		54638	23
大连	18419	146	112	4295		12649	1217
长春	60900		11055	15786	9264	24100	695
哈尔滨	123402	6660	40702	47996	120	26954	970
上海	157370		17326	6354		119957	13733
南京	91323	11074	35683	6518		29354	8694
杭州	104030	3656	10138	6974	1092	70869	11301
宁波	54383	6253	1130	21528	300	18740	6432
合肥	82775		5246	31611	2058	34230	9630
福州	47515	1868	8414	18484	6804	10926	1019
厦门	22121	6191	1678	3099	5684	5469	
南昌	30677		3977	5847	2889	17348	616
济南	70514	7775	12647	11129		38635	328
青岛	88882	6642	3156	8083	1757	58316	10928
郑州	97651	7917	16962	7953		63205	1614
武汉	105723	8239	20486	5494		67184	4320
长沙	98980	2994	27027	46382	14724	7853	
广州	67892	5936	5257	25672	5037	25990	
深圳	28765	2420	1425	11730	8106	4046	1038
南宁	28892	1256	8980	4516	1169	11540	1431
海口	21049			5407	2242	12426	974
重庆	343593	28357	155012	39725	1514	117786	1199
成都	247193	11196	24469	159524	559	42640	8805
贵阳	51922		41605	6043	1924	2350	
昆明	20814	2460	8779	1275	1194	7106	
西安	117047	5444	27841	34627	16276	17002	15857
兰州	15701	3723	4706	5586	44	1642	
西宁	22753	924	16736	3353	446	1294	
银川	46300	13171	16914	5608	4134	6473	
乌鲁木齐	27212	197	7009	4922	1623	13461	

5-14 35个大中城市按资质等级分的房地产开发企业别墅、高档公寓竣工套数

单位：套

地　区	总　计	一　级	二　级	三　级	四　级	暂　定	其　他
总　计	**60103**	**3568**	**10758**	**8399**	**8120**	**26107**	**3151**
北　京	2530	349	143		1060	978	
天　津	5416			89	4945	382	
石家庄	74					74	
太　原	320			254	66		
呼和浩特	65				65		
沈　阳	503					503	
大　连	69					69	
长　春	934			763		150	21
哈尔滨	1254	99	218	900		37	
上　海	13641		1272	479		10295	1595
南　京	2098		296	339		1342	121
杭　州	463		73			229	161
宁　波	787	63		496		228	
合　肥	290			26		264	
福　州	950		58	618	274		
厦　门	1054		32	56	966		
南　昌	812		8	317	41	446	
济　南	1045		270			775	
青　岛	3276	231	201	215	96	2370	163
郑　州	861			24		837	
武　汉	482	227	34			221	
长　沙	2040		50	900		1090	
广　州	2137	272	123	641	539	562	
深　圳	2056	902		482			672
南　宁	346				7	339	
海　口	714					714	
重　庆	11387	162	7550	474		3201	
成　都	1683		141	641		483	418
贵　阳	387		28	311	48		
昆　明	404	384				20	
西　安	388	115	260		13		
兰　州	21			21			
西　宁	230			230			
银　川	861	764	1	28		68	
乌鲁木齐	525			95		430	

5-15 35个大中城市按用途分的房地产开发企业商品房销售面积

单位：平方米

地区	商品房销售面积	住宅	#别墅、高档公寓	办公楼	商业营业用房	其他
总计	**567843813**	**479700669**	**19733196**	**27424613**	**35954412**	**24764119**
北京	16589346	9813660	1534422	4138566	1258467	1378653
天津	27110848	25218725	1613493	310601	970317	611205
石家庄	7984168	6525212	27367	612580	803588	42788
太原	6098354	5564448	164106	304510	168352	61044
呼和浩特	4254930	3448005	7447	98122	594895	113908
沈阳	11843163	10993885	136152	107708	510989	230581
大连	7074894	6546159	151163	153266	249417	126052
长春	10177486	8344948	237406	289581	1050267	492690
哈尔滨	10579642	9081553	222236	202686	1028929	266474
上海	27056889	20197967	4454180	3063957	2058703	1736262
南京	15581836	14062893	763508	532774	805026	181143
杭州	23278649	18882848	766390	2247441	1279379	868981
宁波	13369494	11260593	568859	601264	858111	649526
合肥	20983411	17057175	309921	1291003	1891390	743843
福州	12213323	10212284	127049	550486	729474	721079
厦门	5288601	3223391	141734	646174	366656	1052380
南昌	12446529	10778161	272618	583776	915790	168802
济南	14252878	12327168	227833	581141	403814	940755
青岛	19392152	17520805	976472	555259	827387	488701
郑州	28591803	25714430	351034	957407	1531492	388474
武汉	32556550	29310559	531816	921119	1318195	1006677
长沙	26132583	23082361	781943	821461	1175751	1053010
广州	19490982	16240052	517969	1530904	1196639	523387
深圳	7361932	6600849	433122	505708	234902	20473
南宁	13275262	11501526	186585	310752	525411	937573
海口	4327139	3943338	389123	69661	164505	149635
重庆	62571463	51054642	1573820	1069934	6221817	4225070
成都	39287680	32791714	1070920	1162180	2349151	2984635
贵阳	9818689	8262138	262121	589784	777317	189450
昆明	15208717	11288934	294443	1044895	1245301	1629587
西安	20361819	18664963	379331	640426	724591	331839
兰州	8287934	7139217	35318	432001	628529	88187
西宁	3526041	2921090	3790	189587	310902	104462
银川	5648583	4928382	114940	67890	484303	168008
乌鲁木齐	5820043	5196594	104565	240009	294655	88785

5–16 35个大中城市按用途分的房地产开发企业商品房销售额

单位：万元

地区	商品房销售额	住宅	#别墅、高档公寓	办公楼	商业营业用房	其他
总计	**611943085**	**503822157**	**45537413**	**46563146**	**48044845**	**13512937**
北京	45616040	27958052	6578629	12619002	3766523	1272463
天津	34782223	32455992	2167347	447126	1400568	478537
石家庄	6611953	4798699	28485	781615	998337	33302
太原	4675695	4088535	171979	290814	249541	46805
呼和浩特	2733598	1791509	8178	71350	729848	140891
沈阳	8441568	7517359	141935	294153	505102	124954
大连	6617770	5969343	251774	249125	332835	66467
长春	6673697	5021673	307829	224140	1045904	381980
哈尔滨	7067199	5755532	255572	184568	904174	222925
上海	66958478	52332938	19034816	9031722	4704929	888889
南京	27663469	25149896	1396695	871589	1442603	199381
杭州	36669823	30611128	1699221	3201031	2303125	554539
宁波	15011392	13218029	854962	542619	879311	371433
合肥	19660399	15883501	367636	1168861	2346307	261730
福州	13542937	11292827	202676	842142	966893	441075
厦门	10588243	8139252	427675	910697	913401	624893
南昌	10229074	8306515	281632	495860	1285554	141145
济南	11754863	10360613	355210	559443	440615	394192
青岛	17899532	15763139	1381689	698060	1138620	299713
郑州	23338882	20811259	400047	983044	1306472	238107
武汉	32711962	28781467	743657	1163339	1932528	834628
长沙	16750585	14219724	610108	795927	1313957	420977
广州	31933259	26545645	835687	2662341	2072990	652283
深圳	33236372	30032246	2739681	2291527	832427	80172
南宁	9142399	7783453	156947	350553	670792	337601
海口	3913066	3496868	476970	96888	231565	87745
重庆	34319972	26356415	1349036	988550	5527667	1447340
成都	29480677	24190982	1158837	1013581	3007156	1268958
贵阳	5849315	4455204	217839	482388	848182	63541
昆明	10691674	7733914	303676	855380	1359405	742975
西安	13442020	11917433	397552	549855	783546	191186
兰州	5470655	4399254	38916	447466	574573	49362
西宁	2083831	1462452	4371	129923	440651	50805
银川	2705703	2192310	78266	54400	389273	69720
乌鲁木齐	3674760	3028999	111883	214067	399471	32223

5-17　35个大中城市按用途分的房地产开发企业商品房平均销售价格

单位：元/平方米

地　区	商品房平均销售价格	住　宅	#别　墅、高档公寓	办公楼	商业营业用房	其　他
总　计	**10777**	**10503**	**23077**	**16979**	**13363**	**5457**
北　京	27497	28489	42874	30491	29929	9230
天　津	12830	12870	13433	14396	14434	7829
石 家 庄	8281	7354	10409	12759	12423	7783
太　原	7667	7348	10480	9550	14823	7667
呼和浩特	6425	5196	10982	7272	12269	12369
沈　阳	7128	6838	10425	27310	9885	5419
大　连	9354	9119	16656	16254	13345	5273
长　春	6557	6018	12966	7740	9958	7753
哈 尔 滨	6680	6338	11500	9106	8788	8366
上　海	24747	25910	42735	29477	22854	5120
南　京	17754	17884	18293	16359	17920	11007
杭　州	15753	16211	22172	14243	18002	6381
宁　波	11228	11738	15029	9025	10247	5719
合　肥	9369	9312	11862	9054	12405	3519
福　州	11089	11058	15953	15298	13255	6117
厦　门	20021	25251	30174	14094	24912	5938
南　昌	8218	7707	10331	8494	14038	8362
济　南	8247	8405	15591	9627	10911	4190
青　岛	9230	8997	14150	12572	13762	6133
郑　州	8163	8093	11396	10268	8531	6129
武　汉	10048	9819	13983	12630	14660	8291
长　沙	6410	6160	7802	9689	11175	3998
广　州	16384	16346	16134	17391	17323	12463
深　圳	45146	45498	63254	45313	35437	39160
南　宁	6887	6767	8412	11281	12767	3601
海　口	9043	8868	12258	13908	14076	5864
重　庆	5485	5162	8572	9239	8884	3426
成　都	7504	7377	10821	8721	12801	4252
贵　阳	5957	5392	8311	8179	10912	3354
昆　明	7030	6851	10314	8186	10916	4559
西　安	6602	6385	10480	8586	10814	5761
兰　州	6601	6162	11019	10358	9142	5597
西　宁	5910	5007	11533	6853	14173	4863
银　川	4790	4448	6809	8013	8038	4150
乌鲁木齐	6314	5829	10700	8919	13557	3629

5-18 35个大中城市按用途分的房地产开发企业房屋出租面积

单位：平方米

地区	房屋出租面积	住宅	#别墅、高档公寓	办公楼	商业营业用房	其他
总计	**23563555**	**1636439**	**787315**	**7989716**	**9795474**	**4141926**
北京	3802821	178061	119335	1141058	1630907	852795
天津	79086	42240	3256	3778	1569	31499
石家庄						
太原	3500				200	3300
呼和浩特	31000				31000	
沈阳	16952	16552	16552		400	
大连	387278	809		10000	376469	
长春	361909			22168	337741	2000
哈尔滨	35095	21884			12390	821
上海	13225079	834060	620792	5784442	4152476	2454101
南京	16251	358			3326	12567
杭州	177255			47544	129711	
宁波	348922	976	976	151342	171610	24994
合肥	57184	3374			53485	325
福州	121844	32413			65815	23616
厦门	132456			30992	94444	7020
南昌	33299				33299	
济南	182137				182137	
青岛	208301			72221	113411	22669
郑州	146579	128821		6282	9134	2342
武汉	240789				192719	48070
长沙	75717	511		16941	31044	27221
广州	898776	76828	26404	114880	393766	313302
深圳	688332	54528		335397	278057	20350
南宁	59876				59876	
海口	137102				121960	15142
重庆	453193	7771		70520	237368	137534
成都	232311			35104	160852	36355
贵阳	62630	77		14007	45083	3463
昆明	85052	70704		8852	1260	4236
西安	486662	14652		67390	389620	15000
兰州	26522				26522	
西宁	59809			30834	9975	19000
银川	226267	19770		12787	193122	588
乌鲁木齐	463569	132050		13177	254726	63616

5-19　35个大中城市按用途分的房地产开发企业商品房待售面积

单位：平方米

地　区	待售面积	住　宅	#别墅、高档公寓	办公楼	商业营业用房	其　他
总　计	**234851153**	**117143655**	**12805986**	**21517285**	**47964022**	**48226191**
北　京	21439057	8345124	2241920	3206095	4319755	5568083
天　津	8805507	4617409	596419	982119	1627160	1578819
石家庄	1188471	911763		93455	120566	62687
太　原	1714689	1183824	41599	88318	426919	15628
呼和浩特	2059855	1264277	103465	39100	645548	110930
沈　阳	9570243	7254397	280883	373974	1558736	383136
大　连	10383589	7674559	293202	470419	1426901	811710
长　春	7115082	3979104	176331	486105	1784913	864960
哈尔滨	14772575	9787257	277179	381200	2673706	1930412
上　海	19012144	6751317	2653594	3261286	3745719	5253822
南　京	4362293	2823003	205477	329424	661868	547998
杭　州	9009497	4154932	479399	1639942	1838259	1376364
宁　波	7216879	3622049	452699	919012	1354016	1321802
合　肥	1997287	413626	61615	253941	599512	730208
福　州	4056386	2188413	200674	116443	580736	1170794
厦　门	2918163	762801	128858	416832	651583	1086947
南　昌	2667693	1786923	147070	236501	504786	139483
济　南	1720232	931437	153996	80257	367324	341214
青　岛	6380921	3599104	330833	909450	1476957	395410
郑　州	3489792	1993146	50426	519929	697189	279528
武　汉	4459334	2397944	224514	552084	951514	557792
长　沙	10307710	4860744	626787	637495	2379908	2429563
广　州	7935867	3761809	528466	571977	1311443	2290638
深　圳	2729827	1401719	212231	298552	774352	255204
南　宁	3298163	1573489	39433	169891	703563	851220
海　口	2617542	1577255	190606	54046	409186	577055
重　庆	23084688	8746971	573710	1542888	5757017	7037812
成　都	13082485	3697837	535426	894243	2662560	5827845
贵　阳	2599866	1339616	91012	475333	540667	244250
昆　明	7230707	3740066	586668	445145	1368669	1676827
西　安	3591407	2047553		72304	1020382	451168
兰　州	2075955	1283664	34475	163806	386767	241718
西　宁	1239255	829010		145117	199356	65772
银　川	7230839	4048057	177883	378581	1843333	960868
乌鲁木齐	3487153	1793456	109136	312021	593152	788524

5-20 35个大中城市房地产开发企业主要财务指标

单位：万元

地　　区	资产总计	负债合计	所有者权益合计	主营业务收入
总　　计	**3855366594**	**2961032508**	**894334086**	**478237608**
北　　京	556936607	434381613	122554994	46117023
天　　津	259841242	196940329	62900913	19763404
石 家 庄	20644664	19079470	1565195	1859179
太　　原	39827206	34522117	5305089	4445437
呼和浩特	20424423	17801711	2622713	1312215
沈　　阳	50820322	40330722	10489600	6521023
大　　连	63332089	48783198	14548892	7352453
长　　春	34678600	29434084	5244516	5932813
哈 尔 滨	57253957	39301444	17952514	7837301
上　　海	484488994	326464370	158024624	65059324
南　　京	111302586	87618709	23683878	24964626
杭　　州	159070196	120400993	38669203	26412446
宁　　波	71043797	53806095	17237702	13667753
合　　肥	66044156	50842734	15201423	12425948
福　　州	93349819	71791598	21558221	9722948
厦　　门	67520026	45730826	21789200	8932244
南　　昌	50346001	36734942	13611059	8624685
济　　南	72602423	58406976	14195447	11913217
青　　岛	93734140	75193935	18540204	12982851
郑　　州	117576679	98134048	19442631	14684609
武　　汉	149052968	113860866	35192102	19885757
长　　沙	60527491	50475408	10052083	10658470
广　　州	228600701	186507893	42092809	23193205
深　　圳	164337460	124052679	40284780	24062576
南　　宁	40076529	32519794	7556735	6135272
海　　口	33306660	25915513	7391147	2785784
重　　庆	219900804	161823593	58077211	24988518
成　　都	151605615	118698557	32907058	19118649
贵　　阳	53622028	41893089	11728939	5543839
昆　　明	101647099	84010893	17636206	6060459
西　　安	78137823	66151866	11985957	13382411
兰　　州	26720895	22873398	3847497	3524853
西　　宁	13335671	11244017	2091655	2193295
银　　川	20802084	17380179	3421905	2642490
乌鲁木齐	22854839	17924852	4929987	3530538

5-20　续表 1

单位：万元

地　　区	土地转让收入	商品房销售收入	房屋出租收入	其他收入
总　　计	**4748697**	**442426551**	**14695518**	**16366842**
北　　京	1565530	36724313	3664038	4163143
天　　津	371432	18112449	368865	910658
石 家 庄	14881	1802656	11853	29789
太　　原	21101	3972311	38744	413280
呼和浩特	206	1284205	10912	16893
沈　　阳	2498	6354491	79005	85030
大　　连	49221	6915576	177633	210022
长　　春		5830587	63201	39024
哈 尔 滨	21999	7646458	29603	139241
上　　海	467454	57856521	4516562	2218786
南　　京	137395	24036109	407027	384096
杭　　州	215236	25597528	258081	341600
宁　　波	95438	12772526	187579	612209
合　　肥		11886669	68403	470875
福　　州	41	9407217	65490	250200
厦　　门	8	8337288	189055	405892
南　　昌	84709	8350665	26720	162591
济　　南	2409	11227539	106425	576844
青　　岛	35052	12531310	157795	258694
郑　　州	203730	13805366	192778	482735
武　　汉	147869	19102683	219282	415923
长　　沙	56046	10269426	100618	232381
广　　州	33101	21483745	853196	823163
深　　圳		22369882	1307588	385107
南　　宁	178237	5811250	86205	59580
海　　口	23931	2622971	25995	112886
重　　庆	916182	22775033	515196	782107
成　　都	37748	18487510	290662	302729
贵　　阳	2558	5291745	84948	164588
昆　　明	20003	5423306	245669	371480
西　　安	22003	12979896	93148	287365
兰　　州	19666	3374159	48642	82386
西　　宁		2089922	37586	65788
银　　川	0	2538791	47227	56472
乌鲁木齐	3012	3354448	119789	53289

5–20 续表 2

单位：万元

地　区	主营业务成本	主营业务税金及附加	其他业务利润	销售费用
总　计	**348240999**	**38367801**	**1307553**	**16929439**
北　京	30768303	4219084	450797	1425762
天　津	15412586	1255291	119665	766483
石家庄	1414773	138278	5052	123635
太　原	3373440	302525	9310	171572
呼和浩特	1076257	91976	-2619	54225
沈　阳	5557267	480384	1032	320689
大　连	6113390	393160	13026	252120
长　春	4776529	362598	768	218489
哈尔滨	5981908	573632	11389	163563
上　海	42283497	5652816	167291	1942091
南　京	18325416	1795169	29390	618777
杭　州	21746670	1796276	38768	918314
宁　波	11971186	799249	7223	342199
合　肥	8713552	989861	26802	503341
福　州	6520009	992718	374	376699
厦　门	4964820	1240293	4017	220340
南　昌	6265528	612779	3977	248205
济　南	9688962	706161	-2996	313921
青　岛	9871189	948012	28211	516677
郑　州	10744283	1135150	10276	640255
武　汉	13677943	1620028	65775	686675
长　沙	8492920	553185	13179	511790
广　州	14504319	2438095	105999	1069762
深　圳	11729064	3529977	42515	711056
南　宁	4261702	510463	18559	306072
海　口	1878980	223878	1555	227156
重　庆	19245219	1551860	40242	1096181
成　都	19987117	1252083	47827	1000358
贵　阳	4230982	355633	7659	191237
昆　明	4752267	368998	16901	205523
西　安	10931847	759325	15534	421993
兰　州	2775013	195282	12830	101055
西　宁	1391145	136955	-19030	39569
银　川	2203810	151109	13463	89882
乌鲁木齐	2609108	235523	2790	133777

5-20 续表 3

单位：万元

地 区	管理费用	财务费用	营业利润	营业外收入
总 计	**20656459**	**16651018**	**62943889**	**3766557**
北 京	3050632	2752340	7943066	360913
天 津	796251	1594000	1453906	370653
石家庄	126791	30249	67419	24768
太 原	180913	109271	343671	11985
呼和浩特	106614	54713	-86241	5008
沈 阳	312646	124224	-158863	23633
大 连	332092	311494	-77447	102403
长 春	386375	147682	241617	40230
哈尔滨	442476	255438	502038	93895
上 海	2457709	2158964	14610371	488910
南 京	573939	436609	3756642	143262
杭 州	793148	547341	1840042	90357
宁 波	371611	284379	336092	90695
合 肥	346900	245693	2012835	41804
福 州	359725	273294	1336375	91784
厦 门	285622	251654	2768065	53866
南 昌	236736	102567	1162416	60414
济 南	360577	191351	616528	42422
青 岛	656322	359713	890815	92401
郑 州	782169	655143	1074962	93664
武 汉	639778	459447	3246198	87535
长 沙	380053	273382	262047	78760
广 州	1278866	1148500	5670433	335847
深 圳	975659	806092	7768653	108142
南 宁	238399	96616	925835	24256
海 口	215885	134134	309375	14076
重 庆	1138844	925869	1505885	421795
成 都	971075	705305	899222	122418
贵 阳	272650	199794	592542	30945
昆 明	474099	491487	-213089	40129
西 安	453211	242641	684015	71999
兰 州	176343	92677	229544	30471
西 宁	85847	25855	128278	5491
银 川	176881	72332	-24253	53370
乌鲁木齐	219623	90770	324896	18258

5-20 续表 4

单位：万元

地区	营业外支出	利润总额	应交所得税	应付职工薪酬
总计	**2674097**	**64191868**	**14720299**	**12607928**
北京	328189	8025536	1798759	2001736
天津	109275	1715337	495990	612501
石家庄	29734	62649	40538	83384
太原	13365	342291	133716	123765
呼和浩特	24843	-106076	821	50539
沈阳	35207	-170437	105622	196802
大连	43529	-18572	100270	197607
长春	38405	243495	80311	142195
哈尔滨	28069	567904	139379	120332
上海	208284	14951720	2815102	1256310
南京	57566	3836345	637808	318916
杭州	84121	1880685	562937	548333
宁波	28038	402174	153908	207319
合肥	98883	1956297	391904	193434
福州	56020	1372139	266214	257088
厦门	139615	2681823	502914	220580
南昌	28569	1194489	262461	146127
济南	52586	606344	204439	217053
青岛	55122	929349	290671	308757
郑州	126434	1042996	394247	361081
武汉	78300	3256683	684301	445227
长沙	25209	315899	145198	312025
广州	243024	5765742	1016519	775257
深圳	152814	7724409	1797688	517238
南宁	78798	871043	238631	190642
海口	33559	290074	111533	130504
重庆	118945	1809400	425903	806259
成都	111040	909634	378673	632534
贵阳	37135	585877	90849	186805
昆明	71521	-243952	72658	261226
西安	34008	721952	142689	396919
兰州	13105	247120	63797	127798
西宁	11260	122508	44842	58047
银川	56836	-21469	40936	81407
乌鲁木齐	22691	320463	88073	122181

附　　录

主要统计指标解释

主要统计指标解释

一、房地产开发企业财务指标

1.资产总计：指企业过去的交易或者事项形成的、由企业拥有或者控制的、预期会给企业带来经济利益的资源。资产一般按流动性分为流动资产和非流动资产。其中流动资产可分为货币资金、交易性金融资产、应收票据、应收账款、预付款项、其他应收款、存货等；非流动资产可分为长期股权投资、固定资产、无形资产及其他非流动资产等。根据会计“资产负债表”中“资产总计”项目的期末余额数填报。

2.负债合计：指企业过去的交易或者事项形成的，预期会导致经济利益流出企业的现时义务。负债一般按偿还期长短分为流动负债和非流动负债。根据会计“资产负债表”中“负债合计”项目的期末余额数填报。

3.所有者权益合计：指企业资产扣除负债后由所有者享有的剩余权益。公司的所有者权益又称股东权益。包括实收资本、资本公积、盈余公积、未分配利润等。根据会计“资产负债表”中“所有者权益合计”项目的期末余额数填报。

4.主营业务收入：指企业确认的销售商品、提供劳务等主营业务的收入。根据会计“主营业务收入”科目的期末贷方余额（结转前）填报。

（1）土地转让收入：指房地产开发企业按国家规定在报告期转让已经开发的土地和未经开发的土地所得到的收入。根据会计“利润表”和相关核算资料计算填报。

（2）商品房屋销售收入：指房地产开发企业在报告期售出商品房的收入，一次收款的，一次性全部计入销售收入，按合同规定分期收款的，可按合同规定的时间分次计入收入。根据会计“利润表”和相关核算资料计算填报。

（3）房屋出租收入：指房地产开发企业在报告期内，在不改变现有财产所有权关系的条件下，将企业的全部或部分房屋出租给其他单位或个人使用所得到的租金收入。根据会计“利润表”和相关核算资料计算填报。

（4）其他（主营业务）收入：指房地产开发企业在报告期内从事除以上收入外的其他业务活动所得到的收入，包括配套设施销售收入、代建工程结算收入等。根据会计“利润表”和相关核算资料计算填报。

5.主营业务成本：指企业经营主要业务和其他业务所发生的成本总额。根据会计“主营业务成本”科目的期末借方余额（结转前）填报。

6.销售费用：指企业在销售商品和材料、提供劳务的过程中发生的各种费用，包括保险费、包装费、广告费等费用和为销售本企业商品而专设的销售机构（含销售网点、售后服务网点等）的职工薪酬、业务费等经营费用。建筑业企业销售费用指企业从事施工生产活动过程中发生的各项费用，包括应由企业负担的运输费、装卸费、包装费、保险费、维修费、展览费、差旅费、广告费和其他经费。房地产企业销售费用指企业在从事主要经营业务过程中所发生的各项销售费用，包括转让、销售、结算和出租开发产品等。执行《企业会计准则》或《小企业会计准则》的企业，根据会计“利润表”中“销售费用”项目的本期金额数填报。执行其他企业会计制度的企业，根据会计“利润表”中“营业费用（或经营费用）”项目的本期金额数填报。

7. **主营业务税金及附加**：指企业经营主要业务应负担的营业税、消费税、城市维护建设税、教育费附加等。根据会计“主营业务税金及附加”科目的期末借方余额（结转前）填报。执行《企业会计准则》或《小企业会计准则》的企业，如未设置该科目，以“营业税金及附加”代替填报。

8. **管理费用**：指企业为组织和管理企业生产经营所发生的费用，包括企业在筹建期间内发生的开办费、董事会和行政管理部门在企业经营管理中发生的，或者应当由企业统一负担的公司经费等。根据会计“利润表”中“管理费用”项目的本期金额数填报。

9. **财务费用**：指企业为筹集生产经营所需资金等而发生的筹资费用，包括企业生产经营期间发生的利息支出（减利息收入）、汇兑损失（减汇兑收益）以及相关的手续费等。根据会计“利润表”中“财务费用”项目的本期金额数填报。

10. **营业利润**：指企业从事生产经营活动所取得的利润。执行《企业会计准则》的企业，营业利润为营业收入减去营业成本、营业税金及附加、销售费用、管理费用、财务费用、资产减值损失，再加上公允价值变动收益和投资收益；执行《小企业会计准则》的企业，营业利润为营业收入减去营业成本、营业税金及附加、销售费用、管理费用、财务费用，再加上投资收益后的金额；执行其他企业会计制度的企业，营业利润为主营业务收入减去主营业务成本、主营业务税金及附加，加上其他业务利润后，再减去销售费用、管理费用、财务费用后的金额。根据会计“利润表”中“营业利润”项目的本期金额数填报。

11. **营业外收入**：指企业发生的与经营业务无直接关系的各项收入，包括非流动资产处置利得、非货币性资产交换利得、债务重组利得、政府补助、盘盈利得、捐赠利得等。执行《企业会计准则》或《小企业会计准则》的企业，根据会计“利润表”中“营业外收入”项目的本期金额数填报；执行其他企业会计制度的企业，“营业外收入”中不含“补贴收入”。

12. **营业外支出**：指企业发生的与经营业务无直接关系的各项支出，包括非流动资产处置损失、非货币性资产交换损失、债务重组损失、公益性捐赠支出、非常损失、盘亏损失等。根据会计“利润表”中“营业外支出”项目的本期金额数填报。

13. **利润总额**：指企业在一定会计期间的经营成果，是生产经营过程中各种收入扣除各种耗费后的盈余，反映企业在报告期内实现的亏盈总额。根据会计“利润表”中“利润总额”项目的本期金额数填报。执行《企业会计准则》或《小企业会计准则》的企业，利润总额为营业利润加上营业外收入，减去营业外支出后的金额；执行其他企业会计制度的企业，利润总额为营业利润加上投资收益、补贴收入、营业外收入，再减去营业外支出后的金额。

14. **应交所得税**：指企业按税法规定，应从生产经营等活动的所得中缴纳的税金。执行《企业会计准则》或《小企业会计准则》的企业，根据会计“利润表”中“所得税费用”项目的本期金额数填报；执行其他企业会计制度的企业，根据会计“利润表”中“所得税”项目的本期金额数填报。

二、房地产开发投资指标

1. **计划总投资**：指房地产开发企业在建的建设工程按照总体设计（或按设计概算或预算）规定的内容

全部建成计划需要的总投资。

2.**自开始建设累计完成投资**：指房地产开发企业在建的房屋建设工程或正在开发的土地开发工程从开始建设到本期止累计完成的全部投资。其计算范围原则上应与“计划总投资”指标包括的工程内容相一致。

报告期以前已建成投产或停、缓建工程完成的投资以及拆除、报废工程的投资，仍应包括在内。但转出的“在建工程”累计投资应予以扣除，转入的“在建工程”以前年度完成的投资应当包括。

3.**完成投资**：指各种登记注册类型的房地产开发法人单位统一开发的住宅、厂房、仓库、饭店、宾馆、度假村、写字楼、办公楼等房屋建筑物，配套的服务设施，土地开发工程（如道路、给水、排水、供电、供热、通讯、平整场地等基础设施工程）和土地购置的投资；不包括单纯的土地开发和交易活动。

4.**建筑工程**：指各种房屋、建筑物的建造工程，又称建筑工作量。这部分投资额必须兴工动料，通过施工活动才能实现。

5.**安装工程**：指各种设备、装置的安装工程，又称安装工作量。

6.**设备工器具购置**：指报告期内购置或自制的，达到固定资产标准的设备、工具、器具的价值。

7.**其他费用**：指在固定资产建造和购置过程中发生的，除建筑安装工程和设备、工器具购置投资完成额以外的费用，不指经营中财务上的其他费用。包括土地出让金、大市政费、四源费（煤、热、自来水、污水）、不可预见费、旧房屋购置，基本畜禽支出，林木支出，退耕退牧还林还草、土壤改良、城市绿化，办公生活用家具、器具购置，建设单位管理费，土地征用、购置及迁移补偿费，政府收费，勘察设计费，研究实验费，可行性研究费，临时设施费，施工机械转移费，设备检验费，负荷联合试车费，土地占用、使用费，建设期应付利息，企业债券发行费，合同公证费及工程质量监测费，国外借款手续费及承诺费，汇兑损益，坏账损失，固定资产亏损及损失等。

8.**土地购置费**：指房地产开发企业通过各种方式取得土地使用权而支付的费用。土地购置费包括：（1）通过划拨方式取得的土地使用权所支付的土地补偿费、附着物和青苗补偿费、安置补偿费及土地征收管理费等；（2）通过“招、拍、挂”等出让方式取得土地使用权所支付的资金。以划拨方式取得土地所支付的资金在房地产项目竣工后计入新增固定资产，以出让方式取得土地所有权所支付的出让金不计入新增固定资产。土地购置费按当期实际发生额计入投资。土地购置费为分期付款的，应分期计入房地产开发投资。

9.**投资额按工程用途分组**：

（1）住宅：指专供居住的房屋，包括别墅、公寓、职工家属宿舍和集体宿舍（包括职工单身宿舍和学生宿舍）等。但不包括住宅楼中作为人防用、不住人的地下室等。

①90 平方米及以下住房：指在房地产开发企业投资建设的商品住宅中，套型建筑面积不超过 90 平方米（包括 90 平方米）的住房。套型建筑面积是指单套住房的建筑面积，由套内建筑面积和分摊的共有建筑面积组成。现房应以商品房销售合同中实际测绘的建筑面积为统计标准，期房根据商品房预售合同中规划设计面积进行统计，待住宅竣工交付使用后，应根据实际测绘面积进行相应调整。

②144 平方米以上住房：指在房地产开发企业投资建设的商品住宅中，套型建筑面积超过 144 平方米（不包括 144 平方米）的住房。现房应以商品房销售合同中实际测绘的建筑面积为统计标准，期房根据商品房预售合同中规划设计面积进行统计，待住宅竣工交付使用后，应根据实际测绘面积进行相应调整。

③别墅、高档公寓：指建筑造价和销售价格明显高于一般商品住宅的商品住宅。别墅一般指地处郊区，独立成栋的商品住宅；高档公寓一般指地处市内高档社区，高层或多层的商品住宅。别墅、高档公寓的确定标准：一是经有房地产投资计划审批权的主管部门审批建设的别墅、高档公寓开发项目；二是销售价格高于当地同等地段商品住宅平均销售价格一倍以上的别墅、公寓开发项目。该指标可以分析房地产投资结

构，反映高收入家庭商品住宅的供求平衡情况。

（2）办公楼：指企业、事业、机关、团体、学校、医院等单位使用的各类办公用房（又称写字楼）。

（3）商业营业用房：指商业、粮食、供销、饮食服务业等部门对外营业的用房，如度假村、饭店、商店、门市部、粮店、书店、供销店、饮食店、菜店、加油站、日杂等房屋。

（4）其他：凡不属于上述各项用途的房屋建筑物，如中小学教学用房、托儿所、幼儿园、图书馆、体育馆等。

10.本年新增固定资产：指在报告期已经完成建造和开发过程并交付使用的房屋和土地开发面积的价值。指房地产开发公司进行开发经营活动的最终成果，即为社会提供的固定资产，而且是在报告期内新增加的。不是反映房地产开发企业本身固定资产的增加。

11.待开发土地面积：指经有关部门批准，通过各种方式获得土地使用权，但尚未开工建设的土地面积。

12.本年土地购置面积：指在本年内通过各种方式获得土地使用权的土地面积。

13.本年土地成交价款：指进行土地使用权交易活动的最终金额。在土地一级市场，是指土地最后的划拨款、"招拍挂"价格和出让价；在土地二级市场是指土地转让、出租、抵押等最后确定的合同价格。土地成交价款与土地购置面积同口径，可以计算土地的平均购置价格。

14.资金来源

（1）本年实际到位资金合计：指房地产开发企业在本年内收到的可用于房地产开发的各种资金来源数之和，包括上年末结余资金、本年度内拨入、借入或以各种方式筹集的资金。

（2）上年末结余资金：指上年资金来源中没有形成投资额而结余的资金。包括尚未用到工程中的材料价值、未开始安装的需要安装设备价值及结存的现金和银行存款、新开工项目以前年度支付的土地款等。可根据有关财务数字填报。上年末结余资金不能出现负数，即不能把上年应付工程、材料款作为上年末结余资金的负数来处理。

（3）本年实际到位资金小计：指房地产开发企业实际拨入的，用于房地产开发的各种货币资金。包括国内贷款、利用外资、自筹资金和其他资金。

①国内贷款：指报告期内房地产开发企业向银行及非银行金融机构借入的，用于房地产开发的各种国内借款，包括银行利用自有资金及吸收存款发放的贷款、上级拨入的国内贷款、国家专项贷款，地方财政专项资金安排的贷款、国内储备贷款、周转贷款等。

银行贷款：指报告期内房地产开发企业向各商业银行、政策性银行借入的，用于房地产开发的各项贷款。

非银行金融机构贷款：指向除上述银行之外从事金融业务的机构借入的，用于房地产开发的各项贷款。非银行金融机构包括城市信用社、农村信用社、保险公司、金融信托投资公司、证券公司、财务公司、金融租赁公司、融资公司（中心）等。

②利用外资：指报告期内收到的，用于房地产开发的境外（包括外国及港澳台地区）资金（包括设备、材料、技术在内）。包括对外借款（外国政府贷款、国际金融组织贷款、出口信贷、外国银行商业贷款、对外发行债券和股票）、外商直接投资、外商其他投资（包括补偿贸易、加工装配由外商提供的设备价款、国际租赁，外商投资收益的再投资资金）。不包括我国自有外汇资金（包括国家外汇、地方外汇、留成外汇、调剂外汇和中国银行自有资金发行的外汇贷款等）。各类外资按报告期的外汇牌价（中间价）折成人民币计算。

外商直接投资：指外国投资者在与中国企业（政府）合资、合作或独资中以外汇现金、设备（或实物）、技术、专利或其他方式投入的资金总量。

③自筹资金：指各地区、各部门及企事业单位筹集用于房地产开发的预算外资金。

自有资金：指凡属于房地产企业（单位）所有者权益范围内，用于房地产开发的资金。是按财务制度规定归企业支配的各种自有资金。包括企业折旧资金、资本金、资本公积金、企业盈余公积金及其他自有资金，也包括通过发行股票筹集的资金。

④其他资金来源：指在报告期收到的除以上各种资金之外其他用于房地产开发的资金。包括国家预算内资金、债券、社会集资、个人资金、无偿捐赠的资金及用征地迁移补偿费、移民费等进行房地产开发的资金。

定金及预收款：定金是为使甲乙双方按约定签订正式经济合同，实现房屋交易，根据有关规定由购房者或单位在报告期交纳的押金。预收款是甲乙双方签订购销房屋合同后，在报告期由购房者或单位交付的首付款及各种手续费（包括其中的外汇）。

个人按揭贷款：是指按照中国人民银行（《个人住房贷款管理办法》，银发[1998]190号）中规定，贷款人（商业银行）向借款人发放的采用分期偿还方式用于购买自用普通住房的贷款。具体指具有完全民事行为能力的自然人，购买商品房时以其购买的产权住房（或银行认可的其他担保方式）为抵押，作为偿还贷款的保证而向银行申请的住房商业性贷款。从1999年2月开始，个人住房贷款可扩大到借款人自用的各类型住房贷款（《关于开展个人消费信贷的指导意见》，银发[1999]73号）。

15.本年各项应付款合计：指在房地产开发过程中应付未付的投资款。包括应付工程款、应付器材款、应付工资、应付有偿调入器材及工程款、其他应付款、应交税金、应交基建收入、应交投资包干结余、应交能源交通建设基金、应交预算调节基金及其他应交款。各项应付款填报本报告期实际增加数（或发生数），不是填报开始建设以来的累计数。

三、房地产开发企业施工和销售指标

1.房屋施工面积：指报告期内施工的全部房屋建筑面积。包括本期新开工的房屋建筑面积、上期跨入本期继续施工的房屋建筑面积、上期停缓建在本期恢复施工的房屋建筑面积、本期竣工的房屋建筑面积以及本期施工后又停缓建的房屋建筑面积。多层建筑应填各层建筑面积之和。

2.房屋新开工面积：指报告期内新开工建设的房屋建筑面积，以单位工程为核算对象，即整栋房屋的全部建筑面积，不能分割计算。不包括在上期开工跨入报告期继续施工的房屋建筑面积和上期停缓建而在本期恢复施工的房屋建筑面积。房屋的开工应以房屋正式开始破土刨槽（地基处理或打永久桩）的日期为准。

3.房屋竣工面积：指报告期内房屋建筑按照设计要求已全部完工，达到住人和使用条件，经验收鉴定合格或达到竣工验收标准，可正式移交使用的各栋房屋建筑面积的总和。

4.不可销售面积：指报告期房地产公司竣工的用于拆迁还建的房屋面积；接受委托、定向开发建设，并收取一定的管理费所建设的统建代建房屋竣工面积；竣工的学校、幼儿园、派出所、居委会、商店等公益设施建筑面积。

5.住宅竣工套数：指报告期内按照设计要求已全部完工，经验收合格，达到住人或使用条件的正式交给开发公司的成套住宅数量（以设计图纸为准）。

6.房屋竣工价值：指报告期内按规定已经上报竣工的房屋本身的建造价值。一般按房屋设计和预算规定的内容计算。包括竣工房屋本身的基础、结构、屋面、装修以及水、电、卫等附属工程的建筑价值，也包括作为房屋建筑组成部分而列入房屋建筑工程预算内的设备（如电梯、通风设备等）的购置和安装费用；不包括厂房内的工艺设备、工艺管线的购置和安装，工艺设备基础的建造；室外的水、暖、电、卫、道路工程、挡土墙等环境工程的费用，办公和生活用家具的购置等费用；购置土地的费用；迁移补偿费和场地平整的费用及城市建设配套投资。

房屋竣工价值不仅包括该竣工房屋在报告期内完成的价值，也包括跨年施工的房屋在本期以前完成的价值。未竣工而转让给其他单位的房屋建筑工程，出让单位不计算竣工价值，待接受单位继续施工并符合竣工条件后，由接受单位计算其竣工价值，包括出让单位在出让前所完成的价值。房屋竣工价值一般按结算价格（或中标价）计算。

7.**房屋出租面积**：指在报告期期末房屋开发单位出租的商品房屋的全部面积。

8.**商品房销售面积**：指报告期内出售商品房屋的合同总面积（即双方签署的正式买卖合同中所确定的建筑面积）。由现房销售面积和期房销售面积两部分组成。

（1）现房销售面积：指在报告期内正式签订买卖合同、已经竣工达到入住条件的商品房屋建筑面积。包括以一次性付款方式和分期付款方式销售的现房建筑面积。

（2）期房销售面积：指在报告期内正式签订买卖合同、正在建设尚未竣工交付使用的商品房屋建筑面积。包括以一次性付款方式和分期付款方式销售的商品房屋建筑面积。期房销售建筑面积竣工后不再结转为现房销售建筑面积。

9.**商品房销售额**：指报告期内出售商品房屋的合同总价款（即双方签署的正式买卖合同中所确定的合同总价）。该指标与商品房销售面积同口径，由现房销售额和期房销售额两部分组成。

（1）现房销售额：指报告期内销售的已竣工商品房屋的合同总价款。包括现房销售前期预收的定金、预收款、首付款及全部按揭贷款的本金等款项。该指标与现房销售面积同口径。

（2）期房销售额：指报告期内销售的正在建设尚未竣工的商品房屋的合同总价款。包括预售房屋前期预收的定金、预收款、首付款及全部按揭贷款的本金等项。该指标与期房销售面积同口径。

10.**商品住宅销售套数**：指报告期内出售商品房屋合同中总的成套住宅数量（即双方签署的正式买卖合同中所确定的成套住宅数量）。由现房销售套数和期房销售套数两部分组成。

（1）现房销售套数：指报告期内销售的已竣工商品房屋合同中总的成套住宅数量。

（2）期房销售套数：指报告期内销售的正在建设尚未竣工的商品房屋合同中总的成套住宅数量。

11.**待售面积**：指报告期末已竣工的可供销售或出租的商品房屋建筑面积中，尚未销售或出租的商品房屋建筑面积，包括以前年度竣工和本期竣工的房屋面积，但不包括报告期已竣工的拆迁还建、统建代建、公共配套建筑、房地产公司自用及周转房等不可销售或出租的房屋面积。按照商品房待售时间的长短可以划分为待售一年以下、待售一到到三年（含一年）和待售三年以上（含三年）。

四、主要分组指标

1.**登记注册类型**：企业法人的登记注册类型，依据在工商行政管理机关登记注册的类型填写。

机关、事业单位和社会团体及其他组织的登记注册类型，依据主要经费来源和管理方式，根据实际情况，比照《关于划分企业登记注册类型的规定》确定。工商行政管理部门对企业（单位）登记注册的类型分为以下几种：

（1）国有企业：指企业全部资产归国家所有，并按《中华人民共和国企业法人登记管理条例》规定登记注册的非公司制的经济组织。不包括有限责任公司中的国有独资公司。

（2）**集体企业**：指企业资产归集体所有，并按《中华人民共和国企业法人登记管理条例》规定登记注册的经济组织。

（3）**股份合作企业**：指以合作制为基础，由企业职工共同出资入股，吸收一定比例的社会资产投资组建，实行自主经营，自负盈亏，共同劳动，民主管理，按劳分配与按股分红相结合的一种集体经济组织。

（4）**联营企业**：指两个及两个以上相同或不同所有制性质的企业法人或事业单位法人，按自愿、平等、互利的原则，共同投资组成的经济组织。联营企业包括国有联营企业、集体联营企业、国有与集体联营企业和其他联营企业。

国有联营企业：指所有联营单位均为国有。

集体联营企业：指所有联营单位均为集体。

国有与集体联营企业：指联营单位既有国有也有集体。

其他联营企业：指上述三种联营企业之外的其他联营形式的企业。

（5）**有限责任公司**：指根据《中华人民共和国公司登记管理条例》规定登记注册，由两个以上，五十个以下的股东共同出资，每个股东以其所认缴的出资额对公司承担有限责任，公司以其全部资产对其债务承担责任的经济组织。有限责任公司包括国有独资公司以及其他有限责任公司。

国有独资公司：指国家授权的投资机构或者国家授权的部门单独投资设立的有限责任公司。

其他有限责任公司：指国有独资公司以外的其他有限责任公司。

（6）**股份有限公司**：指根据《中华人民共和国公司登记管理条例》规定登记注册，其全部注册资本由等额股份构成并通过发行股票筹集资本，股东以其认购的股份对公司承担有限责任，公司以其全部资产对其债务承担责任的经济组织。

（7）**私营企业**：指由自然人投资设立或由自然人控股，以雇佣劳动为基础的营利性经济组织。包括按照《公司法》、《合伙企业法》、《私营企业暂行条例》以及《个人独资企业法》规定登记注册的私营独资企业、私营有限责任公司、私营股份有限公司、私营合伙企业和个人独资企业。

私营独资企业：指按《私营企业暂行条例》的规定，由一名自然人投资经营，以雇佣劳动为基础，投资者对企业债务承担无限责任的企业。

私营合伙企业：指按《合伙企业法》或《私营企业暂行条例》的规定，由两个以上自然人按照协议共同投资、共同经营、共负盈亏，以雇佣劳动为基础，对债务承担无限责任的企业。

私营有限责任公司：指按《公司法》、《私营企业暂行条例》的规定，由两个以上自然人投资或由单个自然人控股的有限责任公司。

私营股份有限公司：指按《公司法》的规定，由五个以上自然人投资，或由单个自然人控股的股份有限公司。

个人独资企业：指按《个人独资企业法》、《个人独资企业登记管理办法》的规定，由一个自然人投资，财产为投资人个人所有，投资人以其个人财产对企业债务承担无限责任的经营实体。个人独资企业填表时归入私营独资企业。

（8）**其他内资企业**：指上述第（1）条至第（7）条之外的其他内资经济组织。

（9）**与港澳台商合资经营企业**：指港澳台地区投资者与内地的企业依照《中华人民共和国中外合资经营企业法》及有关法律的规定，按合同规定的比例投资设立，分享利润和分担风险的企业。

（10）**与港澳台商合作经营企业**：指港澳台地区投资者与内地企业依照《中华人民共和国中外合作经

营企业法》及有关法律的规定，依照合作合同的约定进行投资或提供条件设立，分配利润、分担风险和亏损的企业。

（11）港澳台商独资经营企业：指依照《中华人民共和国外资企业法》及有关法律的规定，在内地由港澳台地区投资者全额投资设立的企业。

（12）港澳台商投资股份有限公司：指根据国家有关规定，经商务部（原外经贸部）批准设立，并且其中港、澳、台商的股本占公司注册资本的比例达25%以上的股份有限公司。凡其中港、澳、台商的股本占公司注册资本的比例小于25%的，属于内资中的股份有限公司。

（13）其他港、澳、台商投资企业：指在中国境内参照《外国企业或个人在中国境内设立合伙企业管理办法》和《外商投资合伙企业登记管理规定》，依法设立的港、澳、台商投资合伙企业。

（14）中外合资经营企业：指外国企业或外国人与中国内地企业依照《中华人民共和国中外合资经营企业法》及有关法律的规定，按合同规定的比例投资设立，分享利润和分担风险的企业。

（15）中外合作经营企业：指外国企业或外国人与中国内地企业依照《中华人民共和国中外合作经营企业法》及有关法律的规定，依照合作合同的约定进行投资或提供条件设立，分配利润、分担风险和亏损的企业。

（16）外资企业：指依照《中华人民共和国外资企业法》及有关法律的规定，在中国内地由外国投资者全额投资设立的企业。

（17）外商投资股份有限公司：指根据国家有关规定，经商务部（原外经贸部）批准设立，并且其中外资的股本占公司注册资本的比例达25%以上的股份有限公司。凡其中外资股本占公司注册资本的比例小于25%的，属于内资中的股份有限公司。

（18）其他外商投资企业：指在中国境内依照《外国企业或个人在中国境内设立合伙企业管理办法》和《外商投资合伙企业登记管理规定》，依法设立的外商投资合伙企业。

2．**企业控股情况**：根据企业实收资本中某种经济成分的出资人的实际投资情况，或出资人对企业资产的实际控制、支配程度进行分类。具体分为国有控股、集体控股、私人控股、港澳台商控股、外商控股和其他六类。

（1）国有控股：包括：

①在企业的全部实收资本中，国有经济成分的出资人拥有的实收资本（股本）所占企业全部实收资本（股本）的比例大于50%的国有绝对控股。

②在企业的全部实收资本中，国有经济成分的出资人拥有的实收资本（股本）所占比例虽未大于50%，但相对大于其他任何一方经济成分的出资人所占比例的国有相对控股；或者虽不大于其他经济成分，但根据协议规定拥有企业实际控制权的国有协议控股。

③投资双方各占50%，且未明确由谁绝对控股的企业，若其中一方为国有经济成分的，一律按国有控股处理。

（2）集体控股：包括：

①在企业的全部实收资本中，集体经济成分的出资人拥有的实收资本（股本）所占企业全部实收资本（股本）的比例大于50%的集体绝对控股。

②在企业的全部实收资本中，集体经济成分的出资人拥有的实收资本（股本）所占比例虽未大于50%，但相对大于其他任何一方经济成分的出资人所占比例的集体相对控股；或者虽不大于其他经济成分，但根据协议规定拥有企业实际控制权的集体协议控股。

（3）私人控股：包括：

①在企业的全部实收资本中，私人经济成分的出资人拥有的实收资本（股本）所占企业全部实收资本（股本）的比例大于50%的私人绝对控股。

②在企业的全部实收资本中，私人经济成分的出资人拥有的实收资本（股本）所占比例虽未大于50%，但相对大于其他任何一方经济成分的出资人所占比例的私人相对控股；或者虽不大于其他经济成分，但根据协议规定拥有企业实际控制权的私人协议控股。

（4）港澳台商控股：包括：

①在企业的全部实收资本中，港澳台商经济成分的出资人拥有的实收资本（股本）所占企业全部实收资本（股本）的比例大于50%的港澳台商绝对控股。

②在企业的全部实收资本中，港澳台商经济成分的出资人拥有的实收资本（股本）所占比例虽未大于50%，但相对大于其他任何一方经济成分的出资人所占比例的港澳台商相对控股；或者虽不大于其他经济成分，但根据协议规定拥有企业实际控制权的港澳台商协议控股。

（5）外商控股：包括：

①在企业的全部实收资本中，外商经济成分的出资人拥有的实收资本（股本）所占企业全部实收资本（股本）的比例大于50%的外商绝对控股。

②在企业的全部实收资本中，外商经济成分的出资人拥有的实收资本（股本）所占比例虽未大于50%，但相对大于其他任何一方经济成分的出资人所占比例的外商相对控股；或者虽不大于其他经济成分，但根据协议规定拥有企业实际控制权的外商协议控股。

（6）其他：除上述五类以外的企业控股情况。

3.隶属关系：指本单位隶属于哪一级行政管理单位，按照国家标准《单位隶属关系代码》（GB/T12404-1997）分为：中央、省、地、县、街道、镇、乡、居民委员会、村民委员会和其他。

中央与地方双重领导的单位，以领导为主的一方来划分中央属或地方属。

各级政府（中央，省，地，县，街道、镇、乡）、党委、人大、政协等机关的隶属关系填写本级。如：省政府的隶属关系填“省”。

居委会、村委会的隶属关系分别填“居委会”和“村委会”。

隶属于“中央”的单位兴办的集体企业，隶属关系填“其他”；省属以下的企业（单位）办的企业（单位），其隶属关系与企业（单位）本身的隶属关系一致。

无主管部门的单位、本省（自治区、直辖市）在外省（自治区、直辖市）的办事机构所开办的第三产业等单位填“其他”。